Watzlawick/Weakland/Fisch: Lösungen

Paul Watzlawick / John H. Weakland / Richard Fisch

Lösungen

Zur Theorie und Praxis menschlichen Wandels

Verlag Hans Huber Bern Stuttgart Wien

Dr. Don D. Jackson in memoriam

1. Nachdruck 1975

ISBN 3-456-80038-X

Titel der Originalausgabe:
Change. Principles of Problem Formation and Problem Resolution.
W. W. Norton & Company, Inc., New York 1974

Inhaltsverzeichnis

Vorwort

Ich hätte es vorgezogen, viel mehr als nur diese kurzen Zeilen über das vorliegende Buch zu schreiben. Leider macht meine Krankheit mir das unmöglich; andererseits aber erlaubt sie es mir, ohne Umschweife zum Kern der Sache zu kommen.

Es gibt viele Theorien und unzählige Bücher über die Herbeiführung menschlichen Wandels. In diesem Buch wird jedoch endlich der Versuch unternommen, das Wesen des Wandels selbst zu untersuchen – und zwar sowohl im Hinblick darauf, wie sich Wandel spontan ergibt, als auch wie sein Eintreten gefördert werden kann. Ich habe immer danach getrachtet, diese Fragen in meiner eigenen Arbeit zu untersuchen und die Ergebnisse in meinen Schriften darzulegen.

Wer sich einer Psychotherapie unterzieht, sucht nicht primär nach einer Erhellung der unveränderlichen Vergangenheit, sondern kommt zu uns, weil er an der Gegenwart leidet und die Zukunft besser zu gestalten wünscht. Wohin der erforderliche Wandel führen und wie umfassend er sein muß, können zunächst weder der Patient selbst noch der Therapeut wissen. Gewiß ist nur, daß eine Veränderung der gegenwärtigen Situation notwendig ist und daß das Eintreten dieser Veränderung, so klein sie zunächst auch sein mag, weitere kleine Veränderungen bedingt, die ihrerseits dann im Rahmen der dem Patienten offenstehenden Möglichkeiten meist weitere, größere Wirkungen zur Folge haben. Die Frage, ob diese Veränderungen nur vorübergehend oder dauerhaft sind, und ob sie weiteren Wandel nach sich ziehen, erweist sich von grundlegender Bedeutung für unser Verständnis menschlichen Verhaltens. Ein großer Teil meiner eigenen Bemühungen besteht im Erkennen, Freilegen und Fördern der einem Individuum oder einer Familie innewohnenden Veränderungsmöglichkeiten – eines Potentials, das jedoch eines «unerwarteten», «unlogischen» und «plötzlichen» Anstoßes bedarf, um zu praktischen Lösungen zu führen.

Es sind diese Phänomene, mit denen sich das vorliegende Buch auseinandersetzt; also das Wesen und die Formen des Wandels, die die bisherigen Theorien menschlicher Veränderungen so lange außer acht gelassen haben. Watzlawick, Weakland und Fisch untersuchen eben diese Phänomene und entwickeln sie aus einem theoretischen Begriffssystem heraus, das sie mit vielen ausgezeichneten Beispielen aus den verschiedensten Lebensbereichen belegen und mit dessen Hilfe sie neue Perspektiven dafür eröffnen, wie zwischenmenschliche Probleme entstehen und was zu ihrer Lösung unternommen werden kann. Die Bedeutung dieser neuen Auffassungen geht weit über den Bereich der «psychologischen» Probleme hinaus, in dem die Autoren ihre Ideen ursprünglich entwickelten.

Dieses Werk ist faszinierend. Ich halte es für einen bemerkenswerten Beitrag, ein verdammt gutes Buch, das all jenen bekannt werden sollte, die sich mit den vielfältigen Aspekten menschlicher Beziehungen und ihrer Probleme abzugeben haben.

Es freut mich, daß mein eigenes Lebenswerk zu den hier dargelegten Ideen beigetragen hat und daß mir die Gelegenheit zu diesem kurzen Vorwort gegeben wurde. Hier, wie in so manchen anderen menschlichen Belangen, bedarf das entscheidende Moment vielleicht nur einer kleinen Geste der Förderung.

Phoenix, Arizona   Dr. med. Milton H. Erickson
November 1973

Einleitung

Kühner, als das Unbekannte zu erforschen,
kann es sein, das Bekannte zu bezweifeln.
Kaspar

Als die Herzogin von Tirol, Margareta Maultasch, im Jahre 1334
die Kärntner Burg Hochosterwitz, die hoch über dem Talboden
einen steilen Felskegel krönt, einschloß, war es ihr klar, daß die
Festung nicht im Sturm, sondern nur durch Aushungerung be-
zwungen werden könne. Im Laufe der Wochen wurde die Lage
der Verteidiger dann auch kritisch, denn ihre Vorräte waren bis
auf einen Ochsen und zwei Säcke Gerste aufgebraucht. Doch
auch Margaretas Lage war inzwischen schwierig geworden: die
Moral ihrer Truppen verlotterte, das Ende der Belagerung war
nicht abzusehen. Zudem hatte sie sich noch andere, vielverspre-
chende militärische Ziele gesetzt. In seiner Zwangslage entschloß
sich der Verteidiger der Burg zu einer Kriegslist, die seinen eigenen Leuten selbstmörderisch erscheinen mußte; er befahl, den
letzten Ochsen zu schlachten, seine Bauchhöhle mit der verblie-
benen Gerste vollzustopfen und ihn dann über die steile Fels-
wand auf eine Wiese vor das feindliche Lager hinunterzuwerfen.
Wie erhofft, überzeugte diese höhnische Geste Margareta von
der «Zwecklosigkeit», die Belagerung fortzusetzen, und sie
zog ab.

Eine grundsätzlich andere Lage bestand im Mai 1940 auf
einem britischen Kutter. Er war südlich der Doggerbank im
Ärmelkanal unterwegs zu einem geheimen Treffen mit Major
Ritter, einem deutschen Abwehroffizier. An Bord des Schiffes
befanden sich zwei britische Doppelagenten [1], Snow und Biscuit.
Snow hatte für den britischen Geheimdienst schon wiederholt
ausgezeichnete Arbeit geleistet, da er bei den Deutschen als einer
ihrer besten Agenten in England galt, und mit entsprechend

---

[1] Als Doppelagenten bezeichnet man entweder feindliche Agenten,
die gefangengenommen und «umgekehrt», d. h. gegen ihre eigene Seite
eingesetzt werden, oder eigene Agenten, die es fertigbringen, sich von
der Gegenseite anwerben zu lassen und so das Spionagesystem des Fein-
des unterwandern, ihm die rechte Art von falscher Information zugehen
lassen, Feindagenten und Feindabsichten der eigenen Zentrale melden,
usw.

wichtigen Aufgaben betraut wurde. Biscuit, ein Mann mit einer langen Liste von Vorstrafen, hatte sich zu einem verläßlichen Vertrauensmann entwickelt und sollte nun Major Ritter als Snows neu angeworbener Gehilfe vorgestellt und zur Ausbildung nach Deutschland geschickt werden. Auf ähnlichem Wege sollte er später nach England zurückkehren und dort angeblich für die deutsche Abwehr arbeiten. Aus unerfindlichen Gründen hielt es der britische Geheimdienst für angebracht, beiden Männern zu verschweigen, daß auch der andere im Dienste der britischen Seite stand, doch schienen dies beide allmählich vermutet zu haben. Trotzdem führte dies schließlich zu einer alptraumartigen Situation, die Masterman in seinem hochinteressanten Buch über die britischen Doppelagenten wie folgt beschreibt:

Auf dem Wege zum Treffen mit Ritter gewann Biscuit durch das Verhalten Snows und auf Grund der Gespräche mit ihm die Meinung, daß dieser wirklich für die deutsche Seite arbeite und Major Ritter zweifellos sofort seine Rolle als «umgekehrter» Agent enthüllen würde. Aus uns unbekannten Gründen schien Snow andererseits den Eindruck gewonnen zu haben, Biscuit sei wirklich ein deutscher Agent, der Ritter sofort seine (Snows) zwielichtige Rolle enthüllen würde. Er tat daher alles, um Biscuit davon zu überzeugen, daß er vorbehaltlos im Interesse Deutschlands handle. Dies wiederum verstärkte Biscuits Verdacht [79].

In dieser bizarren Situation versuchten also beide Partner, unter den gegebenen Umständen die beste Lösung zu erreichen, mit dem Ergebnis, daß die Lage immer verfahrener wurde, je mehr sie sie zu retten versuchten. Im Interesse seiner eigenen Sicherheit und zur Vermeidung einer Katastrophe für den britischen Geheimdienst sperrte Biscuit Snow schließlich in die Kabine, brachte den Kutter nach Grimsby zurück und opferte damit das Treffen mit Ritter. In seiner aufrichtigen Absicht, das Scheitern der Mission zu vermeiden, hatte er gerade dies herbeigeführt.

Die beiden eben erwähnten Episoden veranschaulichen den Inhalt dieses Buches. Es befaßt sich mit dem uralten Widerspruch zwischen Bestand und Wandel in menschlichen Gegebenheiten – oder genauer ausgedrückt, mit der Frage, wie Lebensprobleme entstehen und wie einige überraschend gelöst werden können, während andere sich bis zur Unlösbarkeit komplizieren. Unser Buch versucht also zu prüfen, wie es paradoxerweise dazu kommen kann, daß gesunder Menschenverstand und Logik manchmal scheitern, während «unlogische» und «unvernünftige» Maßnahmen, wie eben die der Verteidiger von Hochosterwitz, zur erhofften Lösung führen.

Damit soll freilich nicht gesagt sein, daß Logik und gesunder Menschenverstand nicht ausgezeichnete Lösungen ergeben können. Doch wer hat nicht gelegentlich die peinliche Erfahrung machen müssen, daß der Weg der Vernunft schnurstracks in Schwierigkeiten führen kann? Das Thema der unerwarteten, verblüffenden Lösung ist archetypisch und drückt sich immer wieder in Mythen, Märchen und Träumen aus. Merkwürdigerweise ist es bisher jedoch kaum ernsthaft untersucht worden und daher so rätselhaft wie eh und je geblieben.

Wir selbst kamen an dieses Problem zunächst nur unmittelbar, nämlich im Zusammenhang mit unserer psychotherapeutischen Forschung und Praxis. Das ist auch der Grund, weshalb viele unserer Überlegungen und Beispiele aus diesem Gebiet stammen, das uns eben am engsten vertraut ist. Trotzdem handelt dieses Buch in viel weiterem als nur psychotherapeutischem Sinne von den Phänomenen der Dauer und des Wandels in menschlichen Gegebenheiten und von ihrer Rolle im Entstehen und im Lösen menschlicher Probleme.

Da aber unsere Ausführungen sich aus unserer praktischen Arbeit ableiten, dürfte eine berufliche Standortbestimmung von Nutzen sein. Wie in vielen Therapeuten mit orthodoxer Ausbildung und jahrelanger praktischer Erfahrung wuchs auch in uns die Unzufriedenheit mit der Ungewißheit unserer Methoden, der Länge unserer Behandlungen und der Dürftigkeit unserer Behandlungsergebnisse. Andererseits faszinierten uns die unerklärlichen Erfolge gelegentlicher «Trick»-Interventionen – allein schon deshalb, weil sie «eigentlich» keinen Erfolg haben «durften». Im Jahre 1966 schlug einer von uns (R. F.) die Gründung dessen vor, was wir seither mangels einer besseren Bezeichnung[2] das Brief Therapy Center (Kurztherapie-Abteilung) des

---

[2] Der Name ist unbefriedigend, weil der Ausdruck *Kurztherapie* sich meist auf gewisse oberflächliche, notstandsbedingte Behandlungsformen bezieht, die als Provisorium dann ergriffen werden, wenn «wirkliche», langfristige Psychotherapie nicht (oder noch nicht) möglich ist. Bartens Buch *Brief Therapies* [16] dürfte die derzeitige Streuung der Meinungen über dieses Thema ziemlich genau widerspiegeln. Es besteht aus einer ausgezeichneten Einleitung und Artikeln von 25 Autoren. Von die-

Mental Research Institute in Palo Alto nennen. Unter seiner Leitung begannen wir, die Phänomene menschlichen Wandels ganz allgemein zu untersuchen und fanden bald, daß diese Untersuchungen uns zwangen, alles bisher Geglaubte, Gelernte und Getane von Grund auf neu zu konzipieren[3].

Von Anfang an war unserer Arbeit der Umstand förderlich, daß wir alle dieselbe «Sprache» sprachen. Als Forschungsbeauftragte am Mental Research Institute waren wir seit Jahren in der menschlichen Kommunikationsforschung tätig, und besonders in der Kommunikationstherapie von Ehepaaren, bzw. Familien, wie wir sie im Rahmen der sogenannten Palo-Alto-Gruppe unter Gregory Batesons theoretischer und Don D. Jacksons klinischer Führung entwickelt hatten. Dies bedingte, daß wir von vornherein dazu neigten, den Prozessen und Strukturen von Verhaltensabläufen Vorrang über ihren Inhalt einzuräumen und dem Jetzt und Hier größere Bedeutung zuzuschreiben als der Vergangenheit. Nicht weniger wichtig für unsere Arbeit war die Tatsache, daß wir alle Ausbildung und praktische Erfahrung als Hypnotherapeuten hatten, was einerseits bedingte, daß uns Direktinterventionen geläufig waren, die in einem anderen Bezugsrahmen als «manipulativ» gegolten hätten und die uns andererseits in Berührung mit den genialen und ungewöhnlichen Methoden Milton Ericksons gebracht hatten, dessen Einfluß wir zutiefst verpflichtet sind.

Wir erwarteten ferner, daß sich aus dem Zusammenspiel unserer individuellen Standpunkte und Erfahrungen ein klareres und umfassenderes Bild jener hochinteressanten Prozesse des Wandels in menschlichen Belangen ergeben würde, als dies in

---

sen 26 Beiträgen erkennen zehn die Kurztherapien als eigenständige und in sich geschlossene Behandlungsformen an; neun betrachten sie als Ersatzlösung für jene Fälle, in denen langfristige Therapie unmöglich ist; und sieben Autoren nehmen den Kurztherapien gegenüber eine Haltung ein, die am besten als ambivalent zu beschreiben ist.

[3] Wir glauben, diese Entwicklung hier wenigstens in ganz kurzen Zügen erwähnen zu müssen, da der Leser sich sonst fragen würde, ob wir wirklich niemals etwas vom Unbewußten gehört haben, von der überragenden Bedeutung der Vergangenheit und der Notwendigkeit von Einsicht in die Vergangenheit, von ein für allemal ausgebildeten Persönlichkeitszügen, von Übertragung, Symptomverschiebung und vor allem den Gefahren der Manipulation.

der Abgeschiedenheit einer Privatpraxis je möglich wäre, und daß sich aus der erhofften Systematisierung dieser Prozesse neue Wege zur Lösung menschlicher Probleme eröffnen würden. Diese Annahmen erwiesen sich als richtig. Sie führten aber außerdem zu einem Ergebnis, das wir nicht vorausgesehen hatten. Es erwies sich nämlich, daß wir im Planen der optimal erscheinenden Lösung eines Problems uns auf Prämissen stützten, deren Wesen uns zunächst keineswegs klar war. Diese Sachlage wurde zunehmend peinlicher als unsere Arbeitsweise durch Vorlesungen, Kurse, klinische Demonstrationen und dergleichen mehr und mehr Außenstehenden bekannt wurde, die dann begreiflicherweise mehr über unsere theoretischen Grundlagen wissen wollten, statt sich nur von einer ungewöhnlichen «Trick»-Lösung beeindrucken zu lassen. In anderen Worten: diese Kollegen sahen die Wirkung solcher Problemlösungen, nicht aber, auf Grund welcher Basis die Lösungen selbst konzipiert worden waren. Wie gesagt, wir tappten zunächst selbst im Dunkeln, und erst im Laufe der Jahre wurde es uns möglich, die theoretischen Grundlagen unserer praktischen Lösungen hinlänglich zu definieren. Das vorliegende Buch ist ein Versuch der Darstellung der auf diesem Wege konzipierten Prämissen und ihrer praktischen Anwendungen.

Auf Grund unserer bisherigen Erfahrungen haben wir keinen Zweifel, daß von bestimmten Seiten Kritik an der «unaufrichtigen», «manipulativen» Natur unseres Vorgehens geübt werden wird. Doch «Aufrichtigkeit» ist neuerdings zu einem Schlagwort geworden, zu einer Scheinheiligkeit sui generis, die zudem in etwas nebelhafter Weise unterstellt, daß es so etwas wie eine «richtige» Anschauungsweise gibt – womit meist natürlich die eigene Sicht gemeint ist. Weiter wird damit impliziert, daß «Manipulationen» nicht nur schlecht, sondern auch vermeidbar sind. Die Vertreter dieser Auffassung haben leider noch nicht erklärt, wie das zu bewerkstelligen wäre. Man kann sich schwer vorstellen, wie irgendein Verhalten in Gegenwart eines anderen ohne Wirkung auf das Wesen der Beziehung zwischen diesen beiden Menschen bleiben könnte und wie es sich daher vermeiden ließe, den anderen zu beeinflussen. Der Analytiker, der schweigend hinter dem auf der Couch liegenden Patienten sitzt, der «nicht-direktive» Therapeut, der «lediglich» die Verbalisierungen sei-

nes Klienten wiederholt, übt ein phantastisches Maß von Beeinflussung aus, und zwar besonders deswegen, weil dieses Verhalten
offiziell als beeinflussungsfrei hingestellt wird. Die Frage ist daher nicht, wie Beeinflussung und Manipulation vermieden, sondern wie sie ihrem Wesen nach verstanden und im besten Interesse des Patienten angewendet werden können. Dies ist eines der
Themen, die uns im Laufe unserer Ausführungen immer wieder
beschäftigen werden.

Wir sind uns dessen bewußt, daß manches in diesem Buch Gesagte bereits von anderen erwähnt und praktiziert worden ist,
wenngleich auch meist in anderen Zusammenhängen und auf
der Grundlage anderer Voraussetzungen. Wir erhoffen vom Leser
Verständnis dafür, daß nicht alle diese Ähnlichkeiten aufgezeigt
noch die Unterschiede erklärt werden können. Dieser Hinweis
bezieht sich besonders auf die scheinbare Ähnlichkeit mit der
Verhaltenstherapie, doch sollte sich der Leser vor Augen halten,
daß unsere Interventionen nicht auf Annahmen von «falschem»
Lernen, auf Konditionierung, Extinktion und dergleichen beruhen [4].

Wie ein Blick auf das Inhaltsverzeichnis zeigt, bewegen sich
unsere Darlegungen vom Abstrakten zum rein Praktischen hin.
Das 1. Kapitel handelt daher von den theoretischen Grundlagen
und stützt sich auf zwei Theorien: der mathematischen Gruppentheorie und der Logischen Typenlehre. Das 2. Kapitel befaßt sich
mit der praktischen Anwendbarkeit dieser Theorien auf unser
Sachgebiet. Der gesamte 2. Teil des Buchs (Kapitel 3 bis 6) behandelt Fragen der Problembildung, wie sie sich aus der gegenseitigen Abhängigkeit von Beharren und Wandel ergeben, während der 3. Teil (Kapitel 7 bis 11) in Gänze den Problemlösungen gewidmet ist.

Es ist uns eine angenehme Pflicht, an dieser Stelle all jenen zu
danken, die mittelbar oder unmittelbar zum Entstehen dieses
Buches beigetragen haben; vor allem dem viel zu früh verstor-
benen Gründer und erstem Direktor unseres Instituts, Dr. Don
D. Jackson, dessen Offenheit für neue Ideen und dessen praktische Hilfe unser Forschungsprojekt ermöglichte. Unser Dank

---

[4] Eine ausgezeichnete, umfassende Arbeit zu diesem Thema wurde
1971 von Mandel et al. [78] veröffentlicht.

geht auch an alle derzeitigen und früheren Mitglieder des Brief Therapy Center, vor allem an unsern Kollegen und Mitarbeiter Arthur Bodin, ferner an Lynn Segal, Jack Simon, Tom Ferguson, Joel Latner, George Greenberg, Frank Gerbode, Paul Druckman, Mrs. Barbara McLachlan und unseren Freund John Frykman vom Cypress Institute in Carmel (Kalifornien).

Besonderer Dank gebührt Frau Claire Bloom für ihre freundliche und unermüdliche Hilfe bei der Fertigstellung des Manuskripts.

Während des ersten Jahres seines Bestandes wurden die Kosten des Brief Therapy Center durch Spenden seitens der Luke B. Hancock Stiftung, der T. B. Walker Stiftung und der Robert C. Wheeler Stiftung bestritten. Diese Hilfe sei hier dankbarst erwähnt.

An dieser Stelle ist es auch angebracht, unsere Grüße an zwei Kollegen zu richten, die unabhängig von uns grundsätzlich ähnliche Forschung und Praxis vorantreiben, nämlich Frau Prof. Mara Selvini Palazzoli, Leiterin des Centro per lo Studio della Famiglia in Mailand, und Dr. George Vassiliou, Direktor des Athenian Institute of Anthropos in Athen.

Palo Alto und Villach, Sommer 1973   P. W.
                                            J. H. W.
                                            R. F.

Teil I

Beharren und Wandel

1. Kapitel

Die theoretische Perspektive

> Plus ça change,
> plus c'est la même chose.

Das französische Sprichwort, wonach alles um so mehr beim alten bleibt, je mehr es sich ändert, ist nicht nur ein Bonmot. Es dürfte vielmehr der bündigste Ausdruck der merkwürdigen und paradoxen Beziehung zwischen Bestand und Wandel sein, und es entspricht jedenfalls der täglichen Lebenserfahrung besser als die Theorien der Philosophen, Mathematiker und Logiker über dieses Thema.

Wie die Wissenschaftsphilosophie zeigt, ist der Wandel ein so allumfassendes und unmittelbares Element menschlicher Erfahrung, daß er als Begriff erst dann formuliert werden konnte, als die frühgriechischen Philosophen den antithetischen Begriff der Invarianz oder des Bestandes entwickelt hatten [1]. Bis dahin gab es nichts, das begrifflich der Idee des Wandels als Kontrast gegenübergestellt werden konnte, und die Situation muß ähnlich der einmal von Whorf postulierten gewesen sein: daß nämlich in einer Welt, in der alles blau ist, der Begriff der Bläue mangels anderer Farben nicht entwickelt werden könnte. In diesem Sinne ist das eingangs erwähnte Sprichwort von besonderer Bedeutung. Es zwingt unsere Aufmerksamkeit auf eine wichtige Tatsache, die wissenschaftliche Theorien nicht selten vernachlässigen: Bestand und Wandel müssen zusammen, als eine Gestalt, gesehen werden. Die meisten Theorien handeln von dem einen *oder* dem andern Begriff, kaum je aber von ihrer gegenseitigen Abhängigkeit. Oder anders ausgedrückt: allgemein neigen diese Theorien dazu, entweder Bestand und Invarianz als einen naturgegebenen Zustand zu betrachten, der keiner näheren Erklärung bedarf, und den Wandel daher als das zu erforschende Problem; oder aber umgekehrt, daß Wandel der natürliche Lauf aller Dinge ist und daher Invarianz und Beharren der Erklärung bedürfen. Doch

---

[1] Wir verwenden im folgenden die Ausdrücke *Wandel, Veränderung* und *Wechsel* als gleichbedeutende Termini; dasselbe gilt sinngemäß für *Bestand, Beharren* und *Invarianz*.

allein schon der Umstand, daß diese beiden scheinbar widersprüchlichen Gesichtspunkte sich so nahe stehen, läßt vermuten, daß sie komplementär sind. Und eben diese Komplementarität wird uns im täglichen Leben immer wieder bewußt; so vor allem dann, wenn wir sehen, wie zum Beispiel eine Familie oder ein größeres Gesellschaftssystem, trotz größter Anstrengungen aller Beteiligten, die Lage zu ändern und eine Lösung herbeizuführen, im Teufelskreis eines Problems verstrickt bleibt. Daraus ergeben sich fast regelmäßig zwei typische Fragen, die sich auf Bestand und Wandel beziehen, nämlich «Wieso dauert diese unerwünschte Situation an?», und «Wie kann sie geändert werden?».

Die Antworten, die wir auf diese beiden Fragen fanden, haben unserer Meinung nach Gültigkeit nicht nur in ihrer Anwendung auf konkrete, individuelle Probleme, sondern darüber hinaus auf Konflikte allgemeinerer Art. Statt aufzuzeigen, wie wir uns im Laufe der Jahre mühsam an diese Antworten heranarbeiteten – ein Unterfangen, das für den Leser kaum von Interesse sein dürfte – möchten wir unsere Darlegungen mit dem Hinweis auf zwei allgemeine, logisch-mathematische Theorien beginnen, deren Wert und Gültigkeit für die theoretische Untermauerung unserer praktischen Arbeit wir erst spät erkannten. Es sind dies erstens die *Gruppentheorie* und zweitens die *Logische Typenlehre* (Mengenlehre) im Sinne Whiteheads und Russells.

Wir sind uns dabei der Tatsache voll bewußt, daß unsere Verwendung dieser Theorien weit von mathematischer Schärfe entfernt ist und daß wir uns ihrer lediglich als (unserer Meinung nach vollgültigen) *Analogien bedienen.*

Die Ausbildung der Gruppentheorie geht auf die Mitte des 19. Jahrhunderts zurück, und der Begriff der Gruppe selbst wurde vom französischen Mathematiker Evariste Galois geprägt[2]. Auf der Grundlage Galois' ursprünglichen Formulierungen trugen verschiedene hervorragende Mathematiker des 19. Jahrhunderts

---

[2] Er führte ihn 1832 in einer brillanten Arbeit ein, die er unter den denkbar ungewöhnlichsten Umständen schrieb: Nicht nur war Galois kaum 20 Jahre alt, sondern er verfaßte das gesamte, 60seitige Referat in einer Nacht – der Nacht vor seinem Tode bei Sonnenaufgang in einem Duell, zu dem er von zwei «Patrioten» aus eselhaften, chauvinistischen Gründen herausgefordert worden war. Er wurde in den Unterleib getroffen und ohne ärztliche Hilfe einfach seinem Schicksal überlassen. –

zur Entwicklung der Gruppentheorie in einen der umfassendsten und ideenreichsten Zweige der Mathematik bei. Im Zuge der Revolution der klassischen Physik nach 1900 begann sie eine wichtige Rolle auch in Quantentheorie und Relativitätslehre zu spielen und wächst zunehmend an Bedeutung in so verschiedenen Wissensgebieten wie Kristallographie, Formenlehre der Kunst, Linguistik und anderen. Der Grund für ihre weitreichende Gültigkeit liegt darin, daß – wie Sielaff es formuliert – «sich die Gruppentheorie nur mit ganz allgemeinen Elementen und Relationen befaßt»; sie kann daher «Aussagen und Methoden aus den verschiedensten mathematischen (und außermathematischen) Gebieten, sofern diese nur die gleiche logische Struktur besitzen, vermöge ihrer Struktur gemeinsam behandeln» [89]. Es versteht sich von selbst, daß die tiefergreifenden Folgerungen der Gruppentheorie eine umfassende Kenntnis der Mathematik oder der Physik voraussetzen. Die grundlegenden Postulate jedoch, die sich auf die Beziehungen zwischen Teilen und Ganzheiten und zwischen Invarianz und Wandel beziehen, sind überaus einfach – vielleicht täuschend einfach.

Grundlage der Definition einer Gruppe bildet der Begriff der *Menge,* gelegentlich auch *System* genannt. Eine Menge setzt sich aus *Elementen* zusammen, deren Wesen oder Konstitution grundsätzlich belanglos ist. Damit soll nur gesagt sein, daß die Elemente Gegenstände, Zahlen, Begriffe, Organismen, Ereignisse oder irgendwelche anderen Gegebenheiten sein können. Die Menge (das System) bildet dann eine *Gruppe* im mathematischen Sinne, wenn in ihr folgende vier Bedingungen (die Gruppenpostulate) erfüllt sind:

1. Jede Kombination jedes Elements einer Gruppe mit sich selbst oder mit jedem anderen Element der Gruppe ergibt wiederum ein Element derselben Gruppe. Unter *Kombination* versteht man eine Operation auf Grund einer für die Gruppe geltenden Kombinationsregel. Angenommen zum Beispiel, die Ele-

---

«Ich habe keine Zeit, ich habe keine Zeit» kritzelte er immer wieder an den Rand seines Manuskripts, während er verzweifelt versuchte, der Nachwelt ein Höchstmaß seiner überbordenden Ideen zu überlassen. «Was er in jenen langen, verzweifelten Stunden vor Morgengrauen schrieb, wird Generationen von Mathematikern auf Jahrhunderte beschäftigen», schrieb Bell [25] über jene schicksalhafte Nacht.

mente seien die Zahlen 1 bis 12 auf dem Zifferblatt einer Uhr, dann ergibt jede Kombination von zwei oder mehreren dieser Elemente (oder die Kombination eines Elements mit sich selbst) wiederum ein Element der Gruppe (zum Beispiel: 8 Uhr morgens plus 6 Stunden ergibt zwei Uhr nachmittags). In diesem Beispiel bezieht sich der Ausdruck *Kombination* also auf die Addition oder Subtraktion von Elementen der Gruppe. In analoger Weise ergibt der Wurf eines Würfels stets eines der sechs möglichen Ergebnisse, und die Kombination besteht im Falle dieser Sechsergruppe in einer oder mehreren Drehungen des Würfels um eine oder mehr als eine seiner drei Achsen. Wir sehen also, daß sich der Ausdruck *Kombination* auf den Wechsel von einem der möglichen inneren Zustände der Gruppe auf einen anderen bezieht.

Die Bildung von Gruppen aus «Dingen» (im weitesten Sinne des Wortes) ist die grundlegendste und notwendigste Voraussetzung jeder Erfahrung unserer Umwelt. Wenn auch keine zwei «Dinge» jemals genau gleich sind, so erzeugt das Ordnen der Welt in (sich in komplexer Weise durchdringende und überlagernde) Gruppen klare Strukturen, wo sonst nur ein phantasmagorisches Chaos herrschen würde. Doch wie wir bereits gesehen haben, erzeugt dieses Ordnen gleichzeitig auch Invarianz im oben erwähnten Sinne, da eben jede Kombination von Elementen wiederum ein Element derselben Gruppe ergibt – «ein Ding *im* System, nicht außerhalb davon», wie Keyser [59] es formulierte. Das erste Gruppengesetz ermöglicht also u. U. Myriaden von Veränderungen *innerhalb* einer Gruppe (und es gibt sogar sogenannte unendliche Gruppen), verunmöglicht es aber jedem Element oder jeder Kombination von Elementen, sich *außerhalb* der Gruppe (des Systems) zu stellen.

2) Das zweite Gruppengesetz besteht darin, daß man die Elemente in verschiedener Reihenfolge kombinieren kann, das Resultat der Kombination aber dasselbe bleibt (das *Assoziativgesetz der Gruppe*) [3]. Ein praktisches Beispiel wäre folgendes: Ausgehend von einem bestimmten Punkte auf einer Oberfläche

---

[3] Zum Beispiel: a, b und c seien Elemente einer Gruppe, o sei das Zeichen der durch die Kombinationsregel dieser Gruppe bestimmten Operation; dann ist $(aob)oc = ao(boc) = bo(aoc)$ oder jede andere der möglichen Kombinationen dieser drei Elemente.

kann man jede beliebige Anzahl von Zügen individueller Länge und Richtung machen und kommt dabei unabhängig von der Reihenfolge der Züge stets zum selben Endpunkt, vorausgesetzt natürlich, daß die Zahl der Züge, sowie ihre Länge und Richtung, beibehalten werden. Der einfachste Fall wäre der von vier Zügen gleicher Länge (1 Zentimeter, 1 Kilometer) in jeder der vier Himmelsrichtungen. Unabhängig von der Reihenfolge der Züge (zum Beispiel erst Norden, dann Westen usw. oder irgendeine andere Reihenfolge) kommt man am Ende des vierten Zuges wieder am Ausgangspunkt an. Man kann also sagen, daß sich das zweite Gruppengesetz auf Variabilität der Prozesse innerhalb der Gruppe, aber Invarianz der Resultate bezieht.

3. Jede Gruppe enthält ein *Einheitselement,* auch *neutrales Element* genannt, dessen Kombination mit jedem anderen Element wiederum dieses Element ergibt, es also unverändert läßt. In Gruppen zum Beispiel, deren Kombinationsregel die Addition ist, ist das Einheitselement Null $(5 + 0 = 5)$; in Gruppen, deren Kombinationsregel auf Multiplikation beruht, ist das Einheitselement 1, da jeder mit eins multiplizierte Wert seine Größe beibehält. Wäre die Gesamtheit aller Töne eine Gruppe, so wäre ihr Einheitselement die Stille; während das Einheitselement der Gruppe aller Lageveränderungen, also aller Bewegungen, die Bewegungslosigkeit wäre (was allerdings nicht dem Begriff der Position gleichkommt).

Der Begriff des Einheitselements mag auf den ersten Blick leer erscheinen. Es handelt sich dabei aber um einen Spezialfall der Gruppeninvarianz. Ashby [10, 11] zum Beispiel wies seine praktische Bedeutung für kybernetische Systeme nach, in denen das von ihm als Nullfunktion bezeichnete Element der Gruppe parametrischer Änderungen unmittelbare Bedeutung für die Erhaltung der Stabilität solcher Systeme hat. In bezug auf unser Thema liegt die Bedeutung des Einheitselementes vor allem darin, daß es sich dabei um einen Faktor handelt, der aktiv sein kann, ohne eine Veränderung herbeizuführen.

4. Schließlich besitzt jedes Element einer Gruppe ein ihm entgegengesetztes Element, das *Inverse* genannt, und die Kombination jedes Elements mit seinem Inversen ergibt das Einheitselement – also, zum Beispiel, $5 + (-5) = 0$, wenn die Kombinationsregel die Addition ist. Wir sehen wiederum, daß die Kombina-

tion eine klare Veränderung herbeiführt, das Ergebnis der Veränderung aber selbst wieder ein Element derselben Gruppe (im vorliegenden Beispiel der Gruppe der positiven und negativen ganzen Zahlen, einschließlich Null) und daher in ihr enthalten ist.

Wir sind der Ansicht, daß die Gruppentheorie – sogar in dem von uns dargestellten, sehr laienhaften Rahmen – ein wertvolles Denkmodell für die merkwürdige Interdependenz zwischen Beharren und Wandel bietet, die wir in vielen praktischen Lebenssituationen beobachten können, wo *plus ça change, plus c'est la même chose.*

Was die Gruppentheorie uns anscheinend nicht geben kann, ist ein Modell für jene Formen des Wandels, die über ein bestimmtes System (einen bestimmten Begriffsrahmen zum Beispiel) hinausgeben. An diesem Punkte angelangt, müssen wir uns der Logischen Typenlehre zuwenden.

Auch diese Theorie beginnt mit dem Begriff von Ganzheiten, die sich aus «Dingen» zusammensetzen, deren gemeinsamer Nenner eine bestimmte Eigenschaft ist. Wie in der Gruppentheorie heißen diese Teile *Elemente,* während die Ganzheiten nicht Gruppen genannt werden, sondern Klassen (oder auch Mengen, daher die oft verwendete Bezeichnung *Mengen*lehre). Ein grundlegender Satz der Logischen Typenlehre ist, daß «was immer die Gesamtheit einer Klasse (Menge) betrifft, nicht selbst Teil dieser Klasse sein darf» – wie Whitehead und Russell es in ihrem monumentalen Werk, *Principia Mathematica,* postulierten [107]. Beispiele dafür lassen sich leicht finden. So ist die Menschheit die Klasse aller Individuen, ist aber nicht selbst ein Individuum, und es wäre offensichtlich Unsinn, vom einen in Begriffen des anderen zu sprechen. Das ökonomische Verhalten der Bevölkerung einer Großstadt läßt sich nicht aus dem ökonomischen Verhalten *eines* Einwohners multipliziert mit vier Millionen ableiten. Eben dies war der Fehler früherer volkswirtschaftlicher Theorien, die heute spöttisch Robinson-Crusoe-Ökonomien genannt werden. Eine Bevölkerung von vier Millionen ist nicht nur quantitativ, sondern auch qualitativ verschieden von einem Individuum, da sie ein komplexes Interaktionssystem zwischen diesen Millionen von Individuen bildet. In ähnlicher Weise finden wir, daß die Mitglieder einer Gattung meist über

24

ganz spezifische Mechanismen verfügen, die ihr Überleben weitgehend gewährleisten, während die Gattung selbst unaufhaltsam ihrem Aussterben oder ihrer Vernichtung entgegengehen kann – und die Menschheit ist sicherlich keine Ausnahme dieser Regel. In totalitären Herrschaftssystemen wird der Einzelne dagegen nur als Element einer Menge gesehen und verliert damit jede Eigenbedeutung: eine Ameise in einem Ameisenhaufen, oder wie Koestler es so treffend in Hinsicht auf seinen Leidensgefährten Nicolás in der Todeszelle eines spanischen Gefängnisses definierte: «So gesehen existierte Nicolás nur als eine soziale Abstraktion, eine mathematische Einheit, die man erhielt, indem man eine Anzahl von zehntausend Milizsoldaten durch zehntausend dividierte.» [61].

Resultate der eben erwähnten Art ergeben sich also aus der Nichtbeachtung des grundlegenden Unterschieds zwischen Element und Klasse (Menge) und der Tatsache, daß keine Klasse sich selbst als Element enthalten kann. In allen Lebensbereichen, daher auch in der Forschung, sind wir dauernd mit dieser Hierarchie der logischen Typen (das heißt, der Stufen logischer Abstraktionen) konfrontiert, und die Gefahren der Typenvermischung mit ihren paradoxen Folgen sind allgegenwärtig. Die Phänomene des Wandels sind keine Ausnahme, nur ist dies in den Verhaltenswissenschaften viel schwieriger einzusehen als etwa in der Physik: Wie Bateson [23] ausführt, ist die einfachste und allgemeinste Form eines Wandels die Bewegung, also eine Lageveränderung. Bewegung selbst kann aber auch wieder einer Veränderung, also einer Beschleunigung oder Verlangsamung, unterworfen werden, was einer Veränderung einer Lageveränderung (oder einer *Meta*veränderung) entspricht. Noch eine Stufe höher findet sich dann die Veränderung von Beschleunigung (oder von Verlangsamung), die einer Veränderung von Veränderung von Veränderung (oder Metametaveränderung) einer Position entspricht. Selbst uns Laien ist es verständlich, daß diese Formen von Bewegung sehr unterschiedliche Phänomene sind und sehr verschiedener Erklärungsprinzipien und mathematischer Erfassung bedürfen [4]. Wir sehen ferner, daß jede Verände-

---

[4] So stellten zum Beispiel die Phänomene der Beschleunigungsveränderungen von Raumschiffen die Forschung vor ganz neue mathematische und physikalische Probleme.

rung stets die nächsthöhere Abstraktionsstufe einbezieht: um zum Beispiel von Position auf Bewegung überzugehen, ist ein Schritt aus dem Begriffsrahmen der Position *heraus* nötig. Innerhalb dieses Rahmens kann der Begriff der Bewegung nicht konzipiert, geschweige denn verwendet werden, und jede Mißachtung dieses Grundsatzes der Logischen Typenlehre führt zu paradoxen Konfusionen. Um diesen wichtigen Punkt noch klarer herauszuarbeiten:

In jeder Sprache lassen sich unzählige Aussagen machen, doch ist bei Sätzen, die sich auf die Sprache selbst beziehen, Vorsicht geboten [5].

Wenn wir *über* eine Sprache sprechen wollen, wie Linguisten und Semantiker das tun müssen, benötigen wir eine Metasprache, die ihrerseits wiederum eine Metametasprache zum Ausdruck ihrer eigenen Struktur erfordert. Das gleiche gilt für die Beziehung zwischen einem Zeichen und seiner Bedeutung. Schon 1893 verwies der deutsche Mathematiker Frege auf die Notwendigkeit einer klaren Unterscheidung der Fälle

wo ich vom Zeichen selbst spreche, von denen, wo ich von seiner Bedeutung spreche. So pedantisch dies auch erscheinen mag, so halte ich es doch für nothwendig. Es ist merkwürdig, wie eine ungenaue Rede- oder Schreibweise, die ursprünglich vielleicht nur aus Bequemlichkeit und der Kürze halber, aber mit vollem Bewußtsein ihrer Ungenauigkeit, gebraucht wurde, zuletzt das Denken verwirren kann, nachdem jenes Bewußtsein geschwunden ist. Hat man es doch fertiggebracht, das Zahlzeichen für die Zahlen, den Namen für das Benannte, das bloße Hilfsmittel für den eigentlichen Gegenstand der Arithmetik zu halten [41].

Oder nehmen wir folgendes Beispiel: Der Ausdruck *Methode* bezieht sich auf ein wissenschaftliches Vorgehen; er ist die Bezeichnung der Gesamtheit der Schritte, die zur Erreichung eines bestimmten Ziels gemacht werden müssen. *Methodologie* dagegen ist ein Begriff der nächsthöheren logischen Stufe; sie ist die wissenschaftstheoretische Untersuchung der Verschiedenheit der Methoden, die in den verschiedenen Wissenschaftszweigen

---

[5] In analogem Sinne ist der einzige Gegenstand, der nicht im metrischen System gemessen werden kann, der Urmeter in Paris, eben weil er die Grundlage des gesamten Systems ist. (Der Umstand, daß er inzwischen durch eine weit genauere, auf der Wellenlänge des Lichts basierende Einheit ersetzt wurde, ändert nichts an dieser grundsätzlichen Paradoxie.)

zur Anwendung kommen. Der Begriff bezieht sich immer auf den Prozeß der Erlangung von Wissen per se, nicht aber auf eine bestimmte Untersuchung. Die Methodologie ist daher eine Metamethode und steht zum Begriff der Methode in derselben logischen Beziehung wie eine Klasse zu einem ihrer Elemente. Jede Verwechslung von Methode mit Methodologie würde philosophischen Unsinn zur Folge haben, denn – wie Wittgenstein einst bemerkte – «philosophische Probleme entstehen, wenn die Sprache feiert» [113].

Leider machen natürliche Sprachen eine klare Unterscheidung zwischen Element und Klasse oft schwierig. «Es ist denkbar», schreibt Bateson

«daß dieselben *Worte* sowohl zum Ausdruck einer Klasse wie auch ihrer Elemente verwendet werden und in beiden Fällen zutreffen können. Das Wort ‚Welle‘ ist der Name für eine Klasse von Partikelbewegungen. Wir können auch sagen, daß sich die Welle selbst ‚bewegt‘, sprechen dann aber von der Bewegung einer Klasse von Bewegungen. Unter dem Einfluß von Reibung verliert diese Metabewegung ihre Geschwindigkeit nicht, im Gegensatz zur Bewegung eines Partikels.» [22]

Ein anderes, von Bateson oft verwendetes Beispiel ist, daß gewöhnlich nur der Schizophrene die Speisekarte statt der Mahlzeit ißt (und, wie wir hinzufügen möchten, sich über den schlechten Geschmack beschwert).

Eine weitere, nützliche Analogie liefert uns ein Automobil mit gewöhnlicher Gangschaltung. Die Leistung des Motors kann auf zwei grundsätzlich verschiedene Weisen verändert werden: entweder durch Betätigung des Gaspedals (also durch Erhöhung oder Verminderung der Brennstoffzufuhr zu den Zylindern) oder durch Gangwechsel. Wenn wir die Analogie etwas strapazieren wollen, können wir sagen, daß der Wagen in jedem Gang einen bestimmten Bereich von möglichen «Verhaltensformen» (das heißt von Leistung und daher von Geschwindigkeit, Beschleunigung, Steigvermögen usw.) hat. *Innerhalb* dieses Bereichs (also dieser Klasse von Verhaltensformen) bewirkt die zweckmäßige Betätigung des Gaspedals die erwünschte Leistungsveränderung. Wenn die notwendige Leistung aber *außerhalb* dieses Bereiches fällt, muß der Fahrer einen Gangwechsel vornehmen, um die gewünschte Veränderung herbeizuführen. Der Gangwechsel ist daher ein Phänomen von höherem logischem Typenwert als das

Gasgeben, und es wäre ein offensichtlicher Unsinn, wollte man über die Mechanik eines komplizierten Getriebes in der Sprache der Thermodynamik des Benzins sprechen.

Unserem Thema am nächsten aber dürfte die Formulierung kommen, die Ashby für die kybernetischen Eigenschaften einer sogenannten Maschine mit input gibt:

> Man sieht also, daß das Wort «Veränderung» zwei sehr verschiedene Dinge bedeuten kann. Da ist einmal die Veränderung von einem (internen) Zustand zu einem anderen, ..., was dem Verhalten der Maschine auf Grund ihrer internen Dynamik entspricht, und da ist zum anderen die Veränderung von Transformation zu Transformation, ..., die eine Veränderung ihres Gesamtverhaltens ist und die vom Versuchsleiter oder irgendeinem anderen externen Faktor willkürlich herbeigeführt wird. Diese Unterscheidung ist grundlegend und darf unter keinen Umständen vernachlässigt werden [13] [6].

Die Postulate der Logischen Typenlehre führen also zu zwei wichtigen Schlußfolgerungen; a) um Paradoxien zu vermeiden; müssen die hierarchischen Stufen der logischen Abstraktionen sorgfältig getrennt bleiben, und b) das Aufsteigen von einer logischen Stufe zur nächsthöheren (das heißt von einem Element zu seiner Klasse, oder von einem Ding zu seinem Namen usw.) bedingt eine Verschiebung, einen Sprung, eine Diskontinuität oder Transformation – kurz, eine Veränderung – von größter theoretischer und (wie wir in den nächsten Kapiteln sehen werden) praktischer Bedeutung, da diese Form von Veränderung einen Ausweg aus einem System heraus ermöglicht.

Um das bisher Gesagte zusammenzufassen: Die Gruppentheorie bietet uns ein Begriffssystem zum Verständnis jener Veränderungen, die innerhalb eines Systems stattfinden, das selbst unverändert bleibt; dagegen befaßt sich die Logische Typenlehre nicht damit, was innerhalb der Klasse, also zwischen den sie zusammensetzenden Elementen vorgeht, sondern gibt uns ein Bezugssystem für das Verständnis der Beziehung zwischen Ele-

---

[6] Um anzudauern (also um stabil zu bleiben), benötigt jedes Verhalten dauernde Veränderungen auf einer untergeordneten Funktionsstufe. Um sein Gleichgewicht zu erhalten und sicher zu fahren, muß ein Radfahrer dauernd kleine oszillatorische Lenkbewegungen ausführen. Wenn diese Bewegungen irgendwie behindert würden (zum Beispiel dadurch, daß jemand die Lenkstange festhält), würde der Radfahrer sofort das Gleichgewicht verlieren und herunterfallen. Dasselbe gilt für den Seiltänzer und seine Balancierstange.

menten und Klassen und der merkwürdigen Metamorphosen, die im Wesen des Hinaufgehens von einer logischen Stufe zur nächsthöheren liegen. Wenn wir uns diesen grundlegenden Unterschied zwischen den beiden Theorien vor Augen halten, so folgt daraus, daß es grundsätzlich zwei Formen der Veränderung oder des Wandels gibt: die eine findet innerhalb eines bestimmten Systems statt, das selbst unverändert bleibt, während das Eintreten der anderen das System selbst verändert[7]. Man könnte diesen Unterschied auch so formulieren: Wer einen Alptraum hat, kann *in* seinem Traum alles mögliche versuchen: fliehen, sich verstecken, sich wehren, aus dem Fenster springen usw.; doch führt bekanntlich kein Wechsel von einem dieser Verhalten zu einem anderen zur Lösung des Alptraums. Die Lösung liegt im Wechsel vom Träumen zum Wachen. Erwachen ist aber nicht mehr ein Element des Traums, sondern eine Veränderung zu einem vollkommen anderen Zustand.

Da die Umgangssprache keine getrennten Ausdrücke für diese beiden grundverschiedenen Formen des Wandels oder der Veränderung kennt, werden wir im folgenden von einer Veränderung oder einem Wandel *erster Ordnung* sprechen, wenn wir die erste Form meinen (also den Wechsel von einem internen Zustand zu einem anderen innerhalb eines selbst invariant bleiben-

---

[7] Die Griechen scheinen nur die erste der beiden Formen gekannt zu haben. «Kein Ding entsteht oder vergeht, sondern es mischt sich mit oder scheidet sich von bereits vorhandenen Dingen», stellt Anaxagoras im 17. Fragment fest. In ähnlicher Weise sah Aristoteles in jedem Wandel einen Übergang von einer Potentialität zu einer Aktualität. Und mit Nachdruck schließt er aus, was wir heute einen Wandel zur Metastufe nennen würden: « ... weil es ja nicht Bewegung von Bewegung und Werden von Werden gibt und überhaupt nicht Wandlung von Wandlung» [9]. Die spätgriechischen und mittelalterlichen Philosophen neigten dazu, den Wandel als die Antinomie zwischen Sein und Werden aufzufassen. – Heraklit scheint eine grundlegend andere Perspektive gehabt zu haben. Von ihm stammt nicht nur der wohlbekannte Hinweis auf die Unmöglichkeit, zweimal in denselben Fluß zu steigen; in einem anderen Fragment erwähnt er: «Aller Wandel ist widersprüchlich; daher ist der Widerspruch das Wesen der Wirklichkeit.» – Prior umreißt die Entwicklung des Begriffs der Veränderung wie folgt: «Ohne große Übertreibung könnte man sagen, daß die moderne Wissenschaft begann, als man sich mit dem Gedanken einer Veränderung von Veränderungen vertraut machte, also zum Beispiel mit der Idee der Beschleunigung, im Gegensatz zur bloßen Bewegung.» [84]

den Systems); und den Ausdruck Veränderung oder Wandel *zweiter Ordnung* dann verwenden, wenn wir uns auf die zweite Form (also jenen Wechsel, der das System selbst ändert) beziehen[8]. Eine Veränderung zweiter Ordnung ist also eine Metaveränderung und damit eben jene Form des Wandels, deren Möglichkeit Aristoteles so kategorisch verneinte.

An diesem Punkt müssen wir nochmals zu unserer sehr primitiven Darlegung der Gruppentheorie zurückkehren. Im Sinne des bisher Gesagten wird es nun klar, daß die vier Gruppengesetze, die für die spezifische Interdependenz zwischen Bestand und Wandel innerhalb der Gruppe verantwortlich sind, nicht selbst Elemente dieser Gruppe sein können. Sie sind ja Aussagen *über* die Gruppe und stehen daher *meta* zu ihr. Dieser Umstand ist besonders offensichtlich in bezug auf die für eine bestimmte Gruppe geltende Kombinationsregel. Wir sahen zum Beispiel, daß das Einheitselement einer Gruppe, deren Kombinationsregel auf Multiplikation beruht, die Zahl 1 ist. Wird die Kombinationsregel der Gruppe aber zur Addition abgeändert (eine Veränderung zweiter Ordnung, die nur von außen her in die Gruppe eingeführt, nicht aber in der Gruppe selbst hervorgebracht werden kann), so erhalten wir ein anderes Resultat: die Kombination eines Elementes, n, mit dem Einheitselement ergibt dann nicht mehr n (wie dies unter der ersterwähnten Regel der Fall wäre, wo n mal 1 wieder n ergibt), sondern wir erhalten $n + 1$. Wir sehen also, daß sich die Invarianz einer Gruppe nur auf Veränderungen erster Ordnung erstreckt (das heißt: auf die Veränderungen von einem Gruppenelement zu einem anderen, wobei tatsächlich alles um so mehr beim alten bleibt, je mehr es sich ändert), daß die Gruppe aber den Phänomenen des Wandels zweiter Ordnung (also den Veränderungen ihrer Struktur und ihrer internen Regeln) gegenüber offen ist. Die Gruppentheorie und die Logische Typenlehre erweisen sich somit nicht nur als miteinander vereinbar, sondern auch als komplementär. Wir finden ferner, daß die beiden Theorien uns das nötige Rüstzeug zur Untersuchung von Veränderungen in konkreten, praktischen Lebenssituationen liefern. Und wenn wir uns schließlich

---

[8] Die Übereinstimmung dieser Zweiteilung mit Ashbys oben erwähnter Unterscheidung der beiden Formen von Veränderungen in kybernetischen Systemen liegt auf der Hand.

vor Augen halten, daß jeder Wandel zweiter Ordnung eine Diskontinuität oder ein logischer Sprung ist, so steht zu erwarten, daß die praktischen Manifestationen jedes Wandels zweiter Ordnung so unlogisch und paradox erscheinen dürften wie die Entscheidung des Kommandanten der Burg Hochosterwitz, seine letzten Nahrungsmittel wegzuwerfen, um der Aushungerung zu entgehen.

2. Kapitel

Die praktische Perspektive

> Es würde mir nicht im Traum einfallen, einem Klub anzugehören,
> der bereit wäre, mich als Mitglied zu akzeptieren.
> Groucho Marx

Während es rein theoretisch verhältnismäßig einfach ist, klar
zwischen Veränderungen erster und zweiter Ordnung zu unterscheiden, kann diese Unterscheidung in praktischen Fällen
manchmal äußerst schwierig sein. Das Außerachtlassen dieses
Unterschieds und die sich daraus ergebende Konfusion der beiden Formen des Wandels kann daher zu Lösungsversuchen führen, die nicht nur die gewünschte Änderung nicht herbeiführen,
sondern das zu lösende Problem vollends unlösbar machen. Doch
bevor die Problematik solcher «Lösungen» selbst untersucht werden kann, sind praktische Beispiele für die im 1. Kapitel enthaltenen theoretischen Darlegungen nötig.

1. Es ist nicht schwer, Beispiele für das erste Gruppengesetz
(wonach jede auf Grund der für die Gruppe geltenden Kombinationsregel vorgenommene Operation zweier oder mehrerer
Gruppenelemente wiederum ein Element der Gruppe ergibt und
daher die Gruppenstruktur unverändert läßt) zu finden. In John
Fowles Roman, *Der Sammler,* entführt ein junger Mann die
schöne Studentin Miranda, in die er verliebt ist, und hält sie in
einem abgelegenen Landhaus gefangen. Obwohl er sie vollkommen in seiner Gewalt hat, macht die von ihm geschaffene Lage
ihn genau so zu ihrem Gefangenen, wie sie seiner ist. Er klam-
mert sich an die Hoffnung, daß sie ihn trotz allem schließlich
doch zu lieben beginnen wird, und er kann sie daher weder nötigen, noch freilassen. Ihre Freilassung ist für ihn auch deshalb
unmöglich, weil sie zu seiner Verhaftung führen würde; es sei
denn, Miranda behauptet, sie sei ihm freiwillig gefolgt. Sie ist
willens, ihm das zu versprechen, aber er weiß, daß dieses erzwungene Versprechen bestenfalls eine List zur Wiedererlangung
ihrer Freiheit ist und daß sie von sich aus nie zu ihm zurückkehren würde. Unter diesen ungewöhnlichen Umständen bemühen
sich beide verzweifelt, eine Lösung herbeizuführen (er, indem

er versucht, in ihr Liebe zu ihm zu erwecken; sie, indem sie vergeblich jede Fluchtmöglichkeit auszunützen trachtet), doch jeder ihrer Lösungsversuche ist lediglich eine Veränderung erster Ordnung und macht die Zwangslage nur noch hoffnungsloser.

Eine ähnliche Situation ergibt sich im Film *Das Messer im Wasser.* Ein Ehepaar nimmt einen Autostopper auf einen Segelausflug mit. Sehr rasch ergibt sich Spannung und Eifersucht zwischen den beiden Männern, die beide unsicher sind und der hübschen Frau auf Kosten des anderen imponieren wollen. Schließlich kommt es zu Tätlichkeiten; der junge Mann fällt über Bord und kommt nicht mehr an die Oberfläche. Der Ehemann taucht nach ihm, kann ihn aber nicht finden und schwimmt schließlich an Land, um den Vorfall der Polizei zu melden. Der andere, der sich hinter einer Boje versteckt hatte, schwimmt zum Boot zurück, verführt die Frau und verläßt das Boot vor Erreichen des Yachthafens. Dort wartet ihr Mann; er hat es nicht fertiggebracht, sich zu stellen, kann sich aber andererseits nicht mit dem Gedanken abfinden, den Tod des anderen verursacht zu haben. Sie erzählt ihm natürlich, daß dem Jungen nichts geschehen ist, aber er ist überzeugt, daß sie ihn nur beschwichtigen will. Als sie sieht, wie alle ihre Bemühungen fehlschlagen, verwendet sie schließlich das Argument, das ihr unter diesen Umständen das überzeugendste scheint, und sagt ihm die volle Wahrheit: «Er ist nicht nur nicht ertrunken, sondern er hat mich dir untreu gemacht.» Doch diese «Lösung» führt nicht zur erhofften Klärung der Lage, sondern macht sie vollends ausweglos: Wenn er ihr jemals glauben kann, daß er den andern nicht getötet hat, so nur zum Preis der Gewißheit ihrer Untreue; wenn sie ihn mit dem andern aber nicht betrogen hat, dann ist er sein Mörder.

Zwei weitere Beispiele, die wir schon an anderem Orte verwendeten, seien hier kurz wiederholt:

Die Verfassung eines imaginären Staates verbürgt das Recht unbegrenzter parlamentarischer Debatte. Dieses Recht kann aber zur völligen Lähmung des Parlaments führen, da jede Partei ihr unerwünschte Beschlüsse ganz einfach durch endlose Debatten verhindern kann. Die Lösung dieses Problems kann nur durch eine Verfassungsänderung herbeigeführt werden, wird aber eben dadurch verunmöglicht, was geändert werden soll, nämlich durch die in der Verfassung garantierte Redefreiheit

[104]. Daß dieses Beispiel mehr als bloß intellektuelle Spielerei ist, erhellt das zweite Beispiel, ein Zitat von Osgood:

> Unsere politischen und militärischen Führer sind praktisch einstimmig in ihren öffentlichen Erklärungen, daß wir im Rüstungswettlauf führend werden und führend bleiben müssen; ebenso einstimmig schweigen sie sich aber darüber aus, was *dann* geschehen soll. Angenommen, wir erreichen den Zustand der idealen gegenseitigen Abschreckung – ... – *was dann?* Kein vernünftiger Mensch kann sich unseren Planeten auf ewig in zwei bewaffnete Lager gespalten vorstellen, die bereit sind, sich gegenseitig zu vernichten, und dies «Frieden» und «Sicherheit» nennen. Der springende Punkt ist, *daß die Politik der gegenseitigen Abschreckung keine Vorkehrung für ihre eigene Lösung beinhaltet* [81].

Der von Osgood selbst kursiv gesetzte letzte Satz des Zitats umreißt den Invarianzfaktor, der ein System (eine Gruppe im mathematischen Sinne) daran hindert, eine Veränderung zweiter Ordnung aus sich selbst hervorzubringen. Wie wir gesehen haben, kann ein System viele internen Zustandsveränderungen (Veränderungen erster Ordnung) durchlaufen, seine Struktur aber bleibt unverändert, da kein Wandel zweiter Ordnung eintritt.

(2) Wie schon erwähnt, versteht man unter dem zweiten Gruppengesetz das Axiom, daß die *Reihenfolge* der Operationen, die an den Elementen einer Gruppe auf der Basis der für diese Gruppe gültigen Kombinationsregel vorgenommen werden, beliebig verändert werden kann, ohne das Endergebnis der Operationen zu verändern. Ein abstraktes Beispiel dafür steht bereits im 1. Kapitel. Beispiele, die sich unmittelbarer auf unser Thema beziehen, lassen sich aus dem Verhalten komplexer homöostatischer Systeme ableiten. Diese Systeme können lange Ketten interner Zustandsveränderungen durchlaufen – und selbst über ausgedehnte Zeiträume hinweg mögen auch nicht zwei dieser Abläufe identisch sein – erreichen aber schließlich immer dasselbe Resultat, nämlich den Zustand der Stabilität. Ashbys Homöostat [10] ist ein Modell dafür. Aus dem Bereich der zwischenmenschlichen Beziehungen läßt sich ein oft zu beobachtendes Verhaltensmuster zwischen zwei Partnern (zum Beispiel einem Ehepaar) anführen, das darin besteht, daß die beiden aus irgendwelchen Gründen eine scheinbar starr festgelegte emotionale Distanz zueinander wahren. In diesem menschlichen System ist es gleichgültig, welcher der beiden Partner sich dem andern

34

zu nähern sucht, denn auf jede Annäherung folgt unweigerlich ein entsprechendes Sichzurückziehen des anderen, so daß die zwischenpersönliche Distanz immer bestehen bleibt [1]. Eine etwas kompliziertere, aber ihrer Struktur nach ähnliche Beziehungsform liegt oft der Ehe des Alkoholikers zugrunde, dessen Frau verständlicherweise seinem Trinken kritisch und seinen guten Vorsätzen zweifelnd gegenübersteht. Je mehr sie sich beklagt und je mehr sie ihn vor dem Alkohol zu «beschützen» versucht, desto mehr trinkt er, was wiederum zur Verschärfung ihrer Kritik führt und so fort. In ganz ähnlicher Weise mögen die Eltern eines jugendlichen Kriminellen, dessen Verhalten sich zu bessern beginnt, Verhaltensprobleme in einem bisher «braven» Kind entdecken. Die braucht keineswegs nur in ihrer Phantasie so zu sein; klinische Erfahrung lehrt, daß das Verhalten des sogenannten Gegendelinquenten sich wirklich oft drastisch ändert, sobald das seines Bruders sich bessert. Statt wie bisher eine tugendhaftkritische Haltung einzunehmen, höhnt er jetzt über das gute Benehmen des Bruders und provoziert damit entweder dessen Rückfall oder übernimmt nun selbst die Rolle des Delinquenten. Damit tritt zwar eine individuelle Veränderung ein, das Familiensystem als solches aber verändert sich nicht. Vergleichbare Verhaltensmuster lassen sich in den Entscheidungsverfahren gewisser Familien feststellen: Im Versuch, einen gemeinsamen Plan zu fassen, wird jeder Vorschlag, gleichgültig wer ihn macht, von den andern Familienmitgliedern verworfen. Derartige Verhaltensabläufe, die im Sinne Jacksons [54, 55] die Familienhomöostase herstellen und erhalten, entsprechen nicht einfach der soziologischen Definition eines Rollentausches, sondern sind echte Veränderungen erster Ordnung, wobei verschiedene Verhaltensformen aus einem feststehenden Repertoire möglicher Verhalten zu verschiedenen Abläufen kombiniert werden, aber zu identischen Resultaten führen.

Die dem zweiten Gruppengesetz zugrundeliegende Invarianz

---

[1] Die stereotype Regelgebundenheit dieser Beziehungsform verleitet einen zur Annahme, daß die Partner durch eine unsichtbare, an ihren Taillen befestigte Stange zusammen- und auseinandergehalten werden, so daß jeder Versuch eines Partners, sich dem anderen zu nähern, jenen wegstößt, und umgekehrt. Dies gibt Anlaß zu endlosen gegenseitigen Beschuldigungen und führt zu einem wunderlichen Tanz, in dem sich aber nichts je ändert.

kann am besten dort beobachtet werden, wo die Kausalität eines Ablaufs kreisförmig statt linear ist, wie das für die meisten natürlichen und gesellschaftlichen Systeme zutrifft. Rüstungswettläufe und Eskalationen, wie etwa zwischen den arabischen Ländern und Israel, sind gute Beispiele. Selbst wenn wir der Einfachheit halber annehmen, daß an einem solchen Ablauf nur zwei Parteien beteiligt sind, macht es die Kreisförmigkeit ihrer Interaktion oft praktisch unmöglich zu entscheiden, ob eine bestimmte Handlung *a* die Ursache oder die Folge einer Handlung *b* der anderen Seite ist. Dies ist in Übereinstimmung mit dem zweiten Gruppenaxiom, wonach – wie wir gesehen haben – $aob = boa$ ist. In der *eigenen* Sicht faßt natürlich jede Partei ihre eigenen Handlungen als durch die Haltung der anderen Seite bedingt und provoziert auf; von außen her und im Gesamtzusammenhang gesehen, erweist sich aber jede Aktion der einen Partei als Auslöser einer Reaktion der anderen, und diese Reaktion wird dann die Ursache dafür, was die erste Seite «lediglich» als ihre Reaktion betrachtet. Die Kommunikationsforschung hat für dieses Phänomen der Strukturierung von Verhaltensabläufen den Ausdruck *Interpunktion* eingeführt; und es läßt sich nachweisen, daß Widersprüche in der Weise, wie Beziehungspartner ihre Interaktionen «interpunktieren», zu ernsten zwischenmenschlichen Konflikten führen können [20, 68, 99].

3. Das Einheitselement, das die Grundlage des dritten Gruppengesetzes ist, bewirkt in seiner Kombination mit jedem andern Element der Gruppe die Beibehaltung der Identität dieses Elements in Abwesenheit einer Veränderung erster Ordnung. Dies erschwert seine Exemplifizierung, denn es ist schwierig, das aufzuzeigen, was *nicht* der Fall ist, oder trivial, darauf zu verweisen, daß das Nichteintreten von Veränderungen die bestehende Ordnung erhält. Doch dies ist nur scheinbar so, denn bei näherer Prüfung erweist es sich, daß die mit dem Einheitselement zusammenhängende Invarianz sich auf beide der von uns postulierten Formen der Veränderung bezieht. Es dürfte aber vorläufig am zweckmäßigsten sein, an diesem Punkte mit Veranschaulichungen des vierten Gruppengesetzes anzuknüpfen, da sich dabei erweisen wird, daß das Einheitselement nicht einfach ein Nichts ist, sondern seine eigene, wenn auch begrifflich schwer zu erfassende Substanz hat.

je nach Kombinationsregel gibt es an
einem Element verschiedene Inverse
z.B.

4. Wie bereits erwähnt, besagt das vierte Gruppengesetz, daß die Kombination jedes beliebigen Elements mit seinem Inversen, das heißt seinem Gegensatz, das Einheitselement ergibt. Was ist die praktische Bedeutung dieses Postulats? Auf den ersten Blick kann man sich schwerlich eine drastischere und radikalere Veränderung vorstellen als die Ablösung eines Dinges durch sein Gegenteil. In einer etwas weniger oberflächlichen Sicht läßt sich aber feststellen, daß unsere subjektive Erfahrung der Welt (die einzige Wirklichkeit, über die wir etwas aussagen können) sich aus Gegensatzpaaren zusammensetzt und daß, streng genommen, jeder Aspekt der Wirklichkeit für uns Substanz und Eigenständigkeit nur dank der Existenz seines Gegenteils hat. Beispiele dafür sind zahllos und alltäglich: Licht und Dunkel, Figur und Hintergrund, gut und bös, Vergangenheit und Zukunft und unzählige andere solcher Gegensatzpaare sind trotz ihrer scheinbar unvereinbaren und sich gegenseitig ausschließenden Natur lediglich zwei Komplementäraspekte eines und desselben Bezugssystems[2]. Zum Beispiel: Eine der von den Roten Garden zu Beginn der chinesischen Kulturrevolution durchgeführten Reformen war die Vernichtung aller öffentlichen Schilder und Aufschriften (von Straßen, Gebäuden, Geschäften usw.), die sich irgendwie auf die reaktionäre, bürgerliche Vergangenheit bezogen und ihre Ersetzung durch revolutionäre Namen –, zweifellos ein radikaler Ausdruck des Bruchs mit der Vergangenheit. Im weiteren Kontext der chinesischen Kultur jedoch ist dieser Bruch durchaus im Einklang mit jener Grundregel, die

(5)

bei +
zwei
−5 = 0
bei −
zwei

$\dfrac{+}{5}$
= 1

---

[2] Vergl. Laotse: Wenn auf Erden alle das Schöne als schön erkennen, so ist dadurch schon das Häßliche gesetzt. Wenn auf Erden alle das Gute als gut erkennen, so ist dadurch schon das Nichtgute gesetzt [72].

Fällt aus irgendeinem Grunde der Gegensatz (das Inverse) weg, so entsteht dadurch, wie erwünscht sein Verschwinden zunächst auch gewesen sein mag, eine Krise sui generis. Erst dann erweist es sich, daß das scheinbare Übel seine eigene, stabilisierende Funktion hatte; eine Erfahrungstatsache, die sich in der Familientherapie immer wieder bestätigt. Wenn der Zustand des Familienmitglieds, das die Etikette einer psychiatrischen Diagnose trägt, sich bessert, so herrscht darob meist keineswegs eitel Freude, sondern das Familiensystem wird entweder versuchen, den «Patienten» in seine Sündenbockrolle zurückzudrängen (am häufigsten, indem es seine Fortschritte zu neuen Beweisen seiner Verrücktheit stempelt), oder ein anderes Familienmitglied wird zum Träger der Patientenrolle – ist doch der unaufgelöste Gegensatz (so unan-

Konfuzius die *Berichtigung der Namen* nannte und die auf der Annahme beruht, daß von der «richtigen» Benennung die «richtige» Wirklichkeit folgt; im Gegensatz zur westlichen Auffassung, wonach sich Namen auf die Wirklichkeit des Benannten beziehen. In diesem Sinne also waren die von den Roten Garden vorgenommenen Umbenennungen Veränderungen erster Ordnung; sie ließen nicht nur eine uralte Eigenart chinesischer Kultur unverändert, sondern verschafften ihr erneute Gültigkeit – ein Ergebnis, das die Roten Garden selbst vermutlich kaum anerkannt hätten.

Zwei Dinge mögen so verschieden sein «wie Tag und Nacht» und der Wechsel vom einen zum anderen Extrem endgültig erscheinen, paradoxerweise aber mag sich im weiteren Kontext (in der Gruppe im mathematischen Sinne) nichts geändert haben. «Um die Ortschaft zu retten, mußten wir sie zerstören», soll ein amerikanischer Kommandant in Vietnam gemeldet haben; vermutlich ohne sich sowohl der erschreckenden Absurdität als auch des tieferen Sinnes seiner Meldung bewußt zu sein. Einer der landläufigsten Irrtümer über das Wesen des Wandels ist die naive Annahme, daß die Herbeiführung des Gegenteils dessen, was geändert werden muß, die Lösung darstellt. Die Frau, die sich von einem «schwachen» Mann scheiden läßt, um einen «starken» zu heiraten, entdeckt nur zu oft mit Bestürzung, daß ihre zweite Ehe keineswegs das Gegenteil der ersten ist, sondern daß sich wenig, wenn überhaupt etwas, geändert hat. – Das Herausstreichen scheinbar unversöhnbarer Kontraste war immer

---

genehm er sein mag) eine Art Lösung, wie Konstantinos Kawafis das in seinem Gedichte, «Die Barbaren erwartend», so meisterhaft ausdrückt: Rom erwartet den Einfall der Barbaren; der Senat, der Kaiser, die Konsuln und Prätoren haben sich zu ihrem Empfang versammelt, das Alltagsleben stockt, da ja alles anders sein wird, wenn die Barbaren hier sind – und dann auf einmal:

Warum bricht plötzlich diese Unruh aus?
dies Durcheinander? (Wie ernst sind die Gesichter!)
Die Straßen und Plätze leeren sich,
und alle kehren heim – tief in Gedanken.
Weil es schon dunkel wird, und die Barbaren kamen nicht.
Und Leute trafen von der Grenze mit der Nachricht ein,
daß es Barbaren nicht mehr gibt.
Was wird aus uns ohne Barbaren nun!
Waren doch diese Menschen irgendeine Lösung!

schon eine beliebte Propagandatechnik von Politikern und Diktatoren. «Nationalsozialismus oder bolschewistisches Chaos?» fragte rhetorisch ein Naziplakat und unterstellte damit schlicht, daß es nur diese beiden Alternativen gab und alle Menschen guten Willens die selbstverständliche, «richtige» Entscheidung treffen sollten. «Erdäpfel oder Kartoffel?» stand auf einem kleinen Zettel zu lesen, den Widerstandszellen auf Hunderte dieser Plakate klebten und damit eine großangelegte Gestapoaktion auslösten.

Die eigenartige Interdependenz der Gegensätze war bereits Heraklit, dem großen Philosophen des Wandels, bekannt, der sie *Enantiodromie* nannte. Dieser Begriff wurde von C. G. Jung übernommen, der in ihm einen grundlegenden seelischen Mechanismus sah:

Jedes psychologische Extrem enthält im geheimen seinen Gegensatz oder steht sonstwie mit diesem in nächster und wesentlichster Beziehung. Ja, es leitet aus dem Gegensatz geradezu seine ihm eigentümliche Dynamik her. Es gibt keinen geheiligten Brauch, der sich nicht gegebenenfalls in sein Gegenteil verkehrt, und je extremer seine Stellung wird, desto eher ist ihre Enantiodromie, ihre Verkehrung ins Gegenteil, zu erwarten [58].

Die abendländische Geschichte ist zweifellos reich an enantiodromischen Abläufen. Als der Hellenismus einen Höchstgrad an verfeinerter Geistigkeit erreichte, erfolgte ein Einbruch dunkler, chaotischer, orphischer Elemente aus Kleinasien in die griechische Welt. Die romantische Idealisierung der Frauen in der Troubadourepoche zwischen dem 11. und 13. Jahrhundert und ihre religiöse Entsprechung, die im 11. Jahrhundert beginnende und sich rasch steigernde Marienverehrung, hatten einen grauenvollen Begleiter durch die Jahrhunderte: den Ausbruch und das erschreckende Crescendo der Hexenverfolgungen. Maria und die Hexe – zwei Aspekte der Weiblichkeit, die kaum antithetischer und unvereinbarer erscheinen könnten und doch «nur» die beiden Hälften eines Gegensatzpaares sind[3]. Etwas später, im Zeitalter der Aufklärung, sehen wir die Jungfrau Maria durch die Göttin Vernunft abgelöst, die ihrerseits dann von der Romantik und der «Entdeckung» des Unbewußten durch C. G. Carus ent-

---

[3] Im Hinduismus ist dieses Gegensatzpaar viel zutreffender, wenn auch schwerer erfaßbar, als *eine* Gottheit dargestellt, nämlich die Göttin Kali, die erzeugt *und* vernichtet.

thront wird. Und um einen kurzen Blick in die Zukunft zu werfen: es ist eine ziemlich sichere Annahme, daß die Kinder unserer zeitgenössischen Gammler Bankdirektoren werden wollen und die Kommunen verabscheuen werden, was in ihren wohlmeinenden Eltern die bestürzte Frage erwecken dürfte: wo haben wir als Eltern versagt?

Anhand dieser Beispiele dürfte der Begriff des Einheitselements etwas greifbarer geworden sein. Wie wir weiter oben darlegten, bewahrt es in seiner Kombination mit einem anderen Element der Gruppe die Identität dieses anderen Elements (bedingt also einen Nullwert von Veränderung erster Ordnung), während die Kombination eines Elements mit seinem Inversen die Identität der Gruppe selbst bewahrt, das heißt, das Einheitselement ergibt und daher keine Veränderung zweiter Ordnung erzeugt. Zum Beispiel: Es liegt im Wesen der Tradition, Fortbestand von Werten und Verhaltensweisen, wenn nötig durch die Anwendung bestimmter Druckmittel, zu sichern. In diesem Sinne hat sie die Funktion eines Einheitselements. Dagegen liegt es im Wesen von Revolutionen, daß sie tiefgreifende Veränderungen herbeiführen. Wie aber das Beispiel der Roten Garden zeigt, gibt es Formen revolutionärer Aktion, die ihrerseits eine traditionelle Form der Herbeiführung von Wandel sind. Diese Handlungen haben dann die Funktion des Inversen im gruppentheoretischen Sinne und bewahren, wie wir gesehen haben, den Bestand der betreffenden Kultur. Und tatsächlich ist die Liste jener Revolutionen lang, die schließlich zu mehr derselben Zustände führten, deren Sturz und deren Ersetzung durch eine bessere, neue Ordnung sich die Revolution ursprünglich auf ihr Banner geschrieben hatte [4].

Im Alltagsleben führt die Erkenntnis dieses Wandels, der kein Wandel ist, manchmal zur melancholischen Schlußfolgerung, daß

---

[4] Mit sarkastischer Intuition karikiert Dostojewskij diesen Teufelskreis in den *Besessenen*. Shigaljóv, der Autor einer enorm komplexen Studie «der Frage von der sozialen Organisation der künftigen Gesellschaft, durch welche die jetzige abgelöst werden wird», ist bereit, seine Schlußfolgerungen den Mitverschwörern in abgekürzter Form vorzutragen, warnt sie aber, daß

ich noch eine Menge mündlicher Erklärungen hinzuzufügen habe, und es fordert daher die ganze Auseinandersetzung mindestens zehn Abende, gemäß der Anzahl der Kapitel meines Buchs. (Gelächter es vielleicht einfacher gewesen wäre, die Dinge von Anfang an so zu belassen, wie sie waren. Diese Einsicht ist aber keineswegs die Regel, denn der merkwürdige «Nulleffekt» des Einheitselements kann es überaus schwierig machen, sein Vorliegen überhaupt festzustellen. Während es sehr einfach ist, etwas so Offensichtliches wie den Wechsel einer Sache oder einer Situation in ihr Gegenteil zu bemerken, ist es besonders in menschlichen Beziehungen sehr schwierig, sich darüber Rechenschaft abzulegen, daß dieser Wechsel keinen Wechsel in der Gesamtlage mit sich bringt. Viele menschliche Konflikte und viele konflikterzeugende «Lösungen» beruhen auf dieser Komplikation. Weitere Beispiele dafür finden sich im 4. Kapitel.

So viel zur Veranschaulichung der vier Gruppengesetze und zum Nachweis, daß keines dieser Gesetze für sich, oder in Verbindung mit den anderen, eine Veränderung zweiter Ordnung ermöglicht. Von einem System, das alle ihm möglichen internen Veränderungen (gleichgültig, wie viele es sind) durchlaufen kann, ohne eine Veränderung seiner selbst (also eine Veränderung zweiter Ordnung) zu erreichen, sagt man, daß es in einem Spiel ohne Ende [103] gefangen ist. Es kann die Voraussetzungen für die Lösung nicht aus sich selbst hervorbringen; es ist ihm unmöglich, die Regeln für die Veränderung seiner eigenen Regeln einzuführen. Selbstverständlich gibt es Spiele (im weitesten Sinne des Wortes), deren Endpunkt in ihrer eigenen Struktur enthalten ist und die diesen Endpunkt früher oder später erreichen, nicht aber in die spezifischen Teufelskreise münden, die fast immer die Grundlage menschlicher Konflikte bilden. Spiele ohne Ende dagegen sind genau das, was der Ausdruck besagt: sie sind in dem Sinne endlos, als sie keine Vorkehrungen für ihr Aufhören enthalten. Aufhören, wie Erwachen aus einem Traum, ist nicht Teil des Spiels selbst, ist nicht ein Element dieser Gruppe; Aufhören ist *meta* zum Spiel, es hat einen anderen,

---

läßt sich hören.) Außerdem erkläre ich von vornherein, daß mein System nicht beendet ist. (Wiederum Gelächter.) Ich habe mich in meinen eigenen Behauptungen verfangen, und mein Schluß steht in direktem Widerspruch zu der ursprünglichen Idee, von welcher ich ausgehe. Indem ich von schrankenloser Freiheit ausgehe, schließe ich mit unbeschränktem Despotismus. Aber ich füge hinzu, daß es außer meiner Lösung der gesellschaftlichen Formel keine andere geben kann. (Das Gelächter wuchs immer mehr.) [32]

höheren, logischen Abstraktionsgrad als irgendein regelbedingtes Ereignis *innerhalb* des Spiels.

Und doch besteht kein Zweifel darüber, daß spontane Veränderungen zweiter Ordnung nicht nur nicht unmöglich, sondern alltäglich sind. Wir alle können neue, zweckmäßige Lösungen in den verschiedensten Lebenslagen finden; Gesellschaftssysteme sind durchaus der Selbstregulierung und die Natur immer neuer Anpassungen fähig, und wissenschaftliche Entdekkungen, wie künstlerisches Schaffen, beruhen gerade auf dieser Art von Sprung aus einem bisherigen in einen neuen Bezugsrahmen. Es dürfte sogar zutreffen, daß das praktische Merkmal der «Gesundheit» eines Systems sein Grad jener merkwürdigen und dem gesunden Menschenverstand schwer verständlichen Fähigkeit ist, die Baron von Münchhausen bewies, als er sich an seinem eigenen Schopf aus dem Morast zog.

Dieses Eintreten einer Veränderung zweiter Ordnung wird meist als etwas Unwillkürliches, ja Unbegreifliches, gesehen, ein Quantensprung, eine plötzliche Erleuchtung, die unerwarteterweise nach langer und oft entmutigender geistiger Anstrengung eintritt, manchmal in einem Traum, manchmal fast als ein Akt der Gnade im theologischen Sinne. Koestler hat in seinem Buch *Der göttliche Funke* eine enzyklopädische Sammlung von Beispielen für dieses Phänomen zusammengetragen und dafür den Ausdruck *Bisoziation* eingeführt. Er versteht darunter «das plötzliche Aufblitzen einer Erkenntnis, die eine an sich vertraute Situation oder Begebenheit in einem andern Licht zeigt und eine neue Einstellung zu ihr hervorruft» [63]. In einem brillanten Referat behandelt Bronowski dasselbe Problem, und auch er schreibt dem entscheidenden Sprung einen unvorhersehbaren, ja fast zufälligen Charakter zu. Wir wissen nicht, wie dieses Ereignis eintritt, und es besteht keine Möglichkeit, es zu wissen:

> Es ist ein freies Spiel des Geistes, eine Erfindung außerhalb des Bereichs der Logik. Es ist der zentrale Akt wissenschaftlicher Imagination und gleicht in jeder Hinsicht ähnlichen Akten in der Literatur. In dieser Beziehung gleichen sich Wissenschaft und Literatur: in beiden bereichert der Geist durch einen unmechanischen Akt freier Willensentscheidung ein bestehendes System um etwas Zusätzliches [30].

Trotzdem geht unsere Erfahrung dahin, daß eine Veränderung zweiter Ordnung nur aus der Perspektive der Veränderungen erster Ordnung, also von innerhalb des Systems her, unerwartet, abrupt und unlogisch erscheint[5]. Dies sollte nicht überraschen, denn jede Veränderung zweiter Ordnung wird ja von außen her in das System eingeführt und läßt sich deshalb nicht in Begriffen des Systems selbst fassen; daher ihr scheinbar rätselhaftes, fast willkürliches Wesen. Von außerhalb des Systems gesehen, handelt es sich lediglich um eine Änderung der Prämissen (der Kombinationsregeln im gruppentheoretischen Sinne), die für das System *als ganzes* gelten. Zweifellos unterliegt diese Gruppe von Prämissen ihrerseits selbst wiederum der Gruppeninvarianz, und eine Veränderung dieser Prämissen müßte ihrerseits wieder von der nächsthöheren Stufe her eingeführt werden – also der Stufe, die *metameta* zum ursprünglichen System steht und *meta* zu den für dieses System zutreffenden Prämissen. Um jedoch eine Veränderung im *ursprünglichen* System zu erzielen, genügt es, Rekurs nur bis zur Metastufe zu nehmen.

Ein etwas abstraktes, aber doch einfaches Beispiel soll dies näher veranschaulichen. Die neun Punkte in Figur 1 sind durch vier gerade, zusammenhängende Linien zu verbinden, das heißt, beim Ziehen der Linien darf der Bleistift nicht vom Papier abgehoben werden. Der Leser, der diese Denkaufgabe nicht schon kennt, ist aufgefordert, nicht weiterzulesen, sondern die Lösung auf einem Blatt Papier selbst zu versuchen und sich erst dann Figur 2 auf Seite 46 anzusehen.

---

[5] Seit Gödel 1931 sein berühmtes Unentscheidbarkeitstheorem [45] auf der Basis der *Principia Mathematica* veröffentlichte, müssen wir ein für allemal die Hoffnung aufgeben, daß irgendein System, dessen Komplexität wenigstens der der Arithmetik entspricht (oder wie Tarski [95] nachwies, eine Sprache derselben Komplexität), jemals seine eigene Geschlossenheit und Folgerichtigkeit innerhalb seines eigenen Rahmens (in seiner eigenen Sprache) beweisen kann. Dieser Beweis kann nur von außen her erfolgen und beruht dann auf Axiomen, Prämissen, Begriffen, Vergleichen, usw., die das ursprüngliche System weder entwickeln noch beweisen kann, die aber selbst wiederum nur durch Rekurs zu einem noch weiteren Begriffsrahmen beweisbar sind, und so fort in einem unendlichen Regreß von Metasystemen, Metametasystemen, usw. In Übereinstimmung mit den Postulaten der *Principia Mathematica* bezieht sich ja jeder Satz *über* eine Gesamtheit – und der Nachweis der Geschlossenheit und Folgerichtigkeit wäre ein solcher Satz – auf die Gesamtheit selbst und kann daher nicht einer ihrer Teile sein.

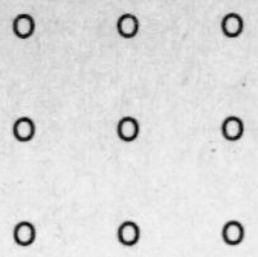

Figur 1

Fast jeder, der zum erstenmal die Lösung dieser Aufgabe versucht, führt als Teil seines Lösungsversuchs etwas ein, das die Lösung unmöglich macht. Es ist die unbegründete Annahme, daß die Lösung *innerhalb* des durch die Punkte gegebenen Quadrats gefunden werden muß – eine Bedingung, die in der Aufgabe nicht enthalten ist, sondern die sich der Problemlöser unversehens selbst auferlegt. Sein Scheitern liegt daher nicht in der Unmöglichkeit der Aufgabe, sondern in seinem Lösungsversuch begründet. Hat er aber einmal auf diese Weise sein Problem geschaffen, so ist es völlig gleichgültig, welche Kombination der Linien er nun in welcher Reihenfolge versucht; es bleibt ihm immer mindestens ein unerfaßter Punkt übrig. Dies bedeutet, daß er alle innerhalb des Quadrats möglichen Veränderungen erster Ordnung durchlaufen kann, ohne die Aufgabe zu lösen. Die Lösung ist eine typische Veränderung zweiter Ordnung; sie besteht im Heraustreten aus dem Rahmen, sie kann nicht in sich selbst enthalten sein, weil sie eben – in der Sprache der *Principia Mathematica* – ihre Gesamtheit betrifft und daher nicht Teil ihrer selbst sein kann[6].

---

[6] Zur besseren Veranschaulichung dieses entscheidenden Unterschiedes zwischen «innen» und «außen» zwei weitere Beispiele: Es ist (wenigstens direkt) unmöglich, den eigenen Körper in seiner Gesamtheit visuell wahrzunehmen, da die Augen, als die Organe dieser Wahrnehmung, selbst Teil der wahrzunehmenden Totalität sind – oder wie es ein Zen-Meister ausdrückte: «Das Leben ist wie ein Schwert, das verletzt, aber sich nicht selbst verletzen kann; wie ein Auge, das sieht, aber sich nicht selbst sehen kann.» Aus dem selben Grund ist es überaus schwierig, ein mehr als nur oberflächliches Verständnis der eigenen Kulturform innerhalb dieses Kulturkreises selbst zu gewinnen. Man muß ihn verlassen und, wie jeder Anthropologe weiß, auf einen Schock gefaßt sein, wenn man von außen, also von einer fremden Kultur her, auf ihn zurückblickt.

44

Nur wenigen gelingt es, das Neun-Punkte-Problem auf Anhieb zu lösen. Wer scheitert und aufgibt, findet die unerwartete Einfachheit der Lösung (siehe Figur 2 auf Seite 46) meist überraschend. Die Analogie mit vielen Situationen des praktischen Lebens liegt auf der Hand. Wohl jedermann weiß, wie einem zumute ist, wenn man in einer ähnlichen Sackgasse gefangen sitzt und es dann sehr gleichgültig ist, ob man an die Zwangslage gefaßt und logisch heranzugehen versucht oder sich in eine Panik hineinsteigert. Denn wie bereits erwähnt, kann die Lösung nicht durch irgendeine Veränderung erster Ordnung, also von innen her, erfolgen, und in der Perspektive aller möglichen, aber erfolglosen Veränderungen erster Ordnung erscheint die Lösung daher als eine verblüffende Erleuchtung, über deren Zustandekommen wir scheinbar sehr wenig Einfluß haben. Im Sinne des Wesens einer Veränderung zweiter Ordnung jedoch ist die Lösung nichts anderes als der Wechsel von einer Prämisse zu einer anderen desselben logischen Stufenwertes (das heißt, desselben Grades der logischen Abstraktion). Die eine Prämisse besagt, daß die Lösung innerhalb des durch die Punkte dargestellten Quadrats zu finden ist, und die andere postuliert dies nicht. In anderen Worten, die Lösung ergibt sich aus einer Überprüfung der eigenen *Annahmen* über die Punkte, nicht aber aus einer Prüfung der Punkte *selbst* [7]. Oder um dieselbe Aussage in einer mehr philosophischen Sprache zu machen: Es ist offensichtlich

---

[7] In diesem Zusammenhang mag es angebracht sein, diese Form der Problemlösung mit den Voraussetzungen zu vergleichen, auf denen die meisten der klassischen Psychotherapieschulen beruhen. Es wird allgemein angenommen, daß therapeutischer Wandel durch Einsicht in die längst vergangenen Ursachen des gegenwärtigen Problems erreicht wird. Wie aber das Neun-Punkte-Problem veranschaulicht, besteht kein zwingender Grund für einen derartigen Exkurs in die Vergangenheit; das Verstehen des historischen Zustandekommens der die Lösung verunmöglichenden Annahme ist für die Lösung belanglos. Das Problem kann ohne besondere Einsicht jetzt und hier durch das Heraustreten aus dem Quadrat gelöst werden. Wie wir selbst, scheinen sich viele unserer Kollegen dem Eindruck nicht länger entziehen zu können, daß Einsicht zwar zu hochinteressanten *Erklärungen* von Symptomen führen mag, daß sie aber wenig, wenn überhaupt, zu ihrer Lösung beiträgt.

Diese empirische Tatsache wirft ein wichtiges epistemologisches Problem auf. Die Prämissen jeder Theorie führen folgerichtig zu theoriespezifischen Einschränkungen. Im Falle psychiatrischer Theorien wer-

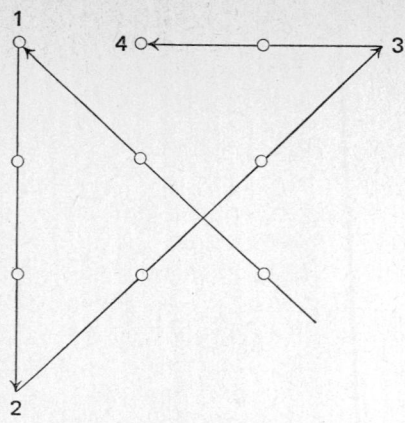

Figur 2

von grundlegendem Unterschied für unser In-der-Welt-Sein, ob wir uns als Marionetten in einem Spiel auffassen, dessen Regeln wir die Wirklichkeit nennen, oder als die Spieler eines Spiels, dessen Regeln nur in dem Sinne «wirklich» sind, als wir sie erfunden oder übernommen haben, die wir aber jederzeit ändern können. Im 8. Kapitel werden wir dieses Thema näher aufgreifen.

Alles bisher Gesagte setzt aber ein Gewahrsein der logischen

den diese Einschränkungen jedoch häufig der menschlichen Natur zugeschrieben. So *muß* zum Beispiel in psychoanalytischer Sicht eine rein symptomorientierte Behandlung ohne Lösung des dem Symptom zugrundeliegenden Konflikts zu Symptomverschiebung und -verschlechterung führen –, aber nicht, weil dies in der Natur der Psyche, sondern in der Natur der psychoanalytischen Theorie liegt, das heißt, in den Schlußfolgerungen, die sich streng logisch aus ihren Prämissen ergeben. Die Verhaltenstherapeuten andererseits stützen sich auf Lern- und Extinktionstheorien und «brauchen» sich daher nicht über die Folgen reiner Symptombehandlungen zu sorgen.

All dies führt auf nun schon Bekanntes zurück: Innerhalb des Rahmens einer Theorie sind ganz bestimmte Möglichkeiten gegeben, andere dagegen nicht. Welcher Theorie aber innerhalb des Metarahmens aller möglichen Theorien der Vorzug gegeben wird, ist eine ganz unabhängige und willkürliche Entscheidung, die aber in unserem Fachgebiet – wie noch zu zeigen sein wird – von großer Bedeutung für den oft naiv verwendeten Begriff der Wirklichkeitsanpassung ist.

46

Struktur unserer Welt und der Notwendigkeit voraus, die hierarchischen Stufen unseres logischen Diskurses säuberlich getrennt zu halten. Die Logische Typenlehre läßt keinen Zweifel darüber, daß wir über die Klasse (Menge) nicht in der Sprache ihrer Elemente sprechen dürfen. Es wäre dies ein logischer Fehler, der sehr verwirrende, paradoxe Folgen nach sich ziehen würde. Solche Fehler können auf zweierlei Weise eintreten: Entweder durch irrtümliche Zuschreibung einer bestimmten Eigenschaft an die Klasse statt an das Element (oder umgekehrt) oder durch das Übersehen des wichtigen Unterschieds zwischen Element und Klasse und die sich daraus ergebende Behandlung der beiden Begriffe, als hätten sie denselben Grad logischer Abstraktion. Um dies nochmals zu wiederholen: Eine Veränderung zweiter Ordnung steht in der Hierarchie der logischen Typen eine Stufe höher als eine Veränderung erster Ordnung. Sie kann daher nicht in den für eine Veränderung erster Ordnung zutreffenden Begriffen ausgedrückt oder durch die für eine Veränderung erster Ordnung zutreffenden Methoden herbeigeführt werden, ohne Paradoxien und höchst unbeabsichtigte Folgen zu verursachen[8]. Zum Beispiel scheinen zumindest einige der tragikomischen Meinungsverschiedenheiten zwischen Experimentalpsychologen und Psychiatern darauf zu beruhen, daß die Psychologen unter einer Verhaltensveränderung meist eine Veränderung erster Ordnung verstehen (also den Wechsel von einem Verhalten zu einem anderen innerhalb eines spezifischen Verhaltensrepertoirs), während die Psychiater sich im wesentlichen mit Veränderungen zweiter Ordnung befassen (das heißt, mit den Veränderungen von Verhaltensrepertoiren selbst). Bateson, dessen wichtigster Beitrag zu den Verhaltenswissenschaften zweifellos in der Einführung der Logischen Typenlehre in dieses Fachgebiet besteht, und dessen Mentorrolle wir Autoren dankbar anerkennen, umreißt diesen Sachverhalt mit aller wünschenswerten Klarheit: «Insofern, als die Verhaltenswissenschafter noch immer die Probleme der *Principia Mathematica* ignorieren, können sie Anspruch darauf erheben, 60 Jahre im Rückstand zu sein» [21].

---

[8] Die meisten Formen von Humor gründen auf einer absichtlichen Verwirrung von Element und Klasse; Groucho Marx' Ausspruch, den wir diesem Kapitel als Motto voranstellten, ist ein geradezu klassisches Beispiel. Für eine ausführliche Behandlung dieses Themas vgl. Fry [42].

Teil II

Problementstehungen

3. Kapitel

Mehr desselben – oder:
Wenn die Lösung selbst das Problem ist

> Erst wirbeln wir den Staub auf und behaupten dann,
> daß wir nichts sehen können.
> Berkeley

> Nun bist du mit dem Kopf durch die Wand.
> Und was wirst du in der Nachbarzelle tun?
> Stanislaw J. Lec: *Neue unfrisierte Gedanken*

Wenn wir von den meisten Phänomenen des Wachsens und der Entwicklung absehen, dann ist der häufigste Anlaß für eine Veränderung das Eintreten einer Abweichung von einer bestimmten Norm. Wenn der Winter kommt, heizt man das Haus und trägt wärmere Kleidung, um das Fallen der Temperatur auszugleichen. Wenn es noch kälter wird, muß mehr geheizt und noch wärmere Kleidung getragen werden. In anderen Worten: ein Wandel wird unerläßlich, um Überleben und Wohlbehagen zu gewährleisten. Im Einklang mit dem 4. Gruppengesetz wird die gewünschte Veränderung durch die Einführung des Gegenteils dessen bewirkt, was die Abweichung hervorrief, also zum Beispiel Wärme zum Ausgleich der Kälte. Falls sich diese Regulierung als unzureichend herausstellt, bewirkt *mehr derselben* Maßnahme schließlich die gewünschte Veränderung. Diese einfache und logische Form der Problemlösung gilt nicht nur für viele Situationen des Alltagslebens, sondern auf ihr beruhen auch unzählige Interaktionsprozesse in der Physiologie, Neurologie, Physik, Volkswirtschaft und vielen anderen Gebieten.

Doch damit ist das Thema nicht erschöpft. Besehen wir uns andere, scheinbar ähnliche Situationen. Der Alkoholismus ist ein ernstes Sozialproblem. Aus diesem Grunde ist es notwendig, den Alkoholkonsum einzuschränken. Wenn das Problem damit nicht behoben ist, führt *mehr derselben* Einschränkung schließlich zum extremen Lösungsversuch der Prohibition. Doch das «Heilmittel» der Prohibition erweist sich als das größere Übel als die zu behandelnde Krankheit: die Trunksucht steigt, illegale

Schnapsfabriken kommen auf, die Unreinheit des dort gebrannten Fusels macht das Trinken noch mehr zu einem öffentlichen Gesundheitsproblem, eine eigene Polizei muß aufgestellt werden, um die Schwarzbrenner und ihre Verteilerorganisationen auszuheben, erweist sich aber bald als besonders anfällig für Bestechungen usw. usw. Da das zu lösende Problem auf diese Weise immer kritischer wird, liegt es auf der Hand, die Durchführung der Prohibition weiter zu verschärfen, doch führt trotzdem «erstaunlicherweise» *mehr desselben* nicht zur gewünschten Änderung; die «Lösung» trägt vielmehr selbst weitgehend zur Schwere des Problems bei – ja, sie wird schließlich sogar zum größeren der zwei Übel, das heißt, einerseits des Übels eines gewissen, ziemlich stabilen Prozentsatzes von Alkoholikern in der Gesamtbevölkerung und andererseits verbreiteter Schmuggel, Untergrabung der Staatsgewalt, Korruption und Gangstertum *zusätzlich* zu einer besonders hohen Alkoholikerrate.

Dieses Beispiel hilft uns auch, ein anderes wichtiges und auf ersten Blick widersprüchliches Merkmal von Veränderungen in praktischen Lebenssituationen zu verstehen. In den abstrakten Begriffen der mathematischen Gruppentheorie werden die Elemente einer Gruppe (also zum Beispiel Zahlen, Partikel usw.) als in ihren individuellen Eigenschaften unveränderlich aufgefaßt; was sich drastisch ändern kann, sind die Reihenfolgen ihres Auftretens, ihre gegenseitigen Beziehungen, ihre Kombinationen usw. Nicht viele menschliche Probleme aber bleiben auf längere Zeit unverändert; sie neigen vielmehr dazu, sich zu verschlimmern und zu eskalieren, wenn keine oder eine falsche Lösung versucht wird, oder ganz besonders dann, wenn *mehr* einer falschen Lösung angewendet wird. Ist dies der Fall, mag die Struktur der Problemsituation gleich oder ähnlich bleiben, während die Intensität des durch sie hervorgerufenen Leidens zunimmt. Der Leser sollte diesem Unterschied Aufmerksamkeit schenken, da ihm sonst die folgenden Beispiele widersprüchlich erscheinen müssen, nämlich so, daß diese Probleme einerseits als unveränderlich, andererseits als sich dauernd verschlechternd dargestellt werden.

Ist die Pornographie ein verderbliches Gesellschaftsübel? Für viele ist die Antwort ein selbstverständliches (aber nicht unbedingt auch verstandenes) Ja. Es ist daher durchaus vernünftig, die Pornographie mit allen zur Verfügung stehenden Rechtsmitteln zu bekämpfen. Das dänische Beispiel aber hat bewiesen, daß die völlige Freigabe der Pornographie nicht nur keine Sturmfluten von Verbrechen und allgemeinem Laster entfesselte, sondern in Lächerlichkeit und Langweile mündete[1]. Im Falle der Pornographie ist also mehr derselben Lösung nicht nur das größere von zwei Problemen; die Lösung *ist* vielmehr das Problem, denn ohne sie bestünde das Problem nicht.

Obwohl die Absurdität dieser Lösungsversuche auf der Hand zu liegen scheint, ist es erstaunlich, daß sie dennoch in praktischen Lebensbereichen immer und immer wieder versucht werden, als ob es den für die Herbeiführung von Lösungen Verantwortlichen unmöglich wäre, aus den eigenen oder den Fehlern anderer zu lernen. So bewahrte das klägliche Versagen der Prohibition in den USA die Republik Indien 14 Jahre später nicht davor, die Prohibition in ihrer Verfassung zu verankern und prompt in dieselben Schwierigkeiten zu geraten. – Das vielbeklagte, moderne Pseudoproblem der Generationenlücke ist ein ähnliches Beispiel. Die unangenehmen und oft entmutigenden Reibungen zwischen der älteren und der jüngeren Generation bestehen seit längster Zeit und sind immer wieder der Gegenstand erstaunlich stereotyper Klagen[2]. Wenn es der Menschheit aber im Laufe der Jahrtausende nicht gelungen ist, dieses ewig aktuelle Problem zu lösen, so muß angenommen werden, daß es wahrscheinlich keine Lösung hat. Heutzutage aber hat sich eine genügend große Anzahl von Personen davon überzeugt, daß die Generationenlücke geschlossen werden kann und muß. *Diese Überzeugung,* und nicht die Generationenlücke selbst, ist nun für eine Unzahl von Problemen verantwortlich, vor allem durch die Verursachung einer verschärften Polarisierung zwischen den Generationen, während vorher nur eine lästige Schwierigkeit be-

[1] Zugegebenerweise laufen die dänischen Schundfabriken derzeit noch auf Volltouren, doch ihr Ausstoß geht fast ausschließlich in jene Länder, deren Bürger noch weiterhin gesetzlich vor der Pornographie «geschützt» sind.

[2] Auf einer babylonischen Tontafel, deren Alter auf mindestens 3000 Jahre geschätzt wird, steht zu lesen: «Die heutige Jugend ist von Grund auf verdorben, sie ist böse, gottlos und faul. Sie wird niemals so sein, wie die Jugend vorher, und es wird ihr niemals gelingen, unsere Kultur zu erhalten.»

stand, mit der man anscheinend zu leben gelernt hatte. Da die Polarisierung nun aber einmal in Gang gebracht ist, «überzeugen» sich mehr und mehr Menschen davon, daß mehr zu ihrer Lösung getan werden muß. «Mehr desselben» ist ihr Rezept für diese erwünschte Veränderung, und damit wird die «Lösung» zum Problem.

Wir sind der Ansicht, daß ganz ähnliche Komplikationen für die Hartnäckigkeit und Verschlimmerung vieler Alltagsprobleme verantwortlich werden, sobald der sogenannte gesunde Menschenverstand zur Schlußfolgerung gelangt, eine unangenehme Situation könne am besten durch die Einführung ihres Gegenteils (des Inversen im Sinne der Gruppentheorie) behoben werden. Welche Haltung einem Melancholiker gegenüber könnte Verwandten wie Freunden vernünftiger erscheinen, als ihn aufzumuntern? Aller Erfahrung nach wird ihm das aber nicht nur nicht helfen, sondern seine Depression noch vertiefen. Und ebenso vernünftig ist es dann für die anderen, ihre Bemühungen zu verdoppeln und ihm die guten, frohen Seiten des Lebens vor Augen zu führen. Im Vertrauen auf die Wirkung von «Vernunft» und «gesundem Menschenverstand» ist es ihnen unmöglich, einzusehen (und dem Patienten unmöglich, ihnen zu sagen), daß ihre Hilfe in Tat und Wahrheit auf die Forderung hinausläuft, daß er gewisse Gefühle (Freude, Optimismus usw.) haben sollte, die er nicht hat, während er andere (Traurigkeit, Pessimismus usw.) nicht haben sollte. Was für den Betreffenden selbst ursprünglich nur eine vorübergehende, alltägliche Traurigkeit oder Mutlosigkeit gewesen sein mag, verbindet sich nun mit Gefühlen des Unwerts und der Undankbarkeit jenen gegenüber, die so viel für ihn zu tun bereit sind und die er so tief enttäuscht. *Dies* ist dann seine Depression – und nicht die ursprüngliche Traurigkeit. Dieses Kommunikationsmuster läßt sich am häufigsten in Familien beobachten, in denen die Eltern so kritiklos der verbreiteten Ansicht sind, ein richtig erzogenes Kind müsse ein fröhliches Kind sein, daß sie in den alltäglichsten, unbedeutendsten Launen ihres Kindes eine stumme Anklage elterlichen Versagens sehen. Oft klagen sie dann ihrerseits an, etwa: «Nach allem, was wir für dich getan haben, solltest du keine Probleme haben.» Und die Anweisung: «Geh auf dein Zimmer und komm mir nicht heraus, bis du wieder guter Laune bist», ist dann nur einer von vielen ähnlichen elterlichen Lösungsversuchen. Diese Lösung erzeugt aber im Kind nicht nur Schuldbewußtsein dafür, nicht die Gefühle zu haben, die es fühlen «sollte», um liebenswert und gut zu sein, sondern vermutlich auch hilflosen Zorn darüber, was ihm angetan wird; zwei weitere Gefühle, die die Eltern dann auf die Liste derer setzen können, die es nicht haben sollte. Wenn sich einmal dieser Teufelskreis der Fehllösung einer relativ harmlosen Schwierigkeit herausgebildet hat und damit zur gewohnheitsmäßigen Erwartung wurde, bleibt er dann auch ohne weitere Verstärkungen von außen (im vorliegenden Beispiel die elterlichen Lösungsversuche) bestehen. Klinische Erfahrung lehrt uns, daß der Betreffende diese Fehllösungen schließlich selbst auf sich anwendet und damit Patientenstatus erlangt.

Wem es gelegentlich schwer fällt, einzuschlafen – eine Schwierigkeit, die wohl jeder kennt –, verfängt sich leicht in einem grundsätzlich ähnlichen Teufelskreis. Die häufigste Fehllösung besteht im Versuch, Schlaf durch einen Willensakt zu erzwingen. Schlaf aber ist ein Spontanphänomen, das eben dann nicht eintreten kann, wenn es gewollt wird. Gerade das aber ist der typische Lösungsversuch des Schlaflosen, den das Verrinnen der Zeit, das unerbittliche Schlagen der Turmuhr immer verzweifelter macht und zu immer größeren Willensanstrengungen verleitet. Und so wird auch für ihn die versuchte Lösung zum Problem, und mehr derselben «Lösung» führt dann oft zu fast abergläubischen Änderungen der Tages- und Schlafgewohnheiten, zu zunehmender Abhängigkeit von Schlafmitteln mit ihren weitreichenden Folgen usw.; und jede dieser Maßnahmen trägt dazu bei, eine ursprünglich belanglose Schwierigkeit zu verschärfen, statt zu lösen.

In Ehebeziehungen ergibt sich nicht selten ein Konflikt dadurch, daß die Partner sich individuell in einer Weise verhalten, die jeder für sich für die angebrachteste Reaktion auf ein unerwünschtes Verhalten des anderen hält. In anderen Worten: beide sehen im spezifischen Korrekturverhalten des Partners ein Verhalten, das der Korrektur bedarf. So mag die Frau zum Beispiel den Eindruck haben, daß der Mann sich ihr nicht genügend eröffnet und sie daher nicht weiß, wie er zu ihr steht, was in seinem Kopf vorgeht, was er tut, wenn er von daheim fort ist usw. Verständlicherweise wird sie daher versuchen, diese ihr fehlende Information irgendwie zu erhalten, sei es durch Fragen, durch Beobachtung seines Verhaltens, durch gewisse Nachforschungen und dergleichen mehr. Wenn er seinerseits ihr Verhalten für zu aufdringlich hält, wird er dazu neigen, sich noch mehr abzuschließen und ihr Information vorzuenthalten, die an und für sich harmlos und unbedeutend wäre – «nur, um ihr beizubringen, daß sie nicht alles zu wissen braucht». Dieser Lösungsversuch führt aber meist nicht nur nicht zur gewünschten Änderung ihres Verhaltens, sondern verdoppelt ihr Unbehagen und ihr Mißtrauen: «Wenn er mit mir nicht einmal über diese belanglosen Dinge spricht, dann muß etwas dahinterstecken.» Je weniger Information er ihr gibt, desto hartnäckiger wird sie sie suchen, und je mehr sie sie sucht, desto weniger wird er ihr geben. Ist es dann so weit, daß der Psychiater beigezogen wird, fällt es diesem meist nicht mehr schwer, ihr Verhalten als pathologische Eifersucht zu diagnostizieren – vorausgesetzt, daß er ihre «Störung» als endogen (als rein intrapsychisch bedingt) betrachtet und daher dem zwischenmenschlichen Kontext der Ehebeziehung keine Aufmerksamkeit schenkt, geschweige denn den von beiden versuchten «Lösungen», die in Tat und Wahrheit das Problem sind.

Was die bisher angeführten Beispiele gemeinsam haben und veranschaulichen sollen, ist die Tatsache, daß unter bestimmten Umständen das Entstehen von Problemen die unmittelbare Folge falscher Lösungsversuche einer bestehenden Schwierigkeit ist[3]. Im Falle der eben erwähnten Ehepartner drängt sich dem Beobachter das Bild von zwei Seglern auf, von denen jeder für sich und auf seiner Seite weit über Bord hängt, um das Boot im Gleichgewicht zu halten: Je mehr der eine sich hinauslehnt, desto weiter hinaus muß sich auch der andere lehnen, um die Gleichgewichtsstörungen «auszureiten», die die Stabilisierungsversuche des anderen verursachen, während das Boot selbst durchaus im Gleichgewicht wäre, wenn die beiden es nicht unter so akrobatischen Anstrengungen zu stabilisieren trachteten (siehe Figur 3). Die Lösung dieser bizarren Lage erfordert ganz offen-

---

[3] Oder in noch absurderer Weise die Folge des Versuchs, überhaupt nicht bestehende Schwierigkeiten zu lösen, wie im 5. Kapitel gezeigt werden soll.

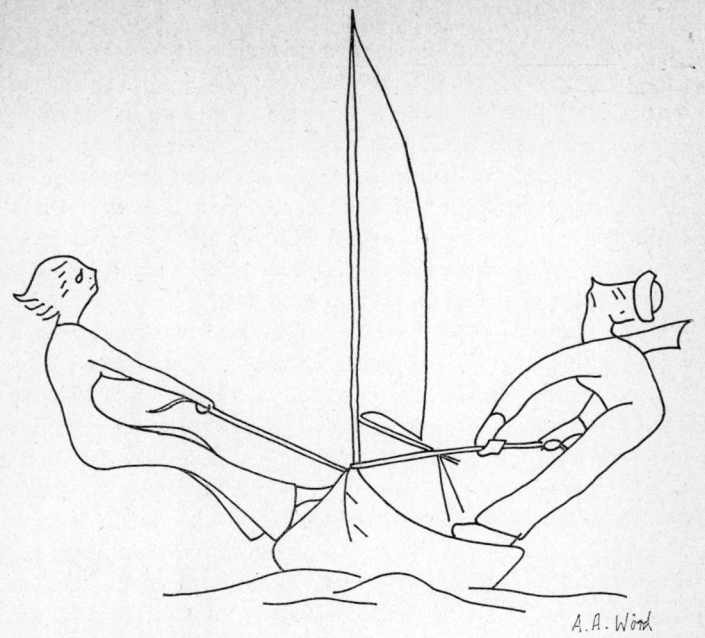

A.A.Wöd

Figur 3: Zwei Segler beim verzweifelten «Ausreiten» (Stabilisieren) eines (stabilen) Boots.

sichtlich, daß wenigstens einer der beiden etwas scheinbar sehr Unvernünftiges tut, nämlich nicht noch mehr, sondern *weniger* zu «stabilisieren», da dies den Partner sofort zwingt, auch seinerseits *weniger desselben* zu tun, um nicht ins Wasser zu geraten. Nur auf diese Weise werden sich die beiden schließlich wieder sicher, bequem und gemeinsam an Bord des nun stabilen Boots befinden. Diese dem gesunden Menschenverstand scheinbar widersprechende Herbeiführung einer Lösung wird im 7. Kapitel näher behandelt; einstweilen wollen wir nur nachzuweisen versuchen, wie die bisher erwähnten Beispiele unsere Theorie belegen.

Wie das erste Beispiel (Wärme gegen Kälte) veranschaulicht, gibt es tatsächlich unzählige Situationen, in denen eine Abweichung von einer Norm durch die Einführung des Gegenteils der Abweichung korrigiert werden kann. In kybernetischer Terminologie handelt es sich dabei um negative Rückkopplung, durch die ein System seine Stabilität erlangt und beibehält. In der

57

Sprache der Gruppentheorie steht dieser homöostatische Prozeß im Einklang mit dem 4. Gruppengesetz, da die Operation (das heißt, die Kombination mit dem Inversen) das Einheitselement und somit keine Veränderung ergibt. Wie bereits erwähnt, gibt es unzählige Fälle, in denen diese Art von Veränderung eine vollgültige und befriedigende Lösung darstellt. In allen diesen Fällen können die dem System zur Verfügung stehenden Veränderungen erster Ordnung mit der Störung fertig werden, und das System selbst bleibt als Ganzes unverändert.

Alle anderen Beispiele in diesem Kapitel veranschaulichen Fälle, in denen ein Wandel erster Ordnung die erwünschte Veränderung deswegen nicht bewirken kann, weil dazu die Struktur des Systems selbst geändert werden muß, was nur durch eine Veränderung zweiter Ordnung möglich ist. (In bezug auf das Automobilbeispiel bedeutet das, daß der Fahrer den Gang wechseln, statt das Gaspedal durchdrücken muß; im Bezugssystem der Kybernetik ist das gleichbedeutend mit der Einführung einer anderen Stufenfunktion.) Jeder Versuch, unter diesen Umständen die Lösung mittels einer Veränderung erster Ordnung herbeizuführen, ist nicht nur zum Scheitern verurteilt, sondern trägt entweder entscheidend zur Verschärfung des Problems bei oder ist *selbst* das Problem.

Auf die Gefahr hin, scheinbar in semantische Haarspalterei zu verfallen, ist es notwendig, eine klare Unterscheidung zwischen dem Gebrauch der Begriffe *Schwierigkeit* und *Problem* zu machen. Wenn wir im folgenden von Schwierigkeiten sprechen, sollen damit unerwünschte Sachlagen oder Situationen gemeint sein, die entweder durch vernünftige Maßnahmen (meist durch eine Veränderung erster Ordnung, wie zum Beispiel die Anwendung von Wärme zum Ausgleich von Kälte) und ohne die Notwendigkeit besonderer Fachkenntnisse behoben werden können, oder wir verstehen darunter den noch häufigeren Fall alltäglicher Lebensschwierigkeiten, für die niemand eine Lösung kennt und mit denen man zu leben lernen muß. Dagegen werden wir von Problemen dann sprechen, wenn wir damit jene ganz spezifischen Spiele ohne Ende, Sackgassen und Konflikte meinen, die durch falsche Lösungsversuche von Schwierigkeiten erzeugt und erhalten werden. Grundsätzlich gibt es drei verschiedene Formen solcher Fehllösungen:

1. Das Bestehen einer Schwierigkeit wird geleugnet; das heißt, *eine Lösung ist notwendig, wird aber nicht einmal versucht.*

2. Es wird versucht, eine Schwierigkeit zu lösen, die entweder unlösbar ist (wie die Generationenlücke oder ein gewisser Prozentsatz von unheilbaren Alkoholikern in der Gesamtbevölkerung) oder überhaupt nicht besteht; *der Lösungsversuch wird damit utopisch.*

3. Eine Fehllösung wird dadurch begangen und ein Spiel ohne Ende dadurch herbeigeführt, daß entweder eine Veränderung erster Ordnung dort versucht wird, wo die Lösung nur auf der nächsthöheren Stufe logischer Abstraktion gefunden werden kann (zum Beispiel im Neun-Punkte-Problem oder in den obenerwähnten Beispielen von Depression, Schlaflosigkeit und Eifersucht), oder es wird umgekehrt eine Lösung zweiter Ordnung dort versucht, wo eine solche erster Ordnung angebracht wäre (zum Beispiel, wenn von jemandem eine Änderung seiner «Haltung» statt nur seines Verhaltens gefordert wird); *eine Lösung wird also auf der falschen Abstraktionsstufe angestrebt und führt zu Paradoxien.*

Diese drei Formen problemerzeugender Lösungsversuche sind unserer Erfahrung nach von so grundlegender Wichtigkeit, daß ihnen je eines der nächsten drei Kapitel gewidmet ist.

4. Kapitel

Die schrecklichen Vereinfachungen

> Was ich lehren will, ist:
> von einem nicht offenkundigen Unsinn zu einem offenkundigen
> übergehen.
> Wittgenstein

Daß jemand die Lösung eines Problems dadurch versuchen sollte, daß er sein Bestehen einfach leugnet, erscheint auf den ersten Blick etwas unwahrscheinlich. Doch selbst die Umgangssprache weiß davon und drückt diese «Lösung» in Redewendungen aus, wie «den Kopf in den Sand stecken», «wenn man nicht hinsieht, geht es vielleicht von selbst weg», «nur kein Aufsehen machen» usw. Oder etwas anders ausgedrückt lautet das Rezept: es ist alles in Ordnung, und wer anderer Meinung ist, muß entweder verrückt sein oder irgendeinen finsteren Zweck verfolgen. Die Verleugnung einer Schwierigkeit und die Verteufelung derer, die darauf hinweisen und sich damit auseinanderzusetzen versuchen, gehen also meist Hand in Hand. Da die Kausalität zwischenmenschlicher Beziehungen kreisförmig ist, können wir es uns hier und in den folgenden Beispielen ersparen, darüber zu polemisieren, was zuerst kommt: das Verleugnen einer bestehenden Schwierigkeit und als seine Folge dann der Angriff auf diejenigen, die an dieser Verleugnung nicht teilnehmen, oder umgekehrt eine grundsätzlich feindselige Haltung jeder Veränderung gegenüber, die dann sekundär zum Leugnen der Notwendigkeit von Veränderungen führt.

Dieses ganz eigene Gemisch von Verleugnung und Verwerfung erfordert eine krasse Simplifikation der Komplexität gesellschaftlicher Systeme und, ganz allgemein, unserer modernen, interdependenten und sich rasch verändernden Welt. Diese Einstellung läßt sich nur dadurch aufrechterhalten, daß man sich weigert, die Komplexität anzuerkennen oder auch nur zu sehen, und diese Röhrenperspektive dann als realistische, anständige und aufrichtige Haltung der Welt gegenüber bezeichnet oder als «konsequentes Festhalten an Tatsachen». Für die Vertreter dieser Anschauung besteht im Deutschen bereits der Ausdruck «Flachdenker», doch scheint uns die französische Bezeichnung *terribles simplificateurs,* die nach den *événements* des Mai 1968 aufkam, besonders treffend.

All dies soll keineswegs bedeuten, daß Vereinfachungen immer unangebracht und dem Wandel der Dinge abträglich sind. So läßt die Wissenschaftsgeschichte keinen Zweifel darüber, daß wissenschaftliche Erklärungen in dem Maße dazu neigen, immer komplizierter zu werden, als Wissenschafter mehr und mehr Ausnahmen und Inkonsistenzen in den Rahmen einer Theorie unterzubringen versuchen. Es bedarf dann meistens eines Genies, um dieses Flickwerk aus dem Fenster zu werfen und einen neuen Satz eleganter Prämissen aufzustellen, die der Gesamtheit der bis dato bekannten Erfahrungstatsachen gerecht werden [1]. Doch diese Form der Vereinfachung ist dann eine Veränderung zweiter Ordnung. Und was Genialität betrifft, erübrigen sich wohl lange Hinweise darauf, daß es Genies und «Genies» gibt. Die Genialität mancher sogenannter Genies besteht lediglich in ihrer Unfähigkeit, die komplexen Zusammenhänge einer Situation zu erfassen oder in einer kaltschnäuzigen Mißachtung der Rechte anderer. In dieser Sicht mag das Brechen unbequemer Regeln oder Übereinkommen oder andere Formen gangsterartigen Verhaltens dann tatsächlich als geniale Simplifikation erscheinen.

In psychoanalytischer Theorie spielt die Verneinung bekanntlich eine wichtige Rolle als Abwehrmechanismus; doch beschränkt sich dieser Begriff dort auf die Leugnung unannehmbarer Bedürfnisse und Triebe zum Zwecke der Verhinderung ihres Bewußtwerdens. Im Gegensatz dazu führen uns unsere Resultate eher zur Annahme, daß die zwischenpersönliche Wirkung der versuchten Verleugnung unleugbarer Konflikte (die selbst durchaus bewußt sein können) meist schwerwiegender und viel

---

[1] Vergl. Kuhn: ... Wie wir bereits gesehen haben, führt die Wissenschaft gewöhnlich nur zum Erkennen von Anomalien und Krisen. Und diese werden dann nicht durch Überlegung und Deutung behoben, sondern durch ein verhältnismäßig plötzliches und unstrukturiertes Ereignis, einer Art von Sprung zu einer neuen Gestalt. Wissenschafter sprechen dann oft davon, daß ihnen «die Schuppen von den Augen fallen», oder von einem «Blitz», der das bis dahin unklare Puzzle «überflutet» und es nun ermöglicht, seine Teile zum ersten Mal in einem neuen Zusammenhang zu sehen, der die Lösung ergibt [64].

auffälliger ist als jene, die in monadischer, intrapsychischer Sicht dem Mechanismus der Verneinung zugeschrieben werden.

Es kann kein Zweifel darüber bestehen, daß ein großer Teil des Sozialisierungsprozesses eines Kindes darin liegt, ihm beizubringen, was es *nicht* sehen, *nicht* hören, denken, fühlen oder sagen darf. Ohne sehr klare Regeln dafür, was außerbewußt bleiben muß, wäre soziale Ordnung genauso unmöglich wie in einer Gesellschaft, die es unterließe, ihren Mitgliedern zu lehren, wessen sie bewußt sein und worüber sie kommunizieren dürfen [2]. Doch wie alles, hat auch dies seine Grenzen und an einem bestimmten Punkte beginnen die Nachteile dieser Zensur ihre Vorteile zu überwiegen. Lasègues und Falrets Studie über die *Folie à deux* [74], Lidz' Arbeiten zum Thema der *Übertragung der Irrationalität* [77], Wynnes Begriff der *Pseudomutualität* [116], Laings *collusion* [66] und *Mystifikation* [67], Scheflens «grau-

---

[2] Die Tatsache, daß ein Großteil aller menschlicher Kommunikation sich sozusagen stillschweigend, das heißt durch die *Abwesenheit* von Kommunikation, abwickelt, wird heutzutage in zunehmendem Maße von jenen *terribles simplificateurs* übersehen, die sich enthusiastisch der zunehmenden Vulgarisierung von Kommunikationsforschung und -praxis angeschlossen haben und Gruppen- und Familientherapie, «Marathonsitzungen», Selbsterfahrungsgruppen und Sensitivitätstraining auf der Basis der problemerzeugenden Annahme betreiben, daß «gute» Kommunikation klar, offen, ehrlich und direkt – in einem Worte: total – zu sein habe. Statt damit aber totale Kommunikation herzustellen, ist das Ergebnis ihrer Bemühungen bestenfalls totalitär. (Eine erfrischend unverblümte und trotzdem gründliche Abhandlung dieses Themas findet sich in Kursh's Referat über die Vorteile «schlechter» Kommunikation [65].) Die absurde Vereinfachung, die dieser Auffassung zugrundeliegt, wird etwas klarer, wenn man sich das Grundgesetz der Informationstheorie vor Augen hält, wonach – um ein ganz einfaches Beispiel zu wählen – das Auftreten des Buchstaben *a* nicht «a» bedeutet, sondern per exclusionem «nicht *b* bis *z*». Selbst auf dieser ganz grundlegenden Stufe des Informationsaustausches wird also ein Signal durch das übermittelt, was *nicht* übermittelt wird. – Oder man vergleiche, was schon Laotse über die Bedeutung der Leere zu sagen hatte:
Dreißig Speichen treffen sich in einer Nabe: Auf dem Nichts daran (dem leeren Raum) beruht des Wagens Brauchbarkeit.
Man bildet Ton und macht daraus Gefäße: Auf dem Nichts daran (seiner Leere) beruht des Gefäßes Brauchbarkeit.
Man durchbricht die Wand mit Türen und Fenstern, damit ein Haus entstehe: Auf dem Nichts daran beruht des Hauses Brauchbarkeit.
Darum: das Sein gibt Besitz, das Nichtsein Brauchbarkeit [73].

siges Zweigespann» [87], Ferreiras *Familienmythus* [37] – alle diese Studien sind Beobachtungen verschiedener Aspekte von Problemverleugnungen in gestörten Familien. Der häufigste Grund für das Leugnen des Bestehens von Problemen dürfte das Bedürfnis sein, eine gesellschaftlich annehmbare Fassade aufrechtzuerhalten. Eine unmittelbare Folge davon sind die sogenannten offenen Geheimnisse in diesen Familien. Sie sind insofern offen, als jedes Familienmitglied sie kennt, und sie sind geheim, da offiziell niemand wissen darf, daß auch alle anderen davon wissen. Wie bereits erwähnt, liegt daher meist keine Unbewußtheit im klassischen Sinne vor, sondern es besteht eine stillschweigende, intrafamiliäre Übereinkunft, oder wie Ferreira es ausdrückt: «Jedes einzelne Familienmitglied mag sogar wissen und weiß es tatsächlich oft auch, daß die Familienfassade weitgehend falsch ist und nicht mehr als eine Art offizieller Parteilinie darstellt» [37]. Der Ausdruck Parteilinie trifft den Kern der Sache sehr gut, denn im größeren gesellschaftlichen Rahmen dienen Parteilinien tatsächlich demselben Zweck wie Familienmythen. Situationen der eben beschriebenen Art gestalten sich natürlich dann noch insidiöser und pathogener, wenn dabei nicht nur die Existenz eines Problems verleugnet wird, sondern auch die Verleugnung selbst[3]. Es handelt sich dann um ganz besonders krasse Fälle der Pathologie menschlicher Systeme, in denen allein schon der Versuch, die Vertuschung – geschweige denn das Problem selbst – bloßzulegen, sofort als Beweis von Verrücktheit oder Böswilligkeit gebrandmarkt wird und Verrücktheit oder Böswilligkeit dann tatsächlich als Folgen dieser schrecklichen Simplifikationen auftreten – es sei denn, der Betreffende hat einerseits die lebenswichtige Fähigkeit erlernt, hinter die Fassade zu sehen, und besitzt andererseits die Klugheit, nichts über das Gesehene zu sagen. Denn wer hinter die Fassade sieht, wird verdammt, wenn er dort etwas sieht und sagt, was er sieht, oder wird verrückt, wenn er etwas zwar sieht, es aber nicht einmal sich selbst gegenüber zugibt. Oder wie Laing es ausdrückt:

Sie spielen ein Spiel. Sie spielen damit, kein Spiel zu spielen. Zeige ich ihnen, daß ich sie spielen sehe, dann breche ich die Regeln, und sie

---

[3] Esterson hat kürzlich eine sehr ausführliche Beschreibung dieser Form von Familieninteraktion veröffentlicht [35].

werden mich bestrafen. Ich muß ihr Spiel, nicht zu sehen, daß ich das Spiel sehe, spielen [70].

Und:

> Wenn ich nicht weiß, daß ich nicht weiß, glaube ich zu wissen. Wenn ich nicht weiß, daß ich weiß, glaube ich nicht zu wissen [71].

Vereinfachungen finden sich ebenso häufig in weiterem gesellschaftlichen Rahmen. Die grundsätzliche Ähnlichkeit zwischen Familiengeheimnissen und Parteilinien haben wir bereits erwähnt. Die Wahlversprechen der Politiker sind ein ähnliches Thema. Ihre Programme strotzen oft von Simplifikationen («Im Falle meiner Wahl werde ich dafür sorgen, daß ...») und verfehlen leider selten ihre Wirkung auf jene Wähler, deren Treuherzigkeit und Wunschdenken ihre Erinnerungen an die letzten Wahlen überschattet. Wenn diese Politiker dann einmal gewählt sind, müssen sie entweder einsehen, daß die Dinge nicht so einfach liegen oder werden zu politischen Hasardeuren.

Es wäre freilich schön, wenn Probleme einfach durch Leugnung ihrer Existenz oder schlimmstenfalls durch Gewalt aus der Welt zu schaffen wären. So besteht wohl kein Zweifel, daß die elektronische Revolution die Menschheit vor bisher unbekannte, entmenschlichende Schwierigkeiten stellt; es ist aber ebenso sicher, daß sich diese Schwierigkeiten nicht durch irgendeine Vereinfachung lösen lassen werden, wie etwa das Vernichten der Computer und die Rückkehr zum «einfachen, ehrlichen» Leben. Schließlich wurden die von der industriellen Revolution aufgeworfenen Schwierigkeiten auch nicht durch das verschiedentlich versuchte Zerschlagen der Maschinen gelöst, wie simpel diese Lösung damals auch erschienen sein mag.

Es ist sehr einfach, bestehende Regeln rein gedanklich von den konkreten Notwendigkeiten zu trennen, die zu ihrer Aufstellung führten, und in diesen amputierten Regeln dann nichts als einen Ausdruck von Böswilligkeit und Vorurteil zu sehen. So berichtete uns ein älterer Mann, der großes Verständnis für die Entfremdung der Jugend in unserer heutigen Welt aufbringt, von einer typischen Enttäuschung. Er bot zwei Jungen, die sehr an Autos interessiert waren, freie Ausbildung in seiner Reparaturwerkstätte an, was die beiden mit Freude annahmen. Als er ihnen aber sagte, daß sie zur Vermeidung schwerer Unfälle zur Arbeit

Schuhe tragen und ihr langes Haar zurückbinden müßten, konnten die beiden in dieser Sicherheitsvorkehrung nur das typische Vorurteil der älteren Generation für diesen Ausdruck ihrer Individualität sehen und lehnten sein Angebot ab.

Dieses Beispiel mag trivial erscheinen, das nächste aber zeigt dieselbe Haltung in größerem Maßstab: Im Rahmen einer vor kurzem durchgeführten Studie befragte eine Gruppe von Psychologen der Universität von Ohio 102 Flugpassagiere nach ihren Meinungen über die neuen Sicherheitsmaßnahmen im Luftverkehr. Wie sich dabei unter anderem ergab, waren Fluggäste unter 30 Jahren

gegen Leibesvisitationen verdächtig aussehender Passagiere, gegen Erhöhung der Flugpreise (zur Deckung der Kosten erhöhter Sicherheitsvorkehrungen), gegen lebenslängliche Gefängnisstrafen für überführte Luftpiraten, und gegen Nahkampfausbildung des Flugpersonals. Die Tatsache, daß jüngere Passagiere diesen Maßnahmen ablehnend gegenüberstehen, mag typisch für eine allgemeinere Einstellung der heutigen Jugend sein [28].

Leider enthielten die Interviews keine Frage darüber, welche Alternativen die Passagiere zur Lösung des weltweiten Problems der Luftpiraterie vorziehen würden. Daß die oben erwähnte «allgemeinere Einstellung» auf der Simplifikation beruht, daß dieses Problem kein Problem ist, bleibt daher nur eine – wenn auch ziemlich wahrscheinliche – Annahme.

Dieses Beispiel führt in ein anderes über, nämlich dem in europäischen wie nordamerikanischen Universitäten weitverbreiteten Disput über die Relevanz moderner akademischer Lehrpläne. Auch hier läßt sich vielfach eine elegante Bagatellisierung jener Schwierigkeiten feststellen, um deren Lösung sich verantwortliche Pädagogen im Laufe der Jahrhunderte immer wieder bemüht haben. Dieser Sachverhalt wurde kürzlich von Eulau in einem interessanten Referat umrissen. Für ihn enthält der Ruf nach Relevanz als einer berechtigten Forderung und einer Patentmedizin für die Schwierigkeiten der Erlangung einer akademischen Ausbildung den Keim ihrer eigenen Vernichtung. In dieser simplistischen Sicht bedeutet Relevanz nach Eulau

erstens eine einfache und unmittelbar verständliche Erklärung dessen, was in Wirklichkeit sehr komplizierte Probleme sind. Meistens beschränkt sich diese Erklärung auf nur einen Faktor: Umweltprobleme entstehen aus Profitsucht; Zuchthausprobleme werden durch die Brutalität der Wärter verursacht; Krieg durch wirtschaftlichen Imperialismus, usw. Da diese Zustände dringend sind, bedürfen sie sofortiger Lösungen; Sofortlösungen gestatten keine komplizierten Analysen; komplizierte Analysen sind nur ein Vorwand für Untätigkeit.

Zweitens bedeutet Relevanz, daß Unterricht wie Forschung so frisch und auf den letzten Stand gebracht sein sollten, wie die Frühnachrichten im Rundfunk. Die historische oder philosophische Behandlung von Ereignissen ist nichts als feiges Ausweichen, doch ist es andererseits unerträglich, mit den durch neue Ereignisse geschaffenen Ungewißheiten zu leben. (...)

Viertens bedeutet Relevanz, daß man sich und alle anderen, ob sie es wollen oder nicht, zu sozialer und politischer Aktion verpflichtet. (...)

Fünftens bedeutet Relevanz in ihrer Extremform, daß nur diejenigen gehört werden sollen, die sich derselben Sache verschrieben haben [36].

Solche Vereinfachungen treten oft paarweise auf, und zwar so, daß sie sich gegenseitig komplizieren. Die mit der Relevanz des Hochschulstudiums verknüpften Probleme werden zusätzlich verschärft, wenn die Universität sich selbst dort hinter «akademischer Tradition» verschanzt, wo diese zu einem anachronistischen Hemmschuh geworden ist. Die Vereinfachung besteht dann in der Annahme, daß die traditionelle Form der Führung einer Universität sich in der Vergangenheit gut bewährt hat (was durchaus zutreffen mag), und daß «daher» kein Grund für Änderungen in der Gegenwart besteht. Diese Form der Traditionsgebundenheit aber rechtfertigt weitgehend die Forderung der Studenten nach größerer Relevanz und legt tatsächlich die Vermutung nahe, daß das akademische «Establishment» diesem Problem deswegen nicht auf den Grund gehen kann, weil das Ergebnis der Untersuchung unvermeidlich zu Selbstzweifel und zu Selbstkritik führen würde.

Der hartnäckige Versuch, einmal erreichte Lösungen beizubehalten, beschränkt sich natürlich keineswegs auf akademische Fragen. Er liegt vielen gesellschaftlichen Problemen zugrunde und spielt eine wichtige Rolle auch in der Art und Weise, in der wir alle unser Leben komplizieren. Viele sogenannte neurotische oder infantile Verhaltensweisen sind das Ergebnis der unentwegten Anwendung einer und derselben «bewährten» Lösung auch dann, wenn sich die sie umgebenden Umstände längst geändert haben. Diese Tendenz besteht keineswegs nur auf der menschlichen Ebene, sondern reicht tief in die primitiveren Lebensformen hinunter und ist der Grund für das Aussterben vieler Gattungen. Damit soll freilich nicht gesagt sein, daß die Wiederanwendung einmal gefundener Lösungen eo ipso falsch ist. Sie ist vielmehr die Voraussetzung für Ökonomie und Vereinfachung in allen Lebensbereichen. Ohne die Fähigkeit, einmal gefundene und erprobte Lösungen für künftige Wiederverwendung zu speichern, wäre es um unser Überleben schlecht bestellt. Doch diese Lösungen sind an einen bestimmten Kontext gebunden und werden dann zu schrecklichen Vereinfachungen, wenn sie – wie schon erwähnt – sich nicht den unvermeidlichen Veränderungen des Kontextes anpassen. Die Eltern, zum Beispiel, die nicht einsehen können, daß die einfachen Erziehungsmethoden, die mit ihrem achtjährigen Sohn durchaus erfolgreich waren, zehn Jahre später nicht mehr anwendbar sind, schaffen durch diese «Lösung» enorme Probleme.

Viele analoge Beispiele problemverursachender Vereinfachungen finden sich im medizinischen Bereich, wo emotionale Faktoren besonders mitspielen. Die Komplexität einer Krankheitsgruppe wie Krebs ist so überwältigend, daß selbst hervorragende Fachleute nur einen Teil des Gesamtgebiets übersehen können. Die Dispute über Medizinen wie Krebiozen und Laetrile beweisen aber, daß ein wissenschaftlich wertloses Mittel fast über Nacht in den Ruf kommen kann, ein einfaches und vollkommenes Heilmittel zu sein. Wenn die Fachleute das dann verneinen, werden sie früher oder später der Absicht verdächtigt, die Herstellung und den Gebrauch des Mittels aus irgendwelchen üblen Selbstinteressen unterdrücken zu wollen.

Zusammenfassend kann gesagt werden: Eine Form der Fehllösung von Schwierigkeiten besteht darin, sich so zu verhalten, als bestünden diese Schwierigkeiten nicht. Für diese Form der Verneinung bietet sich der Ausdruck «schreckliche Vereinfachungen» an. Die Vereinfachung hat zwei Folgen: (1) Die Einsicht in das Vorliegen einer Schwierigkeit, geschweige denn der Versuch einer Auseinandersetzung mit ihr, wird als Ausdruck von Verrücktheit oder Böswilligkeit angesehen und (2) kompliziert sich die Schwierigkeit durch die praktischen Folgen ihrer Verleugnung zu einem Problem.

Im Sinne der Gruppentheorie steht eine Vereinfachung im Einklang mit der Postulierung des Einheitselements (des dritten Gruppengesetzes), indem seine Einführung in eine bestehende

Schwierigkeit (die selbst als Element derselben Gruppe aufzufassen ist) dessen Identität bewahrt und damit die Schwierigkeit unverändert läßt. Da aber unsere Gruppenelemente menschliche Schwierigkeiten und Konflikte sind, die im Gegensatz zu den abstrakten und stabilen Elementen mathematischer Gruppen die Eigenschaft haben, um so intensiver zu werden, je länger sie ungelöst bleiben, kann eine Vereinfachung in tatsächlich erschreckender Weise das Ausarten einer Schwierigkeit in ein Problem verursachen.

5. Kapitel

Das Utopie-Syndrom

> Durch eingehende Untersuchung habe ich festgestellt,
> daß Utopia jenseits der Grenzen unserer Welt liegt.
> Guillaume Budé

> Wir streben nach dem Unerreichbaren und verhindern so
> die Verwirklichung des Möglichen.
> Robert Ardrey

Wenn also ein schrecklicher Vereinfacher jemand ist, der eine wirkliche Schwierigkeit für unwirklich erklärt, dann ist sein weltanschaulicher Antipode der Utopist, der eine unmögliche Lösung für möglich hält[1].

Wir leben in einer utopischen Zeit. Grandiose, esoterische Programme sind nicht einfach eine Spielerei, sie sind ein Ausdruck unseres Zeitalters. Alle möglichen, meist selbsternannten *gurus* bieten stupende Weisheiten und Lösungen an: «Der natürliche Zustand des Menschen ist ekstatisches Staunen; wir dürfen uns nicht mit weniger abfinden», steht in der Präambel zur Verfassung einer kalifornischen «Freien» Universität zu lesen. Das Programm eines der esoterischen Institute, die derzeit vor allem in Amerika wie die Pilze aus dem Boden schießen, beschreibt einen Kurs für Ehepaare mit den einleitenden Worten: «Eine Ehe, in der Liebe auf Kompromissen beruht, ist nicht der Mühe wert.» Ein anderer Kurs offeriert Naturwissenschaftern «kosmisches Denken als Weg zur Entwicklung größerer Harmonie». Und das Vorlesungsverzeichnis einer durchaus respektablen höheren Lehranstalt beschreibt einen Abendkurs für Erwachsene

---

[1] Wie es oft der Fall ist, sind sich diese Extreme ähnlicher als der Mittelgrund, den beide ausschließen. Man könnte daher auch sagen, die Vereinfacher verhalten sich, als ob gewisse Utopien bereits verwirklicht und Änderungen daher unnötig wären. Eine andere mögliche Definition ist, daß sowohl sie, als auch die Utopisten eine problemfreie Welt anstreben – erstere durch die Verneinung des Bestehens gewisser Schwierigkeiten; letztere dadurch, daß sie ihr Bestehen zwar anerkennen, sie aber als grundsätzlich lösbar ansehen. Wenn wir im folgenden Simplifikationen und Utopien strikt auseinanderhalten, so aus systematischen Gründen, und nicht, weil uns ihre praktische Affinität nicht bewußt ist.

mit den zuversichtlichen Worten: «Wenn Ihr Selbstbewußtsein unsicher ist, wenn Sie das Gefühl haben, daß Ihre menschlichen Beziehungen linkisch und konfus sind, dann mag diese Reihe von Vorträgen und Seminaren Ihnen sehr wohl den Zugang zum Leben in seinem Reichtum und seiner tiefen Bedeutung eröffnen.» – Was aber, wenn jemand trotzdem seinen natürlichen Zustand ekstatischen Staunens nicht erreicht und wenn sich die reiche Bedeutung seines Lebens ihm nicht erschließt?

Seit Thomas More 1516 jene ferne Insel beschrieb, der er den Namen Utopia («Nirgendwo») gab, sind Bibliotheken von Büchern über das Thema des Idealzustands der Gesellschaft verfaßt worden. Wovon jedoch im folgenden die Rede sein soll, das sind jene konkreten, individuellen wie gesellschaftlichen Auswirkungen moderner Utopien und die ihnen eigenen Pathologien. Daß utopische Zielsetzungen zu ganz bestimmten Folgen führen und daß diese Folgen unweigerlich das verschärfen, was gelöst werden sollte, ist als Einsicht keineswegs neu. Die unumstößliche Logik dieser Abläufe aber am eigenen Leibe erfahren zu müssen, bleibt anscheinend keiner Generation erspart.

Extreme Wege zur Lösung menschlicher Schwierigkeiten und Konflikte werden am häufigsten dann beschritten, wenn sich jemand davon überzeugt hat, eine endgültige, allumfassende Lösung gefunden zu haben (oder zum mindesten finden zu können). Wer einmal dieser Annahme verfallen ist, wird dann folgerichtig versuchen, seine Lösung durchzusetzen – denn täte er es nicht, so müßte er gegen besseres Wissen sein wahres Selbst verleugnen. Das sich daraus ergebende, extreme Verhalten wollen wir das *Utopie-Syndrom* nennen. Es lassen sich drei Varianten dieses Syndroms unterscheiden.

Die erste kann als introjektiv bezeichnet werden. Ihre Auswirkungen sind mehr psychiatrischer als gesellschaftlicher Natur, denn der Herd des Konflikts liegt hier *im* Menschen, und zwar in der Form eines tiefen, schmerzhaften Selbstvorwurfs. Wer sich ein utopisches, das heißt unerreichbares Ziel setzt, schafft aus sich heraus durch diesen Akt der Zielsetzung eine Situation, in der die Unerreichbarkeit des Ziels nicht dessen utopischer Natur, sondern der eigenen Unzulänglichkeit zugeschrieben wird: Mein Leben sollte reich und tief sein, ich aber lebe in Banalität und Langweile; ich sollte große Gefühle haben, kann sie aber nicht erwecken. Das Ergebnis ist Entfremdung, Depression, eventuell Selbstmord[2], Scheidungen, nihilistische Weltanschauungen, und häufig Flucht zu Alkohol oder Drogen, die, wenn der Rausch verflogen ist und die banale Alltagswirklichkeit nun noch grauer und kälter erscheint, den Teufelskreis existentieller Leere vollends schließen. Hierher gehört auch jenes Phänomen sui generis, das im anglo-amerikanischen Sprachraum als *dropping out* bezeichnet wird, also eine müde, adoleszente Resignation. Wie die Flachdenker in Shigaljóv, so hat auch diese Haltung einen Vorläufer in der russischen Literatur: die Figur des Oblómov in Gontscharóvs gleichnamigem Roman. Dropping out wie Oblomovismus sind freilich nur dort möglich, wo das Existenzminimum von außen gewährleistet wird. Oblómovs Gütereien, an deren Erhaltung er jedes Interesse verloren hat, werfen immer noch genug ab, während die drop-outs entweder mit dem elterlichen Scheck oder der staatlichen Fürsorge rechnen können. Gerade aber dadurch können Eltern wie Staat zu fast schizophren verzerrten Angstbegriffen werden; denn wir hassen, von wem wir hilflos abhängen, aber fürchten heimlich, ihn zu verlieren. In dieser Sicht der Welt ist die Phantasie allgemeiner Vernichtung dann nicht selten der Weisheit letzter Schluß.

2) Die zweite Variante des Utopie-Syndroms ist viel weniger dramatisch und ermangelt sogar nicht eines gewissen Charmes. Ihr Motto ist Robert L. Stevensons bekannter Aphorismus, *It is better to travel hopefully than to arrive* (frei übersetzt: im Aufbruch, nicht am Ziele liegt das Glück), den er einem japanischen Sprichwort entlehnt haben soll. Während Oblómov und seine Nachfahren an ihrer Fähigkeit verzweifeln, das allzu weit ge-

---

[2] Vgl. Yalom und Yaloms Referat über Hemingway:
... Wenn das Selbstideal streng und unerreichbar ist, wie es für Hemingway war, können die Folgen tragisch sein: der Betreffende kann in seinem Alltagsleben den übermenschlichen Ansprüchen des idealisierten Selbsts nicht gerecht werden, die Wirklichkeit macht sich schließlich geltend, und er wird sich des Unterschieds zwischen dem bewußt, was er sein möchte und was er tatsächlich ist. Und hier nun überflutet ihn der Selbsthaß, der sich in Myriaden selbstzerstörerischer Mechanismen auswirkt, von subtilen Selbstquälereien (der Stimme, die ihm zuflüstert, «Wie bist du doch häßlich», wenn er in den Spiegel sieht) bis zur völligen Selbstvernichtung [117].

steckte Ziel zu erreichen, wird hier zur relativ harmlosen und manchmal fast verspielten Selbsttäuschung der Prokrastination Zuflucht genommen. Da das Ziel fern ist, muß die Reise lang sein, und eine lange Reise bedarf langer Vorbereitungen. Die bange Frage, ob das Ziel überhaupt erreichbar oder, wenn erreicht, der langen Reise wert ist, braucht daher vorläufig nicht gestellt zu werden. In seinem überaus klugen Gedicht Ithaka beschreibt Konstantinos Kawafis eben diese Haltung. Fleh zu den Göttern, rät er dem Seefahrer, daß deine Fahrt lang und abenteuerlich sei. Denke stets an Ithaka, denn dort anzukommen, ist die Erfüllung deines Schicksals – doch beeile dich nicht, laß die Reise viele Jahre dauern. Werde alt, bevor du vor der Insel Anker wirfst. Und Kawafis weiß von einer nicht-utopischen Lösung: Reich an den Schätzen, die dir die flüchtig angelaufenen Häfen Phöniziens und Ägyptens bescherten, erwarte nicht, daß Ithaka dir Reichtümer geben wird. Ithaka hat dir eine wundersame Reise geschenkt, ohne Ithaka wärst du nie aufgebrochen. Ärmlich, wie Ithaka ist, hat es dich doch nicht betrogen. – Aber die weise, versöhnliche Lösung des Griechen ist wohl nur wenigen zugänglich, denn der Traum vom Erreichen der utopischen Insel kann in zweierlei Weise angstbesetzt sein: entweder im Sinne Kawafis' als Furcht vor Enttäuschung oder im Sinne Hamlets, «daß wir die Übel, die wir haben, lieber tragen, als zu unbekannten fliehen». In beiden Fällen wird die Reise, nicht das Ankommen, zum Selbstzweck; der ewige Student, der Perfektionist, der jeweils am Vorabend des Erfolgs in der erstaunlichsten Weise scheiternde Neurotiker sind Beispiele solcher ewig Reisender und nie Ankommender. Die Psychologie des Unerreichbaren bedingt, daß alle Erfüllung als Verlust erlebt wird. «Wehr dich, du schöne Frau, straff dein Gewand! Entzücke, quäle – doch erhör mich nicht!», sagt der Verführer in Hermann Hesses Gedicht, wohl wissend, «daß jede Wirklichkeit den Traum vernichtet». Wesentlich sarkastischer drückt George Bernard Shaw denselben Gedanken aus: «Im Leben gibt es zwei Tragödien. Die eine ist die Nichterfüllung eines Herzenswunsches. Die andere ist seine Erfüllung.»

Diese Abart des Utopie-Syndroms wird im Alltagsleben dann problematisch, wenn jemand ernsthaft glaubt, daß das Ankommen an einem Ziel sein Leben endgültig verklären und problemlos machen werde. In diesem Zusammenhang ist es bezeichnend, daß die landläufigen Lebensweisheiten gerade die tiefgreifendsten Lebensveränderungen (die immer ein gerütteltes Maß an Unbehagen und Schwierigkeiten mit sich bringen) als völlig sorglose, idyllische Phasen hinstellen: die Neuvermählten, denen Verwandte und Freunde (und Möbelfabriken) eine glückselige Zukunft voraussagen; der «Zauber» der Flitterwochen (ganz zu schweigen von dem der Hochzeitsnacht); das junge Paar, das sein erstes Kind erwartet und mit Weisheiten über die Freuden der Elternschaft und der sich daraus ergebenden, noch tieferen Seelengemeinschaft gefüttert wird; die Pensionierung sowohl als Zustand abgeklärter Erfüllung als auch als Quelle neuer Möglichkeiten des Lebensgenusses; der «magische» Augenblick des Ankommens in jener fernen, exotischen Stadt; usw. usw.

3) Die dritte Form des Utopie-Syndroms könnte projektiv genannt werden. Der von ihr Befallene wähnt sich im Besitz der Wahrheit und damit nicht nur des Schlüssels, sondern auch der moralischen Verpflichtung zur Beseitigung alles Übels der Welt. In der Annahme, daß die Wahrheit, wenn sie nur klar und laut genug verkündet wird, alle Menschen guten Willens überzeugen muß, wird er zunächst missionarische Wege beschreiten. Führt dies aber nicht zum erwarteten Erfolg, so liegt die Schuld bei denen, die verstockt sind und sich der Wahrheit gegenüber verschließen. Denn daß seine Wahrheit die Wahrheit schlechthin ist, daran hat der utopische Weltverbesserer keinerlei Zweifel. Damit aber steht der Verteufelung «der anderen» nichts mehr im Wege, und daß in Extremfällen ihre Ausrottung nicht nur wünschenswert, sondern zur Beglückung der Menschheit einfach notwendig ist, ergibt sich dann fast zwanglos[3]. Auf jeden Fall aber ist es klar, daß die Schuld am Nichterreichen der Utopie nicht in, sondern außer ihm zu suchen ist. Wenn also sein Leben nicht jener Zustand ekstatischen Staunens, wenn universelle Liebe aller für alle noch nicht erreicht ist, wenn sein Alltag grau

---

[3] Zugegeben, diese Prämissen sind erschreckend simplistisch, aber der wesentliche Unterschied zwischen einer Vereinfachung und einer Utopie besteht dennoch darin, daß im ersten Falle die Tatsache des Bestehens einer Schwierigkeit geleugnet wird, während im Falle der Utopie die Schwierigkeit eingesehen, aber in völlig selbstverunmöglichender Weise zu lösen versucht wird.

und seine Erfolge mittelmäßig sind, so ist dies, weil die elterlichen und gesellschaftlichen Regeln und Einschränkungen ihn zum Krüppel gemacht haben und ihm jenes Mindestmaß an Freiheit verweigern, das er zur Erfüllung seiner selbst und zur Verbesserung der Welt braucht. «Wir vom System krankgemachte Typen» – so zum Beispiel sieht sich ein sogenanntes Patientenkollektiv in seinem Verhältnis zur Gesellschaft. Dies aber ist nichts anderes als eine Rückkehr zu Rousseaus These «que la nature a fait l'homme heureux et bon, mais que la société le déprave et le rend misérable». Mit diesem einleitenden Satz aus *Emile* beginnt für Robert Ardrey das, was er so treffend das Zeitalter des Alibis nennt: die Natur hat mich gut und glücklich erschaffen, und wenn ich anders bin, so ist das die Schuld der Gesellschaft [5]. Dieses Zeitalter des Alibis, schreibt er in seinem Buch, *Der Gesellschaftsvertrag,*

das eher auf der Seite des Angreifers als auf der des Angegriffenen steht, hat uns auf ein Maximum an Rebellion und Aufruhr sehr gut vorbereitet. Eine Philosophie, die uns seit Jahrzehnten glauben macht, daß menschliche Fehler stets die Schuld von jemand anders seien; daß allein die Gesellschaft Verantwortung für jedes gesellschaftsfeindliche Verhalten trage; daß die Menschen nicht nur gleich geboren sind, sondern auch vervollkommnet werden können; daß somit alle Abweichungen zwangsläufig das Produkt einer unerfreulichen Umwelt sein müssen; (...) eine solche Philosophie hat der anmaßenden Selbstrechtfertigung jeder gewalttätigen Minorität den Weg geebnet und in ihren Opfern Schuldgefühle und Verwirrung entstehen lassen [8].

Alfred Adler bereits kannte diese projektiven Mechanismen, so zum Beispiel in seiner Beschreibung des Lebensplans des Neurotikers, der kategorisch verlangt, «daß er durch fremde Schuld scheitere, daß seine persönliche Verantwortung dabei aufgehoben sei oder daß eine fatale Kleinigkeit nur seinen Triumph verhindere» [1]. Und in bezug auf den Paranoiker schreibt Adler:

Seine Ideen sind schwer korrigierbar, weil er sie gerade in ihrer Form zur Festigung seines Standpunktes braucht, insbesondere zur Erzielung seiner Unverantwortlichkeit im Leben. Gleichzeitig gestatten sie ihm, die Fiktion seiner Überlegenheit festzuhalten, ohne sie auf die Probe zu stellen. Denn die Schuld liegt immer an der Feindseligkeit der anderen [2].

Trotz (oder vielleicht gerade wegen) ihrer utopischen Natur sind die angepriesenen Lösungen erstaunlich trivial – in Ardreys Worten die Klischees eines ganzen Jahrhunderts, erprobt und für unzulänglich befunden [6]. Der Glaube an ihre Einzigartigkeit und jungfräuliche Originalität bedingt daher ein weiteres Merkmal des Utopie-Syndroms: eine bewußt antihistorische Einstellung, ein Sichfreihalten von den allzu offensichtlichen Lehren der Vergangenheit. Dies erspart nicht nur peinliche Vergleiche zwischen der eigenen Taktik und, zum Beispiel, dem Vorgehen der braunen Rollkommandos in den dreißiger Jahren, sondern es hat auch den Vorteil, die eigenen Schwierigkeiten und den beklagenswerten Zustand der Welt als einzigartige, niedagewesene Kalamität betrachten zu können, für die jede Vergleichsmöglichkeit fehlt. Wer die Geschichte ignoriert, warnte schon Santayana, ist dazu verdammt, sie zu wiederholen.

Wir haben uns bisher nur damit auseinandergesetzt, wie der Versuch, eine bestehende Schwierigkeit utopisch zu lösen, diese Schwierigkeit zu einem Problem macht. Es kommt aber auch vor, daß jemand in der Abwesenheit oder dem Nichtbestehen einer Schwierigkeit ein Problem sieht und an dessen Lösung dann solange arbeitet, bis er es mit einem typischen Pseudoproblem zu tun hat. Ein fruchtbarer Nährboden für diese Art von «Problem» ist zum Beispiel der Puritanismus (dem Spötter bekanntlich die Maxime zuschreiben: Man darf alles tun, solange es einem nur keinen Spaß macht). Demnach ist das Leben schwer und bedrohlich, fordert dauernde Opfer, und aller Erfolg muß teuer erkauft werden. Wohlbehagen, Spontaneität und «unverdiente» Glücksfälle bedeuten daher, daß irgend etwas nicht im Lot ist oder werden als Vorzeichen der Rache Gottes verstanden [4]. Die Frau, die ihre Mutterrolle als glorreiches Opfer auffaßt; der Ehemann, der nur für seine Arbeit lebt, kommen einem in den Sinn, obwohl in ihrer eigenen Sicht das Problem meist in der Unverantwortlichkeit ihres Kindes oder des Ehepartners liegt. Ein anderes Beispiel ist der hochintelligente Student, der alle akademischen Hürden mit Leichtigkeit nimmt, sich aber zunehmend vor jenem entscheidenden Moment fürchtet, dem endgültigen Denoue-

---

[4] Dazu fällt einem Till Eulenspiegel ein, der beim Durchqueren der Ardennen weinte, wenn immer er bergab wanderte, aber beim Bergaufgehen lachte. Nach einer Erklärung dieses merkwürdigen Verhaltens befragt, sagte er, daß er bergab bereits an den steilen Hügelzug jenseits des Tales dachte, beim Hinaufklettern aber schon die Freude des mühelosen Abstiegs vorauskostete.

ment, wenn es sich herausstellen wird, daß er in Wirklichkeit nichts weiß und bisher «nur Glück gehabt hat». In diese Kategorie fallen auch Personen, die sich ihr Leben lang auf einen ungewöhnlichen Notstand vorbereiten, dessen Eintreten nur eine Frage der Zeit ist und der von ihnen das Letzte an Kraft und Willen zum Durchhalten abverlangen wird. Allen diesen Beispielen liegt eine negative Utopie zugrunde: Je besser das Leben ist, desto mehr Grund zur Besorgnis besteht. Was die negative mit der positiven Utopie gemeinsam hat, ist, daß beide die Freuden oder Leiden des Alltagslebens als abnormal betrachten.

Alle drei Abarten des Utopie-Syndroms haben aber einen gemeinsamen Nenner: Die Prämissen, auf denen das Syndrom beruht, sind für die Betroffenen wirklicher als die Wirklichkeit. Damit soll gesagt sein: Wer versucht, das eigene Leben oder die Welt utopisch zu ordnen und in diesem Versuch scheitert, neigt typischerweise dazu, den Grund des Scheiterns nicht in der Absurdität seiner Prämissen zu suchen, sondern – wie wir gesehen haben – entweder in der eigenen Unzulänglichkeit oder in der Umwelt. Der Gedanke, daß der Fehler bei den Prämissen selbst liegen könnte, ist unerträglich und daher undenkbar, denn die Prämissen sind die Wahrheit, sind die Wirklichkeit. Daß zum Beispiel ein halbes Jahrhundert nach der Russischen Revolution die ideale, klassenlose Gesellschaft in der Sowjetunion noch nicht erreicht ist, bedeutet für den überzeugten Maoisten nur, daß dort die reine Lehre in unreine Hände gefallen ist und nicht, daß etwa der Marxismus-Leninismus selbst der kritischen Überprüfung bedürfe. Oft liegt dieselbe Auffassung ergebnislosen Forschungsprojekten zugrunde, und zwar dann, wenn die Lösung in *mehr* Geld, einem noch *größeren* Projekt, kurz, in «mehr desselben» gesucht wird, statt die dem Projekt zugrundeliegenden Annahmen kritisch unter die Lupe zu nehmen.

Für eine Theorie des Wandels ist eine klare Trennung zwischen Tatsachen und Annahmen über Tatsachen von entscheidender Bedeutung. Wir haben bereits gesehen, daß im Falle des Neun-Punkte-Problems die Lösung durch eine falsche Annahme über das Problem verunmöglicht wird und nicht deshalb, weil man noch nicht entdeckt hat, wie die Punkte innerhalb des Rahmens dieser Annahme «richtig» zu verbinden sind. Daß dieser Irrtum alles andere als trivial ist, erweist sich im potentiell tödlichen Kontext existentieller Verzweiflung, die alle drei Formen des Utopie-Syndroms begleiten kann. Die Betroffenen leiden, und die Ursache ihres Leidens ist die schmerzhafte Kluft zwischen der Welt, wie sie *ist,* und der Welt, wie sie (auf Grund der utopischen Prämissen) *sein sollte.* Manche an solchen Utopien Erkrankten, die sich außerstande finden, ihre Selbsterwartungen zu erfüllen und daher ihr Leben sinnlos finden, suchen, wie Hemingway, schließlich ihre «Lösung» im Selbstmord. Dieses Problem ist uralt; das Gilgamesch-Epos schon tönt es an, und es liegt der Lehre Buddhas genauso zugrunde wie dem Gedankengut existentieller Autoren, von Kierkegaard und Dostojewski zu Camus. In dieser Form existentieller Verzweiflung ist die Suche nach dem Sinn des Lebens zentral und allumfassend; ja, der Sucher wird dazu neigen, alles nur Denkbare zu untersuchen, außer *die Suche selbst,* das heißt, außer die für ihn fraglose Annahme, daß es einen Sinn gibt und er ihn entdecken muß, wenn ihm sein Leben lieb ist. So herzlos und oberflächlich es klingen mag: Die Alternative zu diesen menschlichen Tragödien liegt in der Haltung des Königs in *Alice im Wunderland,* der nach dem Lesen des unsinnigen Gedichts des weißen Kaninchens zur erleichterten Schlußfolgerung kommt: «Wenn kein Sinn darin ist, so erspart uns das eine Menge Arbeit, denn dann brauchen wir auch keinen zu suchen» [31] [5].

Doch wir sprechen bereits von Lösungen, während unser Thema noch das Entstehen von Problemen ist. Diese Voreiligkeit ist fast unvermeidlich, da eben die «Lösung» selbst das Problem sein kann. Und das trifft ganz besonders auf jene Bereiche des Lebens zu, die sich unmittelbar mit der Herbeiführung von Veränderungen beschäftigen, also in der Psychotherapie und im

---

[5] Man vergleiche hierzu Wittgenstein: «Die Lösung des Problems des Lebens merkt man am Verschwinden dieses Problems» [109]. Wenn der nach der blauen Blume suchende Romantiker sie nicht finden kann, so mag der Grund dafür sehr wohl der sein, daß er noch nicht an der richtigen Stelle gesucht hat. Die Romantik hat aber unseres Wissens nie die entscheidende Frage gestellt, ob die blaue Blume überhaupt existiert. Wenn es sie gar nicht gibt, ist die romantische Suche ein Spiel ohne Ende. Dann nämlich hat vielleicht der Zen-Meister recht, den sein in rastloser Suche nach Sátori begriffener Schüler fragte, worin die Erleuchtung bestehe, und dem er antwortete: «Im Heimkommen und Ausruhen».

weiteren Rahmen gesellschaftlichen, wirtschaftlichen und politischen Wandels. Was erstere betrifft, so stellt sich die schwerwiegende Frage, bis zu welchem Grade die modernen Psychotherapien selbst an dem Grundübel leiden, das zu beheben sie sich berufen fühlen. Mit Ausnahme der Lehren Alfred Adlers, Harry Stack Sullivans und Karen Horneys neigen die meisten klassischen Schulen (wenn auch nicht notwendigerweise ihre individuellen Vertreter) dazu, utopische Ziele zu postulieren, wie zum Beispiel genitale Libidoorganisation, Selbstverwirklichung und dergleichen – von den zu Beginn dieses Kapitels erwähnten modernen und extremen «Schulen» ganz zu schweigen. Mit Behandlungszielen dieser Art kann die Psychotherapie zu einem endlosen Prozeß werden, für den die Bezeichnung humanistisch vielleicht, die Bezeichnung inhuman aber bestimmt zutrifft, was das konkrete Leiden der Hilfesuchenden betrifft. In Anbetracht der Ferne des Ziels wäre es unvernünftig, konkrete und rasche Behandlungsresultate zu erwarten, und mit akrobatischer, fast Orwellscher Logik wird das Konkrete damit als utopisch und die Utopie als Wirklichkeit hingestellt. Wenn zum Beispiel ein neurotisches Symptom lediglich als die sprichwörtliche Spitze des Eisbergs gesehen wird und wenn es sich trotz vieler Monate tiefenpsychologischer Behandlung nicht gebessert hat, so «beweist» dies die Richtigkeit der Annahme, daß menschliche Probleme ihre Wurzeln in den tiefsten Schichten des Unbewußten haben können, was dann seinerseits nahelegt, daß der Patient weitere und noch tiefergehende Analyse braucht. Utopische Lehren behalten immer recht, so oder so, und utopische Lösungen schaffen Zwangslagen, in denen es oft unmöglich wird, klar zwischen Problemen und Pseudoproblemen und zwischen Pseudoproblemen und Pseudolösungen zu unterscheiden. Wie William Thomas einst erwähnte, sind als wirklich *definierte* Situationen durchaus wirklich in ihren Folgen. Wenn dann diese *Folgen* in einem logischen salto mortale als die *Ursachen* des Problems aufgefaßt werden, ist es durchaus sinnvoll, sie zu lösen versuchen. Wenn diese Lösungsversuche dann scheitern (wie es nicht anders sein kann), ist es außerdem sinnvoll, mehr derselben Lösung zu versuchen. «Das Mögliche tun wir sofort, für das Unmögliche brauchen wir etwas länger» – ein markiges Motto, aber eine fatale Falle für jeden, der es ernst nimmt. Zur Lösung des

Unmöglichen brauchen wir ewig lang, in der Zwischenzeit aber «streben wir nach dem Unerreichbaren und verhindern so die Verwirklichung des Möglichen» [4]. Wir lächeln über den Witz vom Betrunkenen, der seine Schlüssel nicht dort sucht, wo er sie verloren hat, sondern unter der Straßenlampe, weil es da heller ist. Es klingt komisch, aber nur deswegen, weil wir an diesem Beispiel leicht einsehen können, daß die Lösung an falscher Stelle versucht wird und daher scheitern muß und daß die zwecklose Suche endlos fortgesetzt werden könnte; das heißt, daß der Lösungsversuch selbst das Problem ist. In Alltagssituationen ist man sich dieser Tatsache aber meist nicht bewußt, und das Heilmittel ist nicht nur schlimmer als die Krankheit, sondern *ist* die Krankheit. So dürften zum Beispiel wohl nur wenige Ehen dem entsprechen, was eine Ehe laut der zahlreichen modernen Leitfaden zur Vervollkommnung der Ehebeziehung «wirklich» sein sollte. Die von den Autoren postulierten Ideale sind so wunderbar, daß im Vergleich damit jede Durchschnittsehe, mit ihren unvermeidlichen Alltagskrisen und den naturgegebenen Grenzen menschlicher Sexualität, als höchst unvollkommen erscheinen muß. Und hier nun, unter der Flagge der Vervollkommnung, entsteht ein Problem, wo vorher keines war. Wer die These von der idealen Ehe übernimmt, begibt sich damit nicht nur nicht auf den Weg der Lösung eines Problems, sondern schafft durch diesen Akt der Zielsetzung erst sein Problem: die «Lösung» *ist* dann das Problem, das zu lösen ist.

Aus der Einsicht in die paradoxe und enantiodromische Natur der Utopien also ergibt sich die für viele sicherlich schockierende Tatsache, daß einer verantwortlich und menschlich zu nennenden Psychotherapie viel engere Grenzen gesetzt sein dürften, als dies allgemein angenommen wird. Um nicht zu ihrer eigenen Pathologie zu werden, muß Therapie sich auf Hilfe im Leiden beschränken; die Suche nach der Glückseligkeit kann nicht ihre Aufgabe sein. Aufgabe des Heilers ist bekanntlich bestmögliche restitutio ad integrum. Oder banaler ausgedrückt: vom Aspirin erwartet man sich eine Besserung des Kopfwehs, nicht aber außerdem geniale Ideen oder auch nur die Verhinderung künftiger Kopfschmerzen. Bash hat diesen Sachverhalt für die Psychiatrie mit aller wünschenswerter Klarheit umrissen:

Der körperlich behandelnde Arzt bemüht sich, ein Leiden zu behe-

79

ben, oder soweit als möglich zu lindern, und verzeichnet keinen Erfolg, wenn ihm dies nicht gelungen ist. Der «geheilte» Patient ist (mit Einschränkungen, die sich von selbst verstehen) wenigstens körperlich ein leidensfreier, vom Leiden befreiter Mensch und gilt sonst nicht als geheilt. Der Versuch, dies auf die Psychiatrie zu übertragen, scheitert. Wohl kann die Psychiatrie in immer zahlreicher werdenden Fällen ein seelisches Leiden lindern oder beheben, nicht aber das Leid. Ein erfolgreicher Abschluß ihrer Behandlungsbemühungen birgt keine Garantie dafür, daß sie den Patienten leidensfrei zurückläßt. Das Glück auf Erden kann sie ihren Patienten nicht herzaubern [17].

Nicht wesentlich anders liegen die Dinge auf der gesellschaftlichen, sozialpolitischen Ebene, nur daß die hier zu ziehenden Konsequenzen in zukunftsseliger Sicht wahrscheinlich noch schockierender und obskurantistischer erscheinen dürften. In einem Aufsatz diagnostizierte Prof. Böhler vor einiger Zeit die internationale Währungskrise in einer Form, die sich grundsätzlich mit unseren Ausführungen deckt:

> Wir erkennen jetzt, daß wir seit Jahren Ursachen und Wirkungen im Geldwesen verwechselt (...) haben. Ohne Begrenzung der Zukunftserwartung mit ihrem mythischen Einschlag sind alle Versuche der Inflationsbekämpfung zum Scheitern verurteilt. Man darf sogar sagen, daß die moderne Konjunkturpolitik indirekt die Übel schafft, die sie zu bekämpfen meint [27].

Analoge Resultate lassen sich in Ländern mit hochentwickelter Sozialfürsorge nachweisen, etwa im skandinavischen Bereich, Großbritannien oder Österreich, wo sich Situationen herausbilden, in denen diese Fürsorgemaßnahmen selbst *neue* Bedürfnisse schaffen und damit ihrem eigenen Zweck diametral entgegenwirken. In den Vereinigten Staaten ist die Lage nicht wesentlich anders. In seinem Referat mit dem zutreffenden Titel, «The Functions of Incompetence», hat Thayer kürzlich auf die erstaunliche Tatsache verwiesen, daß von 1968 bis 1970, also in nur zwei Jahren, die Ausgaben der staatlichen Fürsorge um 34%, von 11 auf 14 Milliarden Dollar, anstiegen. Das beweist nicht nur die Notwendigkeit dieser Sozialmaßnahmen, sondern auch etwas anderes: daß nämlich die Durchführung dieser erweiterten Programme die zusätzliche Anstellung von Tausenden von Fachleuten notwendig macht,

und daß das fortgesetzte Wachstum dieses Teils unserer Gesamtwirtschaft von der wachsenden – und nicht der abnehmenden – Inkompetenz der Bevölkerung in allen jenen Sparten abhängt, in denen Wohlfahrtsprogramme entweder bereits existieren, oder für die ein solches Programm erfunden und subventioniert werden kann [96].

Doch diese Erziehung zu zunehmender Inkompetenz in den alltäglichen Lebensbereichen ist nicht das einzige Problem. In seinem Essay über Utopie und Gewalt stellte Karl Popper schon 1947 fest, daß utopische Lösungsversuche zwangsläufig zur Unterdrückung führen. Unsere Mitmenschen, warnt Popper,

haben einen Anspruch auf unsere Hilfe; keine Generation darf künftigen Generationen zuliebe geopfert werden, eines Glückideals wegen, das nie verwirklicht werden kann. Es ist, kurz gesagt, meine Behauptung, daß das menschliche Elend das Grundproblem einer rationalen, öffentlichen Politik ist, und daß das Glück ein solches Problem nicht ist. Glücklich zu werden, sollte unseren privaten Bemühungen überlassen bleiben [82].

Und lange vor Popper stellte Hölderlin schon fest: «Immerhin hat das den Staat zur Hölle gemacht, daß ihn der Mensch zu seinem Himmel machen wollte.»

Bündiger ließe sich das Utopie-Syndrom kaum definieren. Wir wollen aber noch einen Schritt weitergehen und uns fragen, was geschehen würde, wenn utopischer Wandel tatsächlich einmal verwirklicht würde, zum Beispiel auf der gesellschaftspolitischen Ebene. Vor allem würde das bedeuten, daß die ideale Gesellschaft sich aus Individuen zusammensetzen müßte, die auf Grund ihres vollkommenen, identischen Grades der Reife alle in gleicher Weise denken, fühlen und handeln würden – eine Schlußfolgerung, die alptraumartige Visionen völlig steriler, stagnierender Massen oder von Neumannscher Roboter erweckt, denen jene vitale Spannung abgeht, die sich allein aus der natürlichen Verschiedenheit menschlicher Individualität ergibt. Aber die noch erschreckendere Folge wäre die, daß jeder Wandel, und damit jede Regung von Individualität und Schöpfertum, verboten werden müßte, da dies nur eine Rückkehr von Vollkommenheit zu Unvollkommenheit bedeuten könnte. Das Ergebnis wäre eine Orwellsche Gesellschaft, in der diejenigen, die heute am lautesten nach utopischen Lösungen rufen, als erste hinter Stacheldraht und den Mauern von Irrenhäusern verschwänden. Der Teufelskreis schlösse sich damit endgültig und die Ideallösung würde zur Endlösung.

Das Utopie-Syndrom ist eine Form von Pathologie, die weit darüber hinausgeht, was die orthodoxeren Theorien über Symptombildung lehren. Wenn wir in ihm nur die Manifestationen intrapsychischer Konflikte sehen – wie die psychodynamische Erklärung lauten könnte – oder die Folgen eines neurotisch überspitzten Leitziels – wie ein Adlerianer die meisten unserer Beispiele deuten dürfte –, so übersehen wir einen entscheidenden Punkt: daß nämlich bestimmte Fehllösungen, aus welchen inneren oder äußeren, bewußten oder unbewußten Gründen sie auch immer versucht werden mögen, ganz spezifische Folgen haben, die nicht zu bloßen Epiphänomenen reduziert werden dürfen, ohne damit die Reduktion selbst zu einem Bestandteil der so geschaffenen Pathologie zu machen. Das Utopie-Syndrom ist ein Beispiel dafür, was der Biologe in seiner Fachsprache eine *Neubildung* nennen würde: etwas, das mehr und andersgeartet ist als die Summe seiner Einzelbestandteile. Es ist eine Gestalt im Sinne der klassischen Gestaltpsychologie (Wertheimer, Koffka, Köhler und andere), eine Struktur im Sinne des modernen Strukturalismus.

Wie jeder Gymnasiast weiß, bewirkt die Einführung von Null oder Unendlichkeit in eine Gleichung paradoxe Resultate, und es hat den Anschein, daß die menschliche Gleichung keine Ausnahme dieser mathematischen Regel ist. Im vorhergehenden Kapitel untersuchten wir die Folgen der Einführung von Null. In diesem Kapitel behandelten wir den Versuch, Veränderungen zweiter Ordnung durch die Einführung von Unendlichkeit zu bewirken oder, konkreter ausgedrückt, den Versuch, die praktische Lösung eines praktischen Problems von der Erreichung eines Ziels abhängig zu machen, das unerreichbar (also unendlich fern) ist. Soweit uns bekannt ist, sieht die Gruppentheorie diese Variante nicht vor, doch ließe sich der Standpunkt vertreten, daß in einer Gruppe, deren Kombinationsregel die Division durch Unendlichkeit ist, das Ergebnis dieser Division das Einheitselement ist. Demnach wäre die Einführung der Unendlichkeit ein Sonderfall des vierten Gruppengesetzes. Der Nachweis dieser Möglichkeit überschreitet unsere Kompetenz, besonders, da ja unsere Heranziehung der Gruppentheorie nur auf ihre Verwendung als Modell, nicht aber auf mathematische Strenge abzielt. Die Behauptung, die wir aber vertreten zu können glauben, ist, daß hinter den mannigfaltigen Erscheinungsformen des Utopie-Syndroms als gemeinsamer Nenner der Widerspruch zwischen Aktualität und Potentialität steht; das heißt, zwischen der Welt, wie sie auf Grund unserer Wahrnehmungen *ist* und wie sie auf Grund einer bestimmten Prämisse *sein sollte*. Dieser Widerspruch ruft nach einer Veränderung, die zumindest theoretisch entweder an die Aktualität oder die Potentialität angewandt werden kann. In praktischen Lebensbelangen ergeben sich unzählige Situationen, in denen praktische Gegebenheiten so abgeändert werden können, daß sie einer Prämisse entsprechen. Daneben gibt es aber wohl ebenso unzählige konkrete Sachlagen, die unabänderlich sind. Wenn in einer dieser Situationen die erwartete Potentialität (der «Soll»-Zustand der Dinge) für den Betreffenden wirklicher als die empirisch erfaßbare Wirklichkeit ist, wird er einen Wandel dort versuchen, wo dieser Wandel nicht möglich ist und unter Umständen nicht einmal nötig wäre, wenn er nicht durch die utopische Prämisse scheinbar notwendig gemacht würde. Oder anders ausgedrückt: das zu lösende Problem ist die Überzeugung, daß die Dinge so und so sein *sollten*, und nicht der tatsächliche Sachverhalt. Ohne die utopische Prämisse wäre die Aktualität der betreffenden Lebenssituation vielleicht durchaus erträglich. Was in dieser Form der Problembildung also vorliegt, ist eine Fehllösung: eine Veränderung erster Ordnung wird versucht, wo nur eine solche zweiter Ordnung zum Erfolg führen kann.

6. Kapitel

Die Paradoxien

Alle Kreter sind Lügner.
Epimenides von Kreta

«Was ich sagen will, ist folgendes: Ich möchte, daß Andy lernt, das zu tun, was von ihm verlangt wird, und ich möchte, daß er es auch tatsächlich tut – aber er soll es von sich aus tun *wollen*. Ich meine, er könnte Anweisungen blind befolgen, ohne sie wirklich befolgen zu wollen. Ich weiß, daß ich da irgendeinen Fehler mache, doch ich komme nicht darauf, was ich falsch mache. Ich kann mich aber nicht damit abfinden, ihm einfach zu diktieren, was er tun soll. Und doch, wenn man das einem Kind völlig überläßt, dann wäre zum Beispiel sein Zimmer bald in völliger Unordnung. Nein, da sind – es gibt diese zwei Extreme. Ich möchte, daß er es von sich aus tut – aber es ist mir klar, daß wir ihm das irgendwie beibringen müssen.»

Mit diesen Worten beschreibt eine Muter ihre Schwierigkeiten bei der Erziehung ihres Achtjährigen, der keine Lust hat, seine Schulaufgaben zu machen. Auch wenn sie wüßte, daß sie ihn und sich selbst in eine Paradoxie verwickelt hat, würde dies ihre Ratlosigkeit kaum vermindern, denn die Zwickmühlen der Paradoxien beschäftigen größere Geister seit vielen Jahrhunderten.

Die Logiker neigen meist zum Schluß, daß die durch Paradoxien geschaffenen Lagen nur Pseudoprobleme darstellen, da sie logisch unmöglich und daher praktisch bedeutungslos sind. Der Dorfbarbier, der ausschließlich nur jene Dorfbewohner rasiert, die sich nicht selbst rasieren, oder der Briefträger, der die Post nur jenen Leuten zustellt, die sie nicht selbst im Postamt abholen, sind demnach nicht «wirklich» in einer Zwickmühle, wenn es sich um den eigenen Bart, beziehungsweise die eigene Post handelt, denn solange man in strikt logischer Weise an diese Probleme herangeht, erweist es sich, daß es den Barbier, den Briefträger und überhaupt das Dorf im erwähnten Sinne nicht geben kann. Rein logisch gesehen, mag das unbestreitbar sein; da uns aber «unlogisches» Verhalten und «unlogische» Situationen in unserem Alltagsleben sattsam bekannt sind, läßt uns diese allzu logische Lösung unbefriedigt.

Wenn wir nicht irren, war es Wittgenstein, der als erster auf die pragmatischen, verhaltensmäßigen Folgen logischer Paradoxien verwies:

> Die verschiedenen, halb scherzhaften Einkleidungen des logischen Paradoxes sind nur insofern interessant, als sie einen daran erinnern, daß eine ernsthafte Einkleidung des Paradoxes vonnöten ist, um seine Funktion eigentlich zu verstehen. Es fragt sich: welche Rolle kann ein solcher logischer Irrtum in einem Sprachspiel spielen?

Wittgenstein spielt dann auf die Paradoxie des Königs an (der ein Gesetz erlassen hatte, wonach alle ankommenden Ausländer bei Todesstrafe den wahren Grund ihrer Einreise in sein Reich anzugeben hatten, was einen Sophisten dazu veranlaßte, zu erklären, er sei gekommen, um auf Grund dieses Gesetzes gehängt zu werden) und stellt dann die entscheidende Frage: «Was für Regeln muß der König geben, damit er der unangenehmen Situation von nun an entgeht, in die ihn sein Gefangener gebracht hat? – Was für eine Art Problem ist das?» [111].

Die erste systematische Untersuchung der verhaltensmäßigen Folgen von Paradoxien in menschlicher Kommunikation wurde von einer Forschungsgruppe unter der Leitung Gregory Batesons durchgeführt. Diese Arbeiten führten zur Postulierung der Doppelbindungstheorie der Schizophrenie [19]. Sich daran anknüpfende Untersuchungen erwiesen jedoch, daß diese Theorie nicht nur in bezug auf die Schizophrenie Gültigkeit besitzt, sondern daß sie je nach den dabei mitspielenden menschlichen Faktoren heuristisch bedeutsam auch für andere Arten gestörter (nicht nur schizophrener) Kommunikation ist. Unserer Ansicht nach ist die unbeabsichtigte Verursachung paradoxer Situationen die dritte typische Art und Weise, in der Fehllösungen von Schwierigkeiten zu Problemen führen können. Da wir das Wesen und die Wirkungen der Paradoxien an anderem Orte ausführlich behandelt haben [100], seien hier nur zwei neuere, hervorragende Arbeiten auf diesem Gebiete erwähnt, nämlich Laings bereits zitiertes, brillantes und irritierendes Buch *Knoten* [69], und die Ergebnisse einer argentinischen Forschungsgruppe unter der Leitung des Psychiaters Sluzki und des Soziologen Verón [90].

Unter den verhaltensmäßigen (pragmatischen) Wirkungen der Paradoxien versteht man also jene eigenartigen, zwischenpersönlichen Probleme, die dann entstehen, wenn die Struktur der Kommunikation im wesentlichen jener der klassischen Paradoxien in der Formallogik entspricht. Ein einfaches Beispiel ist die Aufforderung «Sei spontan!» oder irgendeine ihrer zahllosen Variationen (vergleiche zum Beispiel Figur 4), also die Forde-

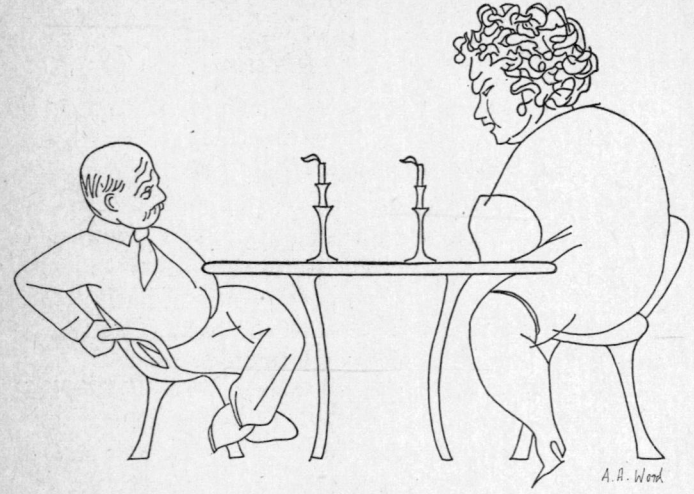

Figur 4: Deine Nachgiebigkeit geht mir auf die Nerven – wann wirst du es lernen, dich durchzusetzen?

rung nach einem Verhalten, das sich seinem Wesen nach nur spontan ergeben kann, dessen Spontaneität (und damit die Möglichkeit seines Eintretens) aber eben durch sein Gefordertwerden unmöglich gemacht wird. Genau dies ist die Paradoxie, die die obenerwähnte Mutter erzeugt. Sie möchte ihren Sohn irgendwie dazu bringen, daß er ihren Erwartungen nachkomme; doch nicht deswegen, weil sie es verlangt und er zur Vermeidung unangenehmer Folgen ihr gehorcht, sondern spontan, von sich aus [1]. Statt also einfach zu verlangen, «Ich wünsche, daß du deine Aufgaben machst» (eine Forderung, die es dem Kind offenläßt, ihr zu gehorchen, oder nicht zu gehorchen und

---

[1] Bekanntlich unterscheidet die katholische Moraltheologie grundsätzlich dieselben Gründe für die Befolgung der Gebote Gottes: einerseits Gehorsam aus Furcht vor Strafe, andererseits Gehorsam aus Liebe zu Gott. Beide Formen werden zwar als ausreichend aufgefaßt, doch wird die zweite als die weit wertvollere angesehen.

die Folgen zu tragen), verlangt diese moderne Mutter, der jeder Zwang anscheinend Anathema ist, «Du solltest deine Aufgaben machen *wollen*». Diese «Lösung» erfordert, daß der Junge sich nicht nur richtig verhält (das heißt, seine Aufgaben macht), sondern sich aus dem richtigen Grunde richtig verhält (das heißt, seine Aufgaben macht, weil er sie machen *will*). Daraus folgt zwingend, daß es a) nicht genügt, sich aus dem falschen Grunde richtig zu verhalten (das heißt, seine Aufgaben zu machen, weil er sie zu machen hat und sonst bestraft würde), und daß er b) dies nur durch einen ungewöhnlichen Akt geistiger Akrobatik erreichen kann, nämlich indem er sich irgendwie dazu bringt, das zu wollen, was er (wie die meisten Kinder) nicht will, – womit zu guter Letzt auch noch unterstellt ist, daß er auch mit dieser Prozedur spontan einverstanden sein soll. Doch auch für die Mutter ist die Lage nun unhaltbar. Die von ihr versuchte Lösung macht eben das unlösbar, was sie lösen möchte, und sie ist genauso in der Paradoxie gefangen wie ihr Sohn. Natürlich könnte sie ihn zum Lernen zwingen, und falls dies nicht die gewünschte Wirkung hätte, könnte sie mehr desselben Zwangs anwenden, was schließlich im Einklang mit dem vierten Gruppengesetz (das heißt, durch die Einführung des Inversen) zu einer befriedigenden Lösung erster Ordnung führen könnte[2]. Eben das aber will sie nicht. Sie wünscht spontane Befolgung ihres Wunsches, nicht bloßes Befolgen einer Regel. – Eine ähnliche Situation ergibt sich häufig in Ehekonflikten, wenn ein Partner vom anderen ein gewisses Verhalten erwartet, «doch nur, wenn sie (er) es *wirklich* will – wenn ich darauf dringen muß, dann will ich es nicht».

Was für eine Art von Problem ist das? – können wir mit Wittgenstein fragen. Wenn es wahr ist, daß alle Kreter lügen, dann sagte Epimenides[3] die Wahrheit, aber die Wahrheit ist dann,

---

[2] Dies ist ein Beispiel für den am Ende des 3. Kapitels erwähnten Versuch, eine Veränderung zweiter Ordnung dort zu erreichen zu versuchen, wo eine solche erster Ordnung durchaus angebracht wäre. Das heißt, ein Wandel einer Einstellung oder Haltung wird verlangt, und eine «bloße» Verhaltensänderung ist nicht gut genug.

[3] Es ist nicht allgemein bekannt, daß Epimenides' Ausspruch uns nur mittelbar, nämlich in Paulus' Brief an Titus (1, 10–12), überliefert ist: Denn es sind viele unnütze Schwätzer und Verführer, sonderlich die aus der Beschneidung. Welchen man muß das Maul stopfen, die da

daß er lügt. Was er sagt, ist also wahr, wenn er lügt, und gelogen, wenn es wahr ist. Die Paradoxie entsteht durch die Selbstrückbezüglichkeit des Satzes, das heißt, durch die Vermischung von Element und Klasse. Epimenides' Aussage bezieht sich auf die Gesamtheit seiner Aussagen, und daher auch auf diese Aussage selbst, da sie selbst ja selbst ein Element der Klasse aller seiner Aussagen ist. Die folgende, erweiterte aber strukturell identische Form seines berühmten Ausspruchs macht diesen Sachverhalt etwas klarer: Was immer ich sage, ist gelogen (dies bezieht sich auf die Gesamtheit seiner Aussagen und daher auf die Klasse), daher lüge ich auch, wenn ich sage: «Ich lüge» (dies bezieht sich auf diese eine Aussage und daher auf ein Element der Klasse).

Die Struktur jeder «Sei spontan!»-Paradoxie – und daher auch der Verhaltensaufforderung der Mutter, «Du sollst lernen wollen» – ist stets dieselbe. Sie besteht in der Einführung einer Regel, wonach Verhalten nicht regelgebunden, sondern spontan[4] sein soll. Dies bedeutet, daß die Befolgung einer (von außen auferlegten) Regel unerwünschtes Verhalten ist, da dieses Verhalten frei von innen her veranlaßt sein sollte. Doch diese grundsätzliche Regel, die sich auf alle Regeln (also auf die Klasse aller Regeln) bezieht, ist natürlich selbst eine Regel und daher rückbezüglich ein Element ihrer selbst. Sowohl Epimenides, als auch die Mutter, verletzen so das zentrale Axiom der Logischen Typenlehre, wonach das, was sich auf die Klasse (Menge) bezieht, nicht Teil der Klasse sein darf[5].

---

ganze Häuser verkehren, und lehren, das nicht taugt, um schändlichen Gewinnes willen. Es hat einer aus ihnen gesagt, ihr eigener Prophet: *«Die Kreter sind immer Lügner,* böse Tiere und faule Bäuche.»

Während Paulus Epimenides nicht beim Namen nennt, schreibt Clement von Alexandrien, daß Epimenides der Mann ist, «den Paulus in seinem Brief an Titus erwähnt». – Paulus' Heftigkeit ist insofern überraschend, als ihn sechs Jahrhunderte von Epimenides trennen, der zudem eine überaus sagenhafte Figur war.

[4] Spontan: freiwillig, aus eigenem, plötzlichem Antrieb, unmittelbar (Duden).

[5] Zur Veranschaulichung dieser wichtigen Tatsache haben wir bereits Groucho Marx' Weigerung erwähnt, einem Klub beizutreten, der jemanden wie ihn als Mitglied zulassen würde. Ein anderes Beispiel wäre folgende Situation: Man stelle sich vor, daß ungefähr am 10. Dezember jemand in einem Papiergeschäft eine Schachtel Weihnachtskarten kauft

Es fällt uns nun leichter, die ganz bestimmte Art der Problementstehung zu erfassen, auf der einige der im 3. Kapitel erwähnten Beispiele beruhen. Wer nicht einschlafen kann, versetzt sich meist selbst in eine «Sei spontan!»-Paradoxie; er versucht, ein natürliches, spontanes Phänomen, den Schlaf, durch einen Willensakt herbeizuführen und macht den Schlaf dadurch unmöglich. In ganz ähnlicher Weise versucht der Melancholiker, in sich die Gefühle zu erwecken, die er haben «sollte», um sowohl den Hoffnungen seiner Umwelt zu entsprechen, als auch sich von seiner Depression zu befreien – und das Wort «sollte» impliziert, daß man, wenn man sich nur genügend anstrengt, seine Gefühle spontan verändern kann.

«Sei spontan!»-Paradoxien spielen auch in den Lösungsversuchen sexueller Schwierigkeiten eine wichtige Rolle. Eine Erektion oder ein Orgasmus sind Spontanphänomene; je mehr sie gewollt, geplant und erwartet werden, desto weniger wahrscheinlich wird ihr Eintreten. Eine der verläßlichsten Methoden, ein sexuelles Rendezvous zum Scheitern zu bringen, besteht darin,

---

und die Verkäuferin ersucht, sie als Geschenk zu verpacken. Dies würde zur nun bereits wohlbekannten Konfusion zwischen dem Inhalt (den Karten) und dem Rahmen (der weihnachtlichen Verpackung) führen: Wenn es sich um ein Weihnachtsgeschenk handelt, wie es die Verpackung nahelegt, dann ist der Inhalt sinnlos – Glückwunschkarten sind bekanntlich dazu da, einzeln und vor Weihnachten verschickt zu werden. Wenn dies aber der Sinn der Karten ist, dann ist die Verpackung sinnlos. In anderen Worten, wenn dieses merkwürdige Paket ein Weihnachtsgeschenk ist, dann ist es keines, und wenn es keines ist, dann ist es eines. –

In einem jener eher gemütlichen Treffen, die vor grauer Vorzeit gelegentlich zwischen dem lieben Gott und dem Teufel stattfanden, «beweist» der Teufel, daß Gott nicht allmächtig ist, indem er Ihn auffordert, einen Felsen zu schaffen, der so riesengroß ist, daß nicht einmal Gott darüberspringen kann. Die Antwort Gottes ist nicht überliefert; die Geschichte scheint aber unter den Scholastikern Bestürzung hervorgerufen zu haben. Bezeichnend dafür ist die Theodizee Hugos von St. Viktor (12. Jahrhundert), der die Streitfrage zugunsten Gottes lösen will, aber dabei lediglich ein fast rührendes Beispiel für die Problematik liefert, zu der diese Art von «Lösung» führt. Am Ende seiner Überlegungen bleibt Hugo kein anderer Ausweg, als Gott kurzerhand die Fähigkeit abzusprechen, etwas Unmögliches zu tun, womit die Fähigkeit, das Unmögliche zu leisten, zum «Beweis» der Unfähigkeit wird: *Deus impossibilia non potest; impossibilia posse non est posse, sed non posse.*

es in allen wollüstigen Einzelheiten vorauszuplanen und sich auszumalen[6]. – Klinische Erfahrung lehrt, daß orgastische Schwierigkeiten der Frau durch die verzweifelten Anstrengungen bedingt sein können, in sich irgendwie jene ganz bestimmten Wahrnehmungen und Gefühle zu erzeugen, die sie auf Grund ihrer eigenen Erwartungen, oder laut einer der modernen Sexfibeln, in der jeweiligen Phase des Geschlechtsverkehrs haben «sollte». – Wie der Leser festgestellt haben dürfte, liegen in all diesen Fällen keine Utopien vor; Einschlafen, bestimmte Gefühle oder sexuelle Reaktionen sind höchst natürliche Phänomene – nur können sie nicht erzwungen werden.

Diktaturen erzeugen fast unweigerlich analoge Paradoxien. Sie geben sich nicht mit der Befolgung verhältnismäßig vernünftiger Gesetze zufrieden, wie das im großen und ganzen in den Demokratien für ausreichend betrachtet wird; sie versuchen vielmehr, auch die Gedanken, Ansichten und Wertbilder ihrer Staatsbürger zu ändern und zu «verbessern». Oberflächlicher Gehorsam oder Lippenbekenntnisse sind nicht nur nicht genug; sie gelten vielmehr als eine besonders heimtückische Form passiven Widerstandes, und selbst jenes Schweigen, das unter Hitler die «innere Emigration» hieß, wird folgerichtig als Ausdruck von Staatsfeindlichkeit aufgefaßt. Auch genügt es nicht, sich passiv dem Zwang zu unterwerfen, man muß das Erzwungene von sich aus aktiv begrüßen. Man darf das phantastische Geständnis nicht einfach unterschreiben, um dem Alptraum der Verhöre ein Ende zu setzen, man muß das Geständnis auch wirklich glauben und wahre Reue zeigen, wie dies, um nur einige Beispiele zu erwähnen, fiktiv in den Romanen *Sonnenfinsternis* [60] und *Neunzehnhundervierundachtzig* [80] oder wirklichkeitsgetreu in den Biographien *Hexensabbath* [106] oder *Die Revolution entläßt ihre Kinder* [76] beschrieben und in Gehirnwäsche tatsächlich praktiziert wird. Aber diese Methoden führen nie zu den gewünschten Ergebnissen, denn am Ende seiner Bemühungen bleibt dem Gehirnwäscher nur eine Leiche, ein Psychotiker oder ein robotartiger *apparatschick* übrig, und keines dieser Ergeb-

[6] Hierzu ein Zitat aus einem anderen esoterischen Ausbildungsprogramm, nämlich der Beschreibung eines Kurses mit dem Titel «Sinnlichkeit für Unverheiratete»: «Das Finden reifen Genusses in tiefen Beziehungen ist das Ergebnis sorgfältiger Planung ...»

nisse entspricht auch nur im entferntesten der «Lösung», die er suchte.

Es wäre aber ein Fehler, zu glauben, daß ähnliche Paradoxien unter einer weniger totalitären Regierungsform nicht entstehen können und in diesem Sinne ist der Unterschied zwischen einer repressiven und einer permissiven Gesellschaft leider nur relativ und nicht absolut. Keine Gesellschaft kann es sich leisten, sich nicht gegen Abweichungen zu verteidigen und keine Sinnesänderungen derer zu versuchen, die ihre Ordnung und Regeln in Frage stellen. Trotz Tausenden von Büchern über Strafrechtslehre ist es der Rechtsphilosophie bis heute nicht gelungen (und wird es ihr vielleicht nie gelingen), den gesellschaftlichen Zweck der Strafe aus der paradoxen Verquickung von Vergeltung, Abschreckung und Reform herauszulösen. Von diesen drei Funktionen der Strafe ist letztere, die Reform, leider gleichzeitig die menschlichste und die paradoxeste. Während zweifellos nur der Fachmann zuständig ist, sich mit den überaus schwierigen Problemen einer humanen Rechtssprechung abzugeben, können auch wir Laien uns Rechenschaft über die Folgen der Versuche geben, die Einstellung und das Verhalten des Rechtsbrechers zu beeinflussen. Ob es sich dabei um ein Zuchthaus oder nur ein Heim der Jugendbehörde handelt, die Paradoxie ist dennoch dieselbe: Die Beurteilung, ob und wie erfolgreich der betreffende Insasse durch seinen Aufenthalt in diesen Institutionen reformiert wurde, also sich gebessert hat, beruht darauf, ob und wie er sich nun in Wort und Tat «richtig» verhält, *weil er sich gebessert hat* und nicht vielleicht, weil er bloß die geforderte Ausdrucksweise und das geforderte Verhalten *gelernt* hat. Sobald auf diese Weise der Begriff der Besserung von dem des bloßen Befolgens getrennt wird, wird Besserung unvermeidlich rückbezüglich – sie wird dann sowohl zu ihrer eigenen Ursache, als auch zu ihrer eigenen Wirkung. In diesem Spiel schneiden die guten Schauspieler am besten ab; die Verlierer sind jene Insassen, die sich entweder deswegen zu «bessern» weigern, weil sie zu «ehrlich» oder zu zornig sind, dieses Spiel zu spielen, oder aber jene, die durchblicken lassen, daß sie das Spiel nur spielen, um entlassen zu werden, womit es offensichtlich wird, daß sie sich nicht «spontan» gebessert haben. So bedingt Menschlichkeit also unversehens ihre eigenen Scheinheiligkeiten, was den melancholischen Schluß nahelegt, daß es vorzuziehen wäre, eine der Tat angemessene Strafe zu verhängen, aber auf «Lösungen» zu verzichten, die paradoxerweise die zu lösenden Probleme nur verschärfen.

Eine weitere Institution, deren erklärter Zweck im Hervorbringen gesellschaftlich wünschenswerter Veränderungen liegt, ist die psychiatrische Anstalt. Es kann kaum überraschen, daß daher auch sie sich mit den Problemen herumzuschlagen hat, die aus der Verquickung von vorgeschriebenem Benehmen und erwarteter Spontaneität erwachsen. Hier aber ist diese Problematik noch zusätzlich durch die Tatsache (oder zu mindestens die Annahme) verschärft, daß der Patient qua Patient nicht von sich aus die richtigen Entscheidungen treffen kann und diese daher für ihn und in seinem besten Interesse gemacht werden müssen. Wenn er das nicht einsehen kann, so ist diese mangelnde Einsicht ein weiterer Beweis für seine Unzurechnungsfähigkeit. Das erzeugt die in den Kliniken wohlbekannte, paradoxe Situation, die sowohl dem Patienten, wie auch dem Personal, keine andere Wahl läßt, als das Spiel der spontanen, «wirklichen» Besserung zu versuchen, ohne je zugeben zu können, daß es ein Spiel ist. Nicht nur im größeren, gesellschaftlichen Rahmen, sondern besonders in der Anstalt ist Normalität der Generalnenner für alle jene Verhaltensformen, die ganz bestimmten Regeln gehorchen; diese Regeln sollen vom Patienten spontan befolgt werden, und nicht weil er dazu veranlaßt werden muß. Solange der Patient veranlaßt werden muß, ist er eben ein Patient. Das bekannte Rezept zur Erwirkung rascher Entlassung aus einer psychiatrischen Anstalt ist daher mehr als nur ein guter Witz:

a) entwickle ein blühendes Symptom, das Ärzten wie Mitpatienten auf die Nerven geht;

b) hänge dich an einen jungen Psychiater, der dringend seinen ersten therapeutischen Erfolg braucht;

c) laß ihn dich rasch von deinem «Symptom» heilen; und

d) mache ihn so zum begeisterten Verfechter deiner wiedererlangten Normalität.

Wir haben bisher nur Beispiele aus jenen Einrichtungen herangezogen, die Goffman [46] totale Institutionen nennt. Es gibt aber viele andere, weit weniger repressive Einrichtungen, die offiziell im Dienste des Wandels stehen, aber durch ähnliche

Paradoxien den gewünschten Wandel verunmöglichen. So gilt die Psychoanalyse in einer bekannten, sarkastischen Definition als die Krankheit, für deren Behandlung sie sich hält – ein Aphorismus, der ihr paradoxes, selbstrückbezügliches Wesen sehr gut umreißt, aber die therapeutischen Wirkungen der Paradoxien unberücksichtigt läßt, die der Analytiker wissentlich oder unwissentlich in die Behandlung mit hineinbringt, und die Jackson und Haley [57] in ihrem klassischen Referat über Übertragung beschrieben haben. Es gibt aber einen Aspekt der Psychoanalyse, der noch viel drastischere Folgen hat. Es sind das die stets möglichen Komplikationen in der Beziehung zwischen einem Ausbildungskandidaten und seinem Lehranalytiker. Die Lehranalyse eines künftigen Analytikers ist bekanntlich ein wichtiger Teil seiner Ausbildung. Im Laufe seiner Analyse soll es ihm möglich werden, sich zu mindestens mit den wichtigsten neurotischen Zügen seiner Persönlichkeit auseinanderzusetzen, die andernfalls ihr unbewußtes Unwesen in seiner künftigen Arbeit treiben könnten. Damit aber wird der Verlauf und das Ergebnis der Lehranalyse zum entscheidenden Prüfstein dafür, ob ihm sein Diplom gewährt oder vorenthalten werden soll[7]. Damit gerät er in eine viel paradoxere Situation als ein Patient in analytischer Behandlung. Es werden von ihm Persönlichkeitsveränderungen erwartet, deren Eintreten und Ausmaß sich nur an den als spontanst geltenden seelischen Manifestationen, nämlich Träumen und freien Assoziationen, ablesen läßt. Während es für einen entschlossenen Patienten verhältnismäßig leicht ist, seine Analyse abzubrechen oder zu einem anderen Analytiker zu gehen, bestehen diese Auswege für den Ausbildungskandidaten nicht. Von ihm wird einerseits erwartet, daß er seinem Lehranalytiker gegenüber vollkommen spontan und aufrichtig ist, andererseits aber wissen beide, daß der Lehrer die Promotion des Kandidaten solange nicht empfehlen kann, als jener noch nicht die «rechte» Art von Spontaneität seiner Psychismen erreicht hat. In dieser ungewöhnlichen zwischenpersönlichen Situation ist also bloßes Befolgen von ganz bestimmten Erwartungen nicht genug, ihr Nichtbefolgen aber völlig inakzeptabel.

Dieses Beispiel bringt uns nochmals in die Nähe jener Schwie-

---

[7] In diesem Zusammenhang vergl. [91] und Szasz [92].

rigkeiten, mit denen sich das Erziehungswesen auseinanderzusetzen hat, das ja selbst eine Institution des Wandels par excellence ist. Wir erwähnten bereits den umstrittenen Begriff der Relevanz; hier wollen wir nur auf eine besonders im amerikanischen Schulwesen weitverbreitete Variation der «Sei spontan!»-Paradoxie hinweisen. Es handelt sich um die dogmatische Behauptung, der Schulbesuch habe Spaß zu machen und man sollte daher gern zur Schule gehen. Diese Lehrern wie Eltern anscheinend sehr am Herzen liegende Fiktion steht im krassen Widerspruch dazu, was die meisten Kinder subjektiv vom Schulbesuch halten. Der Einfluß solcher gesellschaftlicher Dogmen, besonders auf Kinder, ist aber kaum zu unterschätzen. Dazu kommt noch, daß gewöhnlich keine Erklärung die Fiktion der Freuden des Schulbesuchs begleitet. Dies macht die Behauptung nicht nur nicht weniger glaubhaft, sondern verstärkt sie noch, da das Fehlen einer plausiblen Begründung zu unterstellen scheint, daß der Sachverhalt selbstverständlich ist, bzw. es sein sollte. Die für das Kind naheliegendste Schlußfolgerung ist dann nicht nur, «daß etwas mit mir nicht stimmen kann, wenn mir die Schule keinen Spaß macht, sondern daß ich außerdem dumm sein muß, wenn ich nicht einmal die Freude begreifen kann, die alle anderen daran haben.» Eine andere, mögliche Folgerung ist: «Ich werde nicht so behandelt, wie die anderen Schüler, daher macht mir die Schule keinen Spaß.»

In herkömmlichen Unterrichtssystemen wurde der Lehrer als die Autorität anerkannt, die Art und Umfang des Pensums innerhalb eines Lehrplans bestimmen konnte. Im modernen Schulwesen wird krampfhaft versucht, seine Rolle zu demokratisieren. Dies führt in dieselbe Zwickmühle, in der sich die eingangs erwähnte Mutter verfangen hatte, deren kleiner Sohn seine Schulaufgaben nicht machen wollte. Von Erziehern darf man mit Fug und Recht Fachwissen auf dem Gebiet der Erziehung und in ihren Spezialfächern erwarten; es gibt jedoch keine «demokratische» Methode, mittels derer sie die Schüler zum Studium dieser Fächer anhalten können. Wenn es aber den Schülern überlassen bliebe, «demokratisch» zu entscheiden, was sie lernen oder nicht lernen, oder ob sie überhaupt zur Schule kommen wollen, so wäre das Ergebnis chaotisch. Dem Lehrer bleibt also nichts übrig, als zu subtilen Beeinflussungen der Schüler Zuflucht zu nehmen, indem er sie (und am besten auch sich selbst) überzeugt, daß es sich dabei um «Unterrichtsmethoden» handelt und nicht um indirekten Zwang – dem Anathema des gelobten Ideals der Spontaneität.

Persönliche Beziehungen sind ein weiteres, fruchtbares Gebiet, auf dem Paradoxien leicht und unversehens im Zuge versuchter Lösungen aller Arten von Schwierigkeiten auftreten können. Da wir Menschen uns nur in dem Maße wirklich fühlen, in dem unser Selbstbild von einem anderen bestätigt und damit sozusagen ratifiziert wird, und da diese Ratifizierung ihren Zweck nur dann erfüllen kann, wenn sie spontan erfolgt, könnte nur eine ideale Beziehung frei von paradoxen Komplikationen sein. Fast immer ist daher das Element der Kollusion wenigstens zu einem gewissen Grade mitbeteiligt, im Sinne einer stillschweigenden Übereinkunft: Sei *dies* für mich und ich werde *jenes* für dich sein. Wenn dieser «Etwas-für-etwas»-Handel, dieses *Quid pro quo* jeder Beziehung [56], nicht als unvermeidliche Gegebenheit angenommen wird, wenn die Partner vielmehr glauben, ihre Beziehung sollte über solche Abmachungen erhaben sein, so steht damit dem Aufkommen von Problemen nichts mehr im Wege. Freilich ist auch die Kollusion keine ideale Lösung. Im *Balkon,* vor allem im ersten Akt, entwirft Genet eine meisterhafte Skizze eines solchen abgekarteten Mikrokosmos. Es ist Madame Irmas Superbordell, in dem jeder Kunde den Partner bestellen kann, in Beziehung zu dem sich seine spießbürgerliche Existenz in halbwirkliche Träume menschlicher Größe verwandeln läßt – aber diese Erlebnisse sind eben nur halbwirklich, denn erstens ist dafür eine Gebühr zu entrichten, und ferner passieren immer wieder ärgerliche und ernüchternde Regiefehler, so etwa, wenn die gemieteten Partner ihre Rollen nicht in allen Einzelheiten erinnern. Die Zwecklosigkeit der Versuche, Wandel auf diese Weise zu erzwingen, und die auf Kollusion beruhenden zwischenpersönlichen Probleme wurden bereits von Laing [66] beschrieben.

Was besonders Ehekonflikte so schwer lösbar macht, ist, daß zu ihrer Lösung meist eine Änderung des ursprünglichen *Quid pro quo* notwendig ist. Selbstverständlich ist ein *Quid pro quo* niemals das Ergebnis rein bewußter Abmachungen; es handelt sich zwar um eine sehr detaillierte Übereinkunft darüber, welche

Verhalten in der Beziehung zulässig sind und welche nicht, doch sind diese ungeschriebenen Klauseln meist außerbewußt, und nur ihre Verletzung dringt sofort ins Bewußtsein der Partner. Sie werden dann versuchen, die so entstandenen Konflikte innerhalb des Rahmens ihres stillschweigenden Kontrakts zu lösen und verfangen sich dabei in einem selbsterzeugten Neun-Punkte-Problem. Denn was auch immer sie innerhalb des Rahmens versuchen, unterliegt dem 1. Gruppengesetz und läßt daher die Struktur ihrer Beziehung unverändert. Stillschweigende zwischenpersönliche Übereinkünfte dieser Art lassen sich nicht ein für allemal festlegen und beibehalten; selbst wenn sich keine anderen, zwingenden Gründe für Veränderungen ergäben, geht doch auf jeden Fall die Zeit über sie hinweg und macht sie anachronistisch. Die dann notwendig werdende Änderung muß sich auf das *Quid pro quo* selbst beziehen, muß also eine Veränderung zweiter Ordnung sein und nicht einfach eine Veränderung erster Ordnung innerhalb des Rahmens des anachronistisch gewordenen *Quid pro quo* – wo die Lösung von den Partnern aber meist versucht wird und in zunehmende Bitterkeit führt.

Wie wir aber schon wiederholt erwähnten, ist dieser Schritt von «innen» nach «außen» äußerst schwierig, und das Herbeiführen dieses Schrittes ist daher das Thema des 3. Teils dieses Buchs.

Teil III

Problemlösungen

7. Kapitel

Lösungen zweiter Ordnung

Der Weg hinaus ist durch die Tür.
Wie kommt es, daß niemand diesen Ausgang benützt?
Konfuzius

Was ist dein Ziel in der Philosophie? –
Der Fliege den Ausweg aus dem Fliegenglas zeigen.
Wittgenstein

Mythologien haben ein zähes Leben und die Mythologien des Wandels sind keine Ausnahme. Wenn man sich überlegt, welch allgegenwärtiger Bestandteil unserer Existenz der Wandel ist, könnte man naiverweise annehmen, daß das Wesen des Wandels und seiner Herbeiführung längst geklärt sein müßte. Doch das unmittelbarst Gegebene ist oft am schwersten zu begreifen, und diese Schwierigkeit trägt bekanntlich zum Entstehen von Mythologien bei. Unsere Theorie des Wandels ist natürlich selbst eine Mythologie. Wir glauben aber, daß – frei nach Orwell – einige Mythologien weniger mythologisch sind als andere; womit nur gesagt sein soll, daß sie eine größere praktische Bedeutung haben.

Als im Laufe unserer Arbeit mit menschlichen Problemen unsere Unzufriedenheit mit den herkömmlichen Mythologien des Wandels wuchs und wir uns entschlossen, das Wesen des Wandels möglichst von Grund auf anzugehen, entdeckten wir etwas, das rückblickend keineswegs überraschend ist: Wenn sich überhaupt jemand die Mühe genommen hatte, die greifbarsten Formen des Wandels zu untersuchen, so hinterließ er keine Aufzeichnungen. Wir meinen damit das Phänomen des spontanen Wandels, also jener Veränderungen und Lösungen, die sich alltäglich und wie von selbst, das heißt ohne die Hilfe von Fachleuten, ausgeklügelten Theorien und großen Anstrengungen, ergeben. In mehr als einer Hinsicht gemahnte dies an ein berühmtes Beispiel scholastischer Erforschung des Wesens der Dinge: Im 13. Jahrhundert versuchte die Universität von Paris das Problem, ob Öl in einer kalten Winternacht friert, durch Nachschlagen in den Schriften Aristoteles' zu lösen, statt einfach festzustellen, wie sich wirkliches Öl unter diesen Umständen wirklich verhält.

Als dies in unseren aristotelischen Köpfen dämmerte, begannen wir, bei Leuten Rat zu suchen, von denen wir annehmen konnten, daß sie mehr als wir über folgende Themen wußten: 1. die Phänomene spontanen Wandels, 2. die Lösungsmethoden, welche alltäglich von Leuten angewendet werden, die weniger als wir mit Mythologien und beruflichem Fachwissen vorbelastet sind, und 3. jene unerwarteten Lösungen, die Fachleuten in ihrer Arbeit sozusagen unterlaufen, für die die betreffenden Theorien aber keine Erklärung bieten. Dies brachte uns in Berührung mit Barmännern, spontan remittierten Neurotikern, Vertretern, Ladendetektiven, Finanzberatern, Lehrern, Bewährungshelfern, Linienpiloten, Polizisten mit einem Talent für die Entschärfung brisanter Situationen, einigen eher charmanten Gaunern, erfolglosen Selbstmördern, Psychotherapeuten – und sogar einigen Eltern. Die Idee schien gut, aber die Ergebnisse waren dürftig. Wir fanden (was rückblickend nicht gerade überraschend ist), daß ein Talent für ungewöhnliche Problemlösungen meist Hand in Hand mit der Unfähigkeit geht, sich selbst darüber ins klare zu kommen, geschweige denn anderen zu erklären, welche Überlegungen zu diesen Lösungen führen. Als nächstes entdeckten wir, daß wir selbst in unserer Arbeit «irgendwie» solche Lösungsmethoden anzuwenden pflegten, und dies legte es uns nahe, daß wir dabei auf gemeinsame, grundlegende Annahmen zurückgriffen. So ergab es sich nicht selten, daß wir alle die erste Sitzung mit einem neuen Patienten beobachteten und dann ohne gemeinsame Absprachen zu denselben Empfehlungen für die Behandlung des Falles kamen – Empfehlungen, die unseren häufigen Besuchern unverständlich und unerklärbar schienen. Wenn wir dann versuchten, diesen Kollegen die Gründe für die betreffende Behandlungsstrategie zu erklären, fanden wir es sehr schwierig, ihnen die theoretische Basis unserer Entscheidungen und Maßnahmen auseinanderzulegen [1].

---

[1] Erst langsam wurde es uns klar, daß dieser Sachverhalt unmittelbar mit der hierarchischen Struktur von Sprache, Kommunikation, Lernen, usw. zusammenhängt. Wie im 1. Kapitel erwähnt, kann eine Erklärung nur von einem Abstraktionsgrad her erfolgen, der eine Stufe höher als

Doch obwohl unsere Gewährmänner nicht unmittelbar zur Formulierung einer Theorie des Wandels beitrugen, waren ihre Beispiele doch nützlich und bestärkten unseren Verdacht, daß spontaner Wandel und spontane Lösungen sehr wenig damit zu tun haben, was sie auf Grund bestehender Theorien angeblich sind. Zum Beispiel:

Ein vierjähriges Mädchen begann am ersten Tage seines Kindergartenbesuches so heftig zu weinen, als sich die Mutter zum Weggehen anschickte, daß diese keine andere Wahl hatte, als beim Kind zu bleiben. Dasselbe wiederholte sich auch an den folgenden Tagen und machte es der Mutter, im Gegensatz zu allen anderen Müttern, unmöglich, ihr Kind einfach in den Kindergarten zu bringen und dort zu lassen. Verständlicherweise wurde die Lage dadurch für die Mutter zu einer schweren zeitlichen und gefühlsmäßigen Belastung. Nach einigen Wochen war die Mutter aus uns unbekannten Gründen eines Morgens verhindert, und der Vater lieferte die Kleine in der Schule ab und fuhr darauf zur Arbeit. Das Kind begann wie üblich zu weinen, beruhigte sich aber rasch, und dabei blieb es auch am nächsten Morgen, als die Mutter es wieder zur Schule brachte[2].

Das nächste Beispiel ist das eines Ehepaars, dessen Geschlechtsverkehr im Laufe der Zeit immer seltener geworden war und schließlich ganz aufgehört hatte. Nach einigen Monaten völliger gegenseitiger Vermeidung unternahmen sie eine Ferienreise, in deren Verlauf sie eine Nacht im Hause eines Freundes verbrach-

---

das zu Erklärende ist. Erklärungen auf derselben Stufe sind unmöglich; sie können nur in einer Metasprache ausgedrückt werden, doch existiert eine solche Metasprache in menschlicher Kommunikation nicht. Auf unser Thema bezogen bedeutet dies, daß die Herbeiführung einer Lösung und eine Mitteilung *über* diese Lösung zwei grundverschiedene Dinge sind. In der Psychotherapieforschung stellt es sich immer wieder heraus, daß gerade besonders begabte und intuitive Therapeuten zwar genau zu wissen glauben, worin das Wesen ihrer erfolgreichen Therapie liegt, daß aber ihre Erklärungen theoretisch wie praktisch oft unhaltbar sind. Umgekehrt sind begabte Schriftsteller oft überrascht und sogar verärgert über die tieferen Bedeutungen, die andere in ihre Werke hineinlesen. Erstere glauben also zu wissen, wissen es aber nicht, während letztere mehr zu wissen scheinen, als sie zugeben – was uns zurück zu Laing bringt: Wenn ich nicht weiß, daß ich nicht weiß, glaube ich zu wissen. Wenn ich nicht weiß, daß ich weiß, glaube ich nicht zu wissen.

[2] Man kann sich mit Fug und Recht fragen, wie dieser Fall verlaufen

ten. Im dortigen Gästezimmer stand das Bett in einer Ecke und war daher nur von einer Längsseite her zugänglich, während ihr eigenes Doppelbett daheim nur mit dem Kopfende die Wand berührte und beide daher von ihrer eigenen Seite ans Bett herankonnten. Im Laufe der Nacht mußte der Mann, der an der Wand schlief, aufstehen. Schlaftrunken versuchte er zuerst, das Bett wie gewohnt an seiner Seite zu verlassen, stieß dabei gegen die Wand, erinnerte sich, wo er war, und begann, über seine Frau hinwegzusteigen. Dabei wurde es ihm – in seinen eigenen Worten – bewußt, daß hier eine Chance lag, und es kam zum Geschlechtsverkehr. Dies brach das Eis und die Geschlechtsbeziehung der beiden setzte sich von dieser Nacht an mit normaler Frequenz fort. Ohne nach dem Grund dieser Veränderung zu forschen, wollen wir nur hervorheben, daß sie das Ergebnis eines rein zufälligen und an sich bedeutungslosen Vorfalls war – eines Vorfalls, dessen absichtliche Herbeiführung wohl kaum dem Armamentarium eines Psychotherapeuten angehört.

Ein weiteres Beispiel ist das eines unverheirateten Mannes mittleren Alters, dessen sehr zurückgezogenes Leben durch eine Agoraphobie kompliziert wurde. Da sich sein angstfreies Territorium dauernd verkleinerte, war es ihm schließlich nicht nur unmöglich, seiner Arbeit nachzugehen, sondern er fand sich auch von seiner unmittelbaren Nachbarschaft und damit von den alltäglichsten Erledigungen und Einkäufen abgeschnitten. Jeder Versuch, die immer engere Einkreisung zu sprengen, führte zu

---

wäre, wenn der schulpsychologische Dienst eine Chance gehabt hätte, sich seiner anzunehmen. Höchstwahrscheinlich wäre die Diagnose einer Schulphobie gestellt worden, und je nach der theoretischen Orientierung des Psychologen hätten sich seine Bemühungen auf die prägenitale Fixierung des Kindes, auf das neurotische Bedürfnis der Mutter, die symbiotische Bindung zur Tochter aufrechtzuerhalten, auf die bei genügend tiefer Exploration sicherlich zutage kommenden Eheschwierigkeiten der Eltern, oder irgendwelche ähnliche Kausalfaktoren konzentriert. Geriete die Tochter im Alter von zwanzig Jahren dann in Lebensschwierigkeiten, so hätte sie eine bis weit in die Kindheit zurückreichende Krankengeschichte, was ihre Prognose eo ipso verschlechtern würde, usw. Selbstverständlich lassen sich alle Arten von Einwänden gegen die Einfachheit dieser Spontanlösung machen. Einer der naheliegendsten ist der Zirkelschluß, daß gerade die Einfachheit ein Beweis dafür ist, daß keine «wirkliche» Phobie vorlag. Der an diesem Argument interessierte Leser ist zum Beispiel an Salzman [86] verwiesen.

buchstäblicher Todesangst. In seiner Verzweiflung entschloß er
sich, Selbstmord zu verüben, stieg in seinen Wagen und fuhr in
Richtung auf einen 50 Kilometer entfernten Aussichtsberg los –
überzeugt, daß schon nach kurzer Fahrt ein Herzschlag oder
dergleichen seinem Elend ein Ende setzen würde. – Der Leser
hat das Ende der Geschichte vermutlich bereits erraten: Zu seinem unbeschreiblichen Erstaunen kam er nicht nur lebend auf
dem Berggipfel an, sondern fand sich zum ersten Mal seit vielen
Jahren angstfrei. Seine Phobie ist in den letzten acht Jahren
nicht nur nicht zurückgekehrt, sondern es ist ihm (wie der nun
mit ihm zusammenarbeitende Psychiater verbürgt) gelungen,
mehreren anderen, schwer phobischen Patienten mit derselben
Methode weitgehend zu helfen.

Ein weiteres Beispiel, das uns offensichtlich nicht direkt mitgeteilt wurde, sei hier deswegen erwähnt, weil es von derselben
Art von Lösung handelt, die wir in diesem Kapitel untersuchen.
Während einer der im 19. Jahrhundert häufigen Unruhen in
Paris erhielt der Kommandant einer Gardeabteilung den Befehl,
einen Platz durch Gebrauch der Schußwaffe von der dort demon-
strierenden *canaille* zu räumen. Er befahl seinen Leuten, durch-
zuladen und die Gewehre auf die Demonstranten anzuschlagen.
Während die Menge vor Entsetzen erstarrte, zog er seinen Säbel
und rief mit schallender Stimme: «Mesdames, m'sieurs, ich habe
den Befehl, auf die canaille zu schießen. Da ich vor mir aber
eine große Anzahl ehrenwerter Bürger sehe, bitte ich sie, weg-
zugehen, damit ich unbehindert auf die canaille feuern kann.»
Der Platz war in wenigen Minuten leer.

Haben diese Beispiele einen gemeinsamen Nenner? Oberflächlich besehen, nein. In den ersten beiden Beispielen wird die
Veränderung durch einen unbedeutenden Zufall ausgelöst; im
dritten durch einen Akt der Verzweiflung; im letzten dagegen
durch eine Art massenpsychologischen Trick. Was sie aber gemeinsam haben und was sie alle zu Lösungen zweiter Ordnung
macht, ist, daß in jedem dieser vier Fälle die entscheidende Maßnahme (wissentlich oder unwissentlich) sich gegen die versuchte
Lösung und nicht gegen die *Schwierigkeit selbst* richtet: 1. Der
Mutter bleibt als scheinbar einzige Lösung nichts anderes übrig,
als Tag für Tag bei ihrem Kind im Kindergarten zu bleiben. Obwohl diese Maßnahme relativ erfolgreich ist und das Unange-

nehmste verhindert, handelt es sich dabei doch nur um eine Veränderung erster Ordnung, durch die das Problem als solches ungelöst *und unlösbar* bleibt. Auf diese Art verschärft sich die ursprüngliche Anpassungsschwierigkeit des Kindes zu einem Problem. Die Abwesenheit der Mutter an jenem einen Morgen aber führt auch zur Unterbrechung des bisherigen Lösungsversuchs und das Interaktionssystem dieser Familie reorganisiert sich auf der Grundlage einer neuen Prämisse.

2. Die Schwierigkeiten des Ehepaares waren vermutlich zunächst durch die zunehmende Monotonie ihres Sexlebens bedingt. Dies führte zu immer längeren Perioden gegenseitiger Vermeidung und damit zu geringerer Häufigkeit ihres Verkehrs; die geringere Häufigkeit begann, ihnen Sorgen zu machen, und die Sorgen wiederum veranlaßten sie, einander noch mehr zu meiden. Die sich im Gästezimmer des Freunds ergebende Situation verursachte eine Veränderung zweiter Ordnung, indem sie den Teufelskreis der bisher versuchten Lösung (die gegenseitige Vermeidung) brach. Was dabei auffällt – und im Verlauf unserer Ausführungen näher behandelt werden soll – ist, daß diese Veränderung keinerlei unmittelbare Wirkung darauf hatte, was traditionellerweise als ihr «wirkliches» Problem gelten würde.

3. Im Falle des Agoraphobikers ist es besonders offensichtlich, daß seine «Lösung» das Problem ist. Erst als er allem gesunden Menschenverstand zum Trotz es aufgibt, sein Problem durch Verweilen in seinem angstfreien Territorium zu lösen, löst dieses Aufgeben des Lösungsversuchs sein Problem.

4. Der Offizier hat eine drohende Menge vor sich. In der für Veränderungen erster Ordnung typischen Weise lautet sein Befehl, Gewalt mit Gewalt, also mit «mehr desselben» zu begegnen. Da seine Leute bewaffnet sind und die Menge nicht, bestehen kaum Zweifel, daß «mehr desselben» Erfolg haben wird. Aber im weiteren Kontext wäre diese Lösung nicht nur keine Lösung, sondern sie würde die bestehende Unruhe noch weiter anfachen. Durch sein geschicktes Vorgehen bewirkt der Offizier eine Veränderung zweiter Ordnung; er hebt die Situation aus dem Rahmen heraus, der bis zu diesem Augenblick sowohl ihn wie auch die Demonstranten enthielt und erzielt damit eine für alle Beteiligten annehmbare *Umdeutung* der Situation. Der Erfolg dieser Umdeutung ist, daß nun sowohl die ursprüngliche

Drohung als auch die drohende «Lösung» getrost ignoriert werden können.

Das bisher Gesagte kann wie folgt zusammengefaßt werden:

1. Lösungen zweiter Ordnung werden auf Lösungen erster Ordnung angewandt, wo diese nicht nur keine Lösung herbeiführen, sondern selbst das zu lösende Problem sind.

2. Während Lösungen erster Ordnung sich meist auf «gesunden Menschenverstand» gründen (zum Beispiel auf das «mehr desselben»-Rezept), scheinen Lösungen zweiter Ordnung häufig absurd, unerwartet und vernunftswidrig; sie sind ihrem Wesen nach überraschend und paradox.

3. Daß Lösungen zweiter Ordnung sich auf problemerzeugende Pseudolösungen beziehen, bedeutet ferner, daß damit die zu lösenden Probleme *jetzt* und *hier* angegangen werden. Was dabei verändert wird, sind die Wirkungen und nicht die vermeintlichen Ursachen der betreffenden Situation; die entscheidende Frage ist daher *was?* und nicht *warum?*

4. Lösungen zweiter Ordnung heben die zu lösende Situation aus dem paradoxen, selbstrückbezüglichen Teufelskreis heraus, in den sie die bisherigen Lösungsversuche geführt haben, und stellen sie in einen neuen, weiteren Rahmen (wie das buchstäblich bei der Lösung des Neun-Punkte-Problems der Fall ist).

Von diesen vier Grundsätzen wurde der erste bereits eingehend im zweiten Teil dieses Buchs behandelt; und der zweite, der sich auf die dem gesunden Menschenverstand anscheinend hohnsprechende Natur von Lösungen zweiter Ordnung bezieht, wurde im 2. Kapitel erwähnt. Strittig, wie diese beiden ersten Grundsätze sein mögen, sind sie unserer Erfahrung nach immer noch akzeptabler als der dritte, der am entschiedensten seitens derer abgelehnt wird, die sich beruflich mit der Herbeiführung von Wandel und Lösungen befassen. Dies erfordert, daß wir näher auf ihn eingehen:

In der Geschichte der Wissenschaft spielt die Frage *warum?* eine zentrale, ja sogar dogmatische Rolle, denn schließlich befaßt sich die Wissenschaft ja mit Erklärungen. Prüfen wir nun folgenden Satz: «Wir sind nicht kompetent, zu erklären, *warum* wissenschaftliches Denken in der gültigen Erklärung eines Sachverhalts eine Vorbedingung für seine Veränderung sieht: es besteht aber kein Zweifel, *daß* dies der Fall ist.» Dieser Satz bezieht sich auf das hier zur Frage stehende Prinzip und ist gleichzeitig ein Beispiel dafür. In anderen Worten: man kann sich der Tatsache bewußt sein, daß die Frage *warum?* gestellt wird und wissenschaftliche Methoden und Ergebnisse beeinflußt, ohne deshalb notwendigerweise wissen zu müssen, *warum* sie gestellt wird. Es ist durchaus möglich, eine jetzt und hier bestehende Sachlage zu erfassen, ohne unter Umständen jemals zu verstehen, wie sie sich herausbildete, und wir können trotz des Nichtverstehens ihres Ursprungs und ihrer Entwicklung dennoch etwas mit ihr (oder für sie) tun. In diesem Fall aber fragen wir nicht *warum?*, sondern *was? – was* geht jetzt und hier vor sich? [3] So tief aber ist wissenschaftliches Denken vom Mythus durchdrungen, daß die Lösung eines Problems vom Verständnis seines *warum* abhängt, daß jeder Versuch, Probleme nur in Begriffen ihrer gegenwärtigen Strukturen und Wirkungen zu untersuchen, meist als Oberflächlichkeit verworfen wird. Und dennoch glauben wir, daß wir uns mit der Postulierung dieses Prinzips in guter Gesellschaft befinden. Es ist keineswegs unsere Entdeckung; wir können nur Anspruch darauf erheben, im Laufe unserer Arbeit sozusagen darüber gestolpert zu sein. Erst langsam wurde uns klar, daß es schon längst, wenn auch in anderen Zusammenhängen, postuliert worden war.

Eine Quelle ist Wittgenstein, dessen Werk wir bereits mehrfach erwähnten. In seinen *Philosophischen Untersuchungen* stellt er sich entschieden gegen Erklärungen und deren Grenzen: «Erklärungen haben irgendwo ein Ende. – Was ist aber die Bedeutung des Wortes 'fünf'? – Von einer solchen war hier gar nicht die Rede; nur davon, wie das Wort 'fünf' gebraucht wird» [112], stellt er eingangs fest; und im selben Werk dann nimmt er dieses Thema nochmals auf und gibt ihm eine Formulierung, die über die Abstraktionen der Sprachphilosophie hinaus für die uns naheliegenden Themen gültig ist: «Wenn wir die

---

[3] Es ist erstaunlich, wie selten die Frage *was?* in zwischenmenschlichen Situationen tatsächlich gestellt wird. Statt dessen wird meist entweder das Wesen einer Situation als evident vorausgesetzt oder aber in Begriffen des *warum* beschrieben und erklärt – also unter Bezugnahme auf Ursprung, Gründe, Anlässe, usw., und nicht in bezug auf jetzt und hier beobachtbare Wirkungen.

Frage 'warum' unterdrücken, werden wir oft erst der wichtigen *Tatsachen* gewahr, die dann in unseren Untersuchungen zu einer Antwort führen» [115]. Für den späteren Wittgenstein wird die Frage selbst das eigentliche Fragwürdige; ein Gedanke, der mit unseren praktischen Erfahrungen durchaus vereinbar ist und den er bereits in seinem wichtigsten Frühwerk, den *Logisch-Philosophischen Abhandlungen,* erwähnt:

> Wir fühlen, daß, selbst wenn *alle möglichen* wissenschaftlichen Fragen beantwortet sind, unsere Lebensprobleme noch gar nicht berührt sind. Freilich bleibt dann eben keine Frage mehr; und eben dies ist die Antwort [109].

Zum selben Thema brauchen wir die Mathematik nur ganz kurz zu streifen. Auch sie fragt nicht *warum?* und ist doch der Königsweg zu streng folgerichtigen Ableitungen und ideenreichen Lösungen. Mathematische Sätze lassen sich am besten als zusammenhängende Elemente innerhalb eines Systems verstehen, während das Verständnis ihres Ursprungs und ihrer Ursachen für das Verstehen ihrer Bedeutung nicht nur nicht notwendig, sondern sogar irreführend sein kann.

Ein anderes Gebiet, auf dem Kausalerklärungen eine untergeordnete Rolle spielen, ist die Kybernetik. Zum allgemeinen Thema des Wandels, und jenem der Transformationen im besonderen, hat Ashby folgendes zu sagen:

> Man bemerke, daß die Transformation weder unter Bezugnahme darauf definiert wird, was «wirklich» vorliegt, noch unter Bezugnahme auf eine physische Ursache des Wandels, sondern vielmehr dadurch, daß eine Gruppe von Operanden angegeben und dazu festgestellt wird, welche Veränderung jeder von ihnen erfährt. Die Transformation hat damit zu tun, *was* eintritt und nicht, *warum* es eintritt [12].

Und schließlich, um vom Abstrakten mehr aufs Praktische zu kommen, finden wir Beispiele für die Zulässigkeit der Vernachlässigung des *warum?* zugunsten des *was?* auf dem Gebiet der Black-Box-Methode in der Elektronik. Der Begriff entstand im Zweiten Weltkrieg und bezog sich damals auf ein bestimmtes Vorgehen bei der Untersuchung erbeuteten Feindgeräts, das wegen der möglicherweise darin enthaltenen Sprengladungen nicht geöffnet werden konnte. In diesen Fällen mußte man sich darauf beschränken, dem Gerät bestimmte Strommengen und -stärken zuzuführen und dann seine Ausgabewerte zu messen, oder in anderen Worten, seine Input-Output-Relation festzustellen. Auf diese Weise war es möglich, herauszufinden, *was* das Gerät tat, ohne deswegen notwendigerweise auch zu wissen, *warum*. Diese Form der Untersuchung wird heute in allgemeinerer Form auf elektronische Systeme angewandt, die so komplex (wenn auch dem menschlichen Gehirn noch weit unterlegen) sind, daß es praktischer ist, ihre Input-Output-Relationen statt ihrer «wirklichen» Beschaffenheit zu untersuchen.

Wie bereits erwähnt, ist der Widerstand gegen die Außerachtlassung des *warum?* zugunsten des *was?* am hartnäckigsten dort, wo es sich um menschliches Verhalten und menschliche Probleme handelt. Wie, so lautet die Fragestellung meist, können wir die unleugbare Tatsache übersehen, daß die gegenwärtigen Verhaltensweisen eines Menschen ihre Ursachen in der Vergangenheit haben? Und wie kann eine Maßnahme, die diese Ursachen in der Vergangenheit unberücksichtigt läßt, einen dauerhaften Wandel in der Gegenwart hervorrufen? Und doch sind es gerade diese Fragen, die ihrerseits durch die Erforschung der Phänomene des Wandels – vor allem jener des spontanen Wandels – in Frage gestellt werden. Nicht nur klinische, sondern auch die alltägliche Erfahrung läßt wenig Zweifel darüber, daß es nicht nur Wandel ohne Einsicht in das Wesen des Wandels gibt, sondern daß eine solche Einsicht nur wenige individuelle oder gesellschaftliche Wandlungen begleitet, geschweige denn ihnen als conditio sine qua non vorausgeht. Es ist zum Beispiel durchaus möglich, daß die Schwierigkeiten des Schlaflosen ihre Ursachen in seiner Kindheit haben, daß etwa seine müde, nervöse Mutter ihn angeschrien haben mag, doch endlich zu schlafen und aufzuhören, ihr lästig zu fallen. Doch während eine solche Einsicht in die Genese der gegenwärtigen Schwierigkeit eine überaus plausible und intellektuell befriedigende *Erklärung* liefern mag, so trägt sie meist wenig, wenn überhaupt, zu ihrer *Lösung* bei [4].

---

[4] Empirische Feststellungen dieser Art brauchen durchaus nicht im Widerspruch zu allgemeineren Überlegungen zu stehen, sofern letztere nur bis zu ihrer logischen Konsequenz durchgedacht werden. In bezug auf unser Thema bestehen zwei Möglichkeiten: (1) Die Kausalbedeutung der Vergangenheit ist lediglich ein faszinierender, aber unzutreffender Mythus. In diesem Falle stellt sich als einzige die rein pragmatische

Auf Grund unserer Erfahrungen mit gezielten Interventionen in menschliche Probleme beruht für uns das zweckmäßigste Vorgehen nicht auf der Frage *warum?*, sondern *was?*; das heißt, was tun die Betreffenden jetzt und hier, wodurch das Problem erhalten und womöglich erschwert wird, und was kann jetzt und hier getan werden, um es zu lösen? In dieser Sicht liegt der einzig bedeutsame Unterschied zwischen dem befriedigenden und dem unbefriedigenden Funktionieren eines Systems (also eines Individuums, einer Familie, einer Gesellschaft) darin, entweder aus sich selbst die Voraussetzungen einer Lösung zu erzeugen, oder in einem Spiel ohne Ende verfangen zu bleiben. Wie wir bereits gesehen haben, ist im letzteren Falle die versuchte Lösung selbst das zu lösende Problem. Und wie wir nun sehen können, ist die Suche nach den Ursachen in der Vergangenheit eben eine solche, sich selbst verunmöglichende «Lösung». In der Psychotherapie ist es der Mythus von der Entdeckung des Warum als Vorbedingung eines Wandels, der den Wandel unmöglich macht. Die Suche nach den Ursachen – sei es seitens des Therapeuten, des Patienten oder beider – kann nur zu *mehr derselben* Suche führen, solange das Ausbleiben eines Wandels den Teufelskreis der Annahme schließt, daß die gewonnene Einsicht noch nicht tief genug ist, um Wandel durch Einsicht herbeizuführen. Aber

Frage: Wie kann eine erwünschte Veränderung gegenwärtigen Verhaltens am besten erzielt werden? 2. Die Vergangenheit wirkt sich tatsächlich kausal auf gegenwärtiges Verhalten aus. Da sie aber offensichtlich nicht mehr geändert werden kann, sind wir entweder gezwungen, alle Hoffnung auf Wandel fahren zu lassen, oder aber anzunehmen, daß sie – wenigstens in gewissen wichtigen Hinsichten – ihren Einfluß auf das gegenwärtige Verhalten eines Menschen nur in Form seiner gegenwärtigen Deutung vergangener Ursachen ausübt. Wenn dem so ist, so liegt die Kausalbedeutung der Vergangenheit aber nicht länger in der Frage, was «wahr» ist und was damals «wirklich» vorfiel, sondern ist nur eine Form des Rückblicks auf die Vergangenheit aus einer vermutlich großen Zahl solcher möglicher Perspektiven. Dann aber besteht kein zwingender Grund, der Vergangenheit ein Primat der Bedeutung oder der Kausalität über die Gegenwart zuzuschreiben; was ferner bedeutet, daß eine Verschiebung der Perspektive, in der die Vergangenheit gesehen wird, lediglich *eine* vieler möglicher Formen der Beeinflussung gegenwärtigen Verhaltens darstellt. Und in diesem Falle stehen wir wiederum vor der einzig sinnvollen, nämlich der pragmatischen Frage: Wie kann eine erwünschte Veränderung gegenwärtigen Verhaltens am besten erzielt werden?

weder das kleine Mädchen noch die Eltern gewannen oder benötigten irgendeine Einsicht in die Ursachen des Problems, mit dem sie sich eine Zeitlang herumzuschlagen hatten. In ähnlicher Weise ergab sich die Remission des Agoraphobikers ohne sein Verständnis des Ursprungs oder der Bedeutung seines Symptoms vor, während oder nach seiner Lösung, genauso wie dieser Mann anscheinend niemals ein tieferes (zum Beispiel theoretisches) Verständnis der Hilfe gewann, die er dann seinen Leidensgenossen geben konnte.

Wir sind nun in der Lage, die ersten, praktischen Hinweise auf Lösungen zweiter Ordnung zu geben. Zunächst nochmals zum Problem des Schlaflosen: Wir haben gesehen, wie er durch die Fehllösung einer alltäglichen Schwierigkeit zum Patienten wurde und wie er sich mit dieser Fehllösung selbst eine «Sei spontan!»-Paradoxie auferlegte. Vielen dieser Patienten kann verhältnismäßig rasch durch eine scheinbar absurde, paradoxe Verhaltensaufforderung geholfen werden, etwa indem man sie veranlaßt, mit offenen Augen im Bett zu liegen und sie nicht zu schließen, bevor sie einschlafen. Ganz offensichtlich richtet sich eine derartige Intervention nicht gegen die ursprüngliche Schläflosigkeit, sondern bringt eine Lösung auf der *Meta*stufe zustande, wo die Lösungsversuche des Patienten seine «Sei spontan!»-Paradoxie erzeugt haben (und wo seine Schlaflosigkeit sekundär durch Medikamente und andere, auf «gesundem Menschenverstand» beruhende Maßnahmen am Leben erhalten wird). Der Patient kann ja nicht *nicht* schlafen wollen, genau wie es unmöglich ist, absichtlich *nicht* an eine bestimmte Sache zu denken, und diese Denktätigkeit macht paradoxerweise das Einschlafen unmöglich – es sei denn, der Patient sei der Selbsthypnose fähig, in welchem Falle er aber kaum an Schlaflosigkeit leiden dürfte. Die Aufgabe der Veränderung zweiter Ordnung ist daher: Wie kann er daran gehindert werden, einschlafen zu wollen? – und nicht wie man vernünftigerweise fragen könnte: Wie kann ihm das Einschlafen ermöglicht werden?

Oder betrachten wir das Beispiel eines Phobikers, den seine Angst, ohnmächtig zu werden oder zu ersticken, am Betreten hellerleuchteter, menschenerfüllter Warenhäuser hindert. Zu erst mag er nichts Schwerwiegenderes erlebt haben, als ein vorübergehendes Unwohlsein, einen zufälligen Blutzuckermangel oder Schwindelanfall, als er das Kaufhaus betrat. Als er sich einige Tage später wieder anschickte, hinzugehen, dürfte die Erinnerung an den ersten Vorfall noch frisch in seinem Gedächtnis gewesen sein und ihn veranlaßt haben, sich «zusammenzunehmen» und sich gegen eine Wiederholung der ursprünglichen Panik zu wappnen – worauf die Panik prompt wieder eintrat. Verständlicherweise erlebt man sich in einer solchen Lage als Spielball innerer Kräfte von solch überwältigender Spontaneität, daß dagegen nur eine völlige Vermeidung der Situation, kombiniert vielleicht mit regelmäßiger Einnahme von Beruhigungsmitteln, als einzig mögliche Lösung erscheint. Doch Vermeidung ist nicht nur keine Lösung und erhält nicht nur die Situation, gegen die sie angewandt wird, sondern sie *ist* das Problem, und man ist damit in einer Paradoxie gefangen. In solchen Fällen liegt die Lösung in der Einführung einer Gegenparadoxie; also zum Beispiel in der Anweisung an den Betroffenen, in das Kaufhaus hineinzugehen und absichtlich in Ohnmacht zu fallen, gleichgültig, ob ihn in diesem Augenblick seine Angst bereits überwältigt oder nicht. Da er, um dies zuwegezubringen, eine Art Yogi sein müßte, kann man es ihm als nächste Maßnahme zur Auflage machen, so weit in das Kaufhaus hineinzugehen wie er will, jedoch unbedingt einen Meter vor jenem Punkt stehenzubleiben, an dem ihn seine Angst übermannen würde[5]. Im einen wie im anderen Falle wendet sich die Intervention also gegen die versuchte Lösung und eine Veränderung zweiter Ordnung wird dadurch möglich[6]. In ähnlichem Sinne liegt die (wenn auch vorläufig unbeweisbare) Annahme nahe, daß die Legalisierung des Marijuanarauchens, dessen Schädlichkeit kaum bestreitbar, aber nicht größer als die anderer weitverbreiteter

---

[5] Hierzu sei erwähnt, daß Patienten auch sehr absurde und ausgefallene Verhaltensverschreibungen nicht nur meist annehmen, sondern sich nicht selten darüber belustigt zeigen, als würde ihnen in diesem Augenblick die ganze Ambivalenz der komischen und gleichzeitig tief ernsten Natur der Paradoxie bewußt.

[6] Wenn der folgende Vergleich auch an den Haaren herbeigezogen scheinen dürfte, so besteht doch eine wesentliche Analogie zwischen dem Vermeidungsversuch des Phobikers und dem Verbot der Pornographie: in beiden Fällen wird aus einer Schwierigkeit ein Pseudoproblem gemacht, und in beiden Fällen verschwindet das Pseudoproblem zusammen mit dem Aufgeben der Pseudolösung.

Genußgifte sein dürfte, nicht nur seine Verbreitung einschränken, sondern fast über Nacht mit den komplexen und gegenläufigen Folgen des gesetzlichen Verbots aufräumen würde, das viele Fachleute ohnehin für ein «Heilmittel» halten, welches schlimmer als das zu heilende Übel ist.

Das schwer zu fassende zwischenpersönliche Phänomen des Vertrauens eignet sich ebenfalls für die Anwendung von Lösungen zweiter Ordnung. Die ideale Beziehung eines zu Bewährungsfrist Verurteilten zu seinem Bewährungshelfer wäre natürlich die völligen Vertrauens, eben weil idealerweise der Bewährungshelfer mit Rat und Tat die Einhaltung der Bewährungsbedingungen erleichtern soll und daher über alle Einzelheiten des Lebens seines Schützlings unterrichtet sein muß. Beide aber wissen nur zu gut, daß der Bewährungshelfer gleichzeitig auch der Vertreter der Staatsgewalt ist und die Pflicht hat, jede Verletzung der Bewährungsbedingungen dem Gericht zu melden. Unter diesen Umständen wäre es nicht sehr überzeugend, wenn er seinem Klienten einzureden versuchte, ihm voll zu vertrauen. Vertrauen ist ganz offensichtlich eine Haltung, die man auf Verlangen weder von einem anderen erhalten, noch in sich hervorrufen kann. Bei der Ausbildung von Bewährungshelfern in der Anwendung paradoxer Techniken legen wir es ihnen daher nahe, die Beziehung zu ihren Probanden von Anfang an insofern paradox zu definieren, indem sie ihnen nahelegen: «Sie sollten mir nie voll vertrauen oder alles mitteilen.» Dem Leser dürfte die grundlegende Ähnlichkeit zwischen dieser Beziehungsdefinition und dem berühmten Satz Epimenides' nicht entgehen – nur daß im vorliegenden Falle das Ergebnis nicht ein unendlicher Regreß von Behauptungen und Verneinungen ist, sondern die pragmatische Lösung eines sonst hoffnungslos paradoxen Sachverhalts. Die Mitteilung des Bewährungshelfers macht ihn in eben jenem Grade vertrauenswürdig, in dem er sich vertrauensunwürdig erklärt hat, und die Grundlage für eine ihrem Zwecke entsprechende Beziehung ist damit gelegt.

Ein weiteres Beispiel jenes fast unerschöpflichen Themas der Herstellung von Vertrauen und der dabei stets möglichen Fehlentscheidungen findet sich in Chruschtschows (möglicherweise apokryphen) Memoiren, und zwar dort, wo er vom Absprung Stalins Tochter nach dem Westen spricht. Nachdem er ihren

Entschluß zuerst bitter kritisiert, verweist er auch auf die andere Seite der Affäre:

Die ganze Angelegenheit hat aber noch eine andere Seite. Sie beging zwar eine Dummheit, doch wurde auch Swetlanka dumm behandelt – dumm und roh. Nach der Bestattung ihres Mannes ging sie anscheinend zu unserer Botschaft in Neu Delhi. Damals war Benediktow unser Botschafter dort. Ich kenne ihn. Er ist ein sehr engherziger Mann. Swetlanka sagte, sie wolle gern einige Monate in Indien bleiben. Benediktow jedoch riet ihr, unverzüglich in die Sowjetunion zurückzukehren. Das war ein törichtes Verhalten. Wenn ein sowjetischer Botschafter einem Bürger der Sowjetunion nahelegt, unverzüglich nach Hause zurückzukehren, macht dies den Betreffenden argwöhnisch. Swetlanka kannte sich in dieser Hinsicht mit unseren Gepflogenheiten besonders gut aus. Sie wußte, es bedeutete, daß man ihr nicht traute.

Und Chruschtschow zeigt dann, daß er sehr wohl weiß, wie solche Probleme des Vertrauens in paradoxer Weise gelöst werden können, denn er fährt fort:

Wie hätte man sich verhalten sollen? Ich bin überzeugt, wenn man sie anders behandelt hätte, wäre die leidige Geschichte nie passiert: Als Swetlanka in der Botschaft erschien und sagte, sie wolle zwei oder drei Monate in Indien bleiben, hätte man ihr sagen sollen: «Swetlanka Josifowna, warum nur drei Monate? Lassen Sie sich ein Visum für ein Jahr geben oder für zwei oder sogar drei Jahre. Sie können ein Visum bekommen und hier leben. Sie können in die Sowjetunion zurückkehren, wann immer Sie es wünschen.» Wenn man ihr freie Wahl gelassen hätte, würde sie das wieder aufgerichtet haben. Man hätte ihr zeigen sollen, daß man ihr vertraute [93].

Alle diese Beispiele haben dieselbe Struktur: Ein Zustand z besteht oder ist im Begriffe, einzutreten, doch ist z unerwünscht. Im Einklang mit dem vierten Gruppengesetz legt der sogenannte gesunde Menschenverstand die Behebung oder Vermeidung von z durch die Herbeiführung seines Gegenteils nahe, also des inversen Gruppenelements «nicht-z». Damit wird aber nur eine Veränderung erster Ordnung erreicht, die in den vorliegenden Fällen eine Pseudolösung darstellt. Solange die Lösung nämlich innerhalb der Dichotomie von z und nicht-z gesucht wird, ist der Suchende in einer *Illusion der Alternativen* [105] gefangen und bleibt in ihr gefangen, ob er sich nun für die eine oder die andere Alternative entscheidet. Was nämlich sein Dilemma verewigt und es ihm unmöglich macht, die der Vernunft scheinbar widersprechende Lösung zweiter Ordnung zu sehen, ist eben gerade die blinde Annahme, daß man zwischen z und nicht-z zu wählen habe und daß kein anderer Weg aus dem Dilemma führe. Die Grundformel einer Lösung zweiter Ordnung dagegen ist «nicht z, aber auch nicht nicht-z». Dies ist ein uraltes, besonders in der Mystik und den ihr verwandten Geistesströmungen in verschiedenster Form immer wiederkehrendes Motiv. Im Taoismus klingt es im Begriff des *wu-wei*, der «absichtlichen Absichtslosigkeit» an; während Meister Tai-Hui sich darauf berief, indem er seinen Schülern einen Stock zeigte und sie fragte: «Wenn ihr dies einen Stock nennt, so bejaht ihr; wenn ihr es nicht einen Stock nennt, verneint ihr. Jenseits von Bejahung und Verneinung, was wollt ihr es nennen?» – ein typischer Zen *koan*, dessen Zweck es ist, das menschliche Erleben der Wirklichkeit aus dem Käfig des Denkens in Gegensatzpaaren heraus zu jenem Quantensprung auf die nächsthöhere logische Stufe, dem *sátori*, zu verhelfen. Zum Ausdruck des Verschwindens der Gegensatzpaare stehen unserer Sprache nur paradoxe Formulierungen offen. Als Graf Dürckheim im Gespräch mit Altmeister Suzuki diesen «mit Bezug auf das vom Menschen immer gesuchte und ihn doch ja stetig um- und durchflutende Sein fragte, ob es etwa so sei, wie der Fisch, der nach dem Wasser sucht, antwortete er mit leisem Lächeln: 'Es ist noch mehr. Es ist so, wie wenn das Wasser nach dem Wasser sucht.'» [33]. Philosophisch findet sich dasselbe Prinzip in der Hegelschen Dialektik mit ihrer Überwindung des Gegensatzes zwischen These und Antithese durch die Synthese; während es für Wittgenstein – um nochmals auf seinen Aphorismus [114] zurückzugreifen – das Ziel der Philosophie ist, der Fliege den Ausweg aus dem Fliegenglas zu zeigen. Psychologisch entspricht das Prinzip C. G. Jungs Begriff der transzendenten Funktion, und die Weltliteratur kennt ein besonders klares Beispiel einer Lösung zweiter Ordnung in Chaucers *Erzählung des Weibs von Bath:* Ein junger Ritter gerät in immer tiefere Verstrickungen, da er sich gezwungen sieht, immer wieder zwischen zwei Alternativen zu wählen, die beide unannehmbar sind, bis er endlich den Ausweg wählt, nicht mehr zu wählen, sondern die *Wahl selbst* ablehnt. Er findet also den Weg aus dem Fliegenglas und kommt zu einer Lösung zweiter Ordnung, indem er nicht weiterhin eine Alternative (das heißt ein Element der Klasse der Alternativen) als das kleinere von zwei Übeln wählt, sondern schließlich die Annahme, er habe zu wählen, selbst in

Frage stellt und verwirft, und durch diesen Schritt mit der Klasse (allen Alternativen) aufräumt und nicht nur mit einem ihrer Elemente [101].

Dies ist das Wesen der Lösungen zweiter Ordnung.

Das Überraschendste an ihnen ist, daß sie sogar – oder besonders – dort möglich sind, wo die konkreten Gegebenheiten einer Sachlage unveränderlich sind. Um dies zu erläutern, müssen wir uns jetzt dem vierten und letzten der obenerwähnten Grundsätze jeder Lösung zweiter Ordnung zuwenden, nämlich der Technik des *Umdeutens*.

8. Kapitel

Die sanfte Kunst des Umdeutens

Scherzfrage: Was ist der Unterschied zwischen einem
Optimisten und einem Pessimisten?
Antwort: Der Optimist sagt von einem Glas, daß es halb voll ist;
der Pessimist sagt vom selben Glas, daß es halb leer ist.

Life makes sense and who could doubt it,
if we have no doubt about it.
Piet Hein: *Grooks*

Es ist Samstagnachmittag, Freizeit für alle Jungen, außer Tom
Sawyer, der dazu verurteilt ist, einen dreißig Meter langen, neun
Fuß hohen Zaun zu tünchen. Das Leben scheint ihm öde, das
Dasein eine Last. Es ist nicht nur die Arbeit, die er unerträglich
findet, sondern besonders der Gedanke an alle Jungen, die vor-
beikommen und ihn auslachen werden, weil er zu arbeiten hat.
In diesem dunklen, hoffnungslosen Moment, erklärt Mark Twain,
kommt Tom eine Eingebung. Eine große, eine herrliche Eingebung! Und kurz darauf schon nähert sich ein Junge, Ben, dessen Spott er von allen am meisten gefürchtet hatte:

«Hallo, alter Knabe, Strafarbeit, ja?»
«Ach, du bist's, Ben, ich hab' gar nicht aufgepaßt!»
«Hör' du, ich geh' schwimmen, willst du vielleicht mit? Aber gelt, du
arbeitest lieber, natürlich, du bleibst viel lieber da, gelt?»
Tom maß ihn erstaunt von oben bis unten.
«Was nennst du eigentlich arbeiten?»
«W-was? Ist das keine Arbeit?»
Tom tauchte seinen Pinsel wieder ein und bemerkte gleichgültig:
«Vielleicht – vielleicht auch nicht! Ich weiß nur soviel, daß es dem Tom
Sawyer paßt.»
«Na, du willst mir doch nicht weismachen, daß du's zum Vergnügen
tust?»
Der Pinsel strich und strich.
«Zum Vergnügen? Na, ich seh' nicht ein, warum nicht. Kann unser-
einer denn alle Tage 'nen Zaun anstreichen?»
Das warf nun ein neues Licht auf die Sache. Ben überlegte und
knupperte an seinem Apfel. Tom fuhr sachte mit seinem Pinsel hin und
her, trat dann zurück, um die Wirkung zu prüfen, besserte hier und da
noch etwas nach, prüfte wieder, alles ohne sich im geringsten um Ben
zu kümmern, Dieser verfolgte jede Bewegung, eifriger und eifriger mit
steigendem Interesse. Plötzlich sagte er:
«Du, Tom, laß mich ein bißchen streichen!» [97]

Gegen Mitte Nachmittag hat der Zaun drei Lagen Tünche, und Tom schwimmt in Reichtum: für das Privileg, einen Teil des Zauns tünchen zu dürfen, hat sich ein Junge nach dem andern von seinen Kostbarkeiten getrennt. Es ist Tom gelungen, harte Arbeit als ein Vergnügen hinzustellen, für das man zu zahlen hat, und seine Freunde haben wie ein Mann diese Umdefinierung der Wirklichkeit angenommen.

Im Film *Karneval in Flandern* rücken die unbesiegbaren spanischen Truppen gegen ein kleines flämisches Städtchen vor. Sie schicken einen Parlamentär voraus, der den Einwohnern das Ultimatum überbringt, sich kampflos zu ergeben, widrigenfalls ihr Städtchen geplündert und niedergebrannt würde. Ohne ihre Antwort abzuwarten, reitet der Spanier wieder ab. Den entsetzten Bürgern ist es klar, daß weder sie selbst noch ihre schwachen Mauern erfolgreichen Widerstand leisten können. Und dennoch gibt es nur eine vernünftige Lösung: das Städtchen mit dem Mute der Verzweiflung zu verteidigen, statt sich zu ergeben und hilflos zusehen zu müssen, wie die berüchtigten Spanier ihre Frauen vergewaltigen und ihre Häuser plündern würden. Damit aber sind sie in einer typischen Illusion der Alternativen gefangen und können keinen weniger katastrophalen Ausweg sehen.

Die Frauen aber fassen einen völlig anderen, scheinbar wahnwitzigen Plan, durch den die Situation von Grund auf umgedeutet wird. Demnach werden die Männer aus der Stadt «fliehen» und die Frauen ihrem Schicksal «überlassen»; es wird daher weder zum Kampf noch zur Übergabe kommen, da die für beide Alternativen nötigen Männer einfach nicht vorhanden sein werden. Der Feind wird nur ein Städtchen voll hilfloser Frauen vorfinden, die des Schutzes tapferer Soldaten bedürfen – eine Situation, die der sprichwörtlichen Galanterie der Spanier kaum besser entgegenkommen könnte.

Gesagt, getan. Als die feindlichen Streitkräfte einrücken und von den Frauen als Helden empfangen werden, stellt ihr Verhalten die bescheidenen Hoffnungen der Bürger weit in den Schatten. Sie erweisen den Frauen Schutz und Respekt, wenngleich es auch zu manchen romantischen und galanten Abenteuern kommt, die sich aber wiederum keineswegs zum Unwillen der Damen ergeben. Als die Spanier ihren Vormarsch nach Norden fortsetzen, kommt es zu sentimentalen Szenen, in denen sie ihren charmanten Gastgeberinnen reichste Abschiedsgeschenke aufdrängen.

Und nun ein praktisches Beispiel aus unserer Arbeit: Aus Gründen, die für unsere Darlegungen belanglos sind, war ein an schwerem Stottern Leidender gezwungen, sein Glück als Vertreter zu versuchen. Begreiflicherweise intensivierte dies seine langjährige Unglücklichkeit über seinen Sprachfehler. Die Situation wurde ihm in folgender Weise umgedeutet: Typische Vertreter machen sich meist durch die Aufdringlichkeit unbeliebt, mit der sie Leute zum Kaufen von Waren überreden, die diese gar nicht wollen. Wie er doch sicherlich wußte, werden Vertreter eigens dazu ausgebildet, möglichst rasch und geschickt zu sprechen. Hatte er aber schon selbst einmal erlebt, wie es einem zumute ist, diesem unangenehmen Trommelfeuer von Worten ausgesetzt zu sein? War es ihm andererseits je aufgefallen, wie aufmerksam und geduldig die meisten Menschen einem Sprachbehinderten wie ihm zuzuhören bereit sind? War es ihm möglich, sich den unglaublichen Unterschied zwischen der üblichen Vertretersuada vorzustellen und der Art und Weise, in der *er* sich in dieser Situation ausdrücken würde? Hatte er je daran gedacht, welchen ungewöhnlichen Vorteil sein Stottern in seiner neuen Beschäftigung haben könnte? Als er langsam begann, sein Problem von diesem neuen und auf ersten Blick fast läppischen Gesichtswinkel aus zu sehen, wurde ihm noch ganz besonders nahegelegt, auch dann (und wenn nötig absichtlich) einen hohen Grad von Stottern beizubehalten, falls er sich in seiner neuen Arbeit etwas vertrauter fühlen und daher vielleicht weniger stottern würde.

Eine Umdeutung besteht also darin, den begrifflichen und gefühlsmäßigen Rahmen, in dem eine Sachlage erlebt und beurteilt wird, durch einen andern zu ersetzen, der den «Tatsachen» der Situation ebenso gut oder sogar besser gerecht wird, und dadurch ihre Gesamtbedeutung ändert[1]. Welcher Mechanismus einer erfolgreichen Umdeutung zugrundeliegt, ist nicht ohne weiteres einzusehen, besonders, wenn man sich vor Augen hält, daß dabei eine Veränderung stattfindet, obwohl die objektive

[1] Umdeutungen spielen eine wichtige Rolle im Humor, nur daß dort der zweite Bezugsrahmen, der meist durch die Pointe vermittelt wird, ein non sequitur ist, das der Geschichte unvermittelt und unerwarteter-

Sachlage selbst unverändert und unveränderlich bleibt. Was im Zuge einer Umdeutung verändert wird, ist vielmehr die Bedeutung, die der Sachlage zugeschrieben wird, und nicht ihre konkreten Gegebenheiten – oder wie es Epiktet schon im ersten vorchristlichen Jahrhundert ausdrückte: «Nicht die Dinge selbst beunruhigen uns, sondern die Meinungen, die wir über die Dinge haben.» [2] Das Wörtchen «über» in diesem Zitat erinnert uns an die Tatsache, daß jede Meinung (oder Anschauung, Zuschreibung von Bedeutung und dergleichen) *meta* zum Objekt dieser Meinung oder Anschauung steht, ihr also logisch um eine Stufe übergeordnet ist. Solange wir rein logisch an diese Tatsache herangehen, scheint sie klar und folgerichtig. Sobald man sie konsequent aber auch auf menschliches Verhalten und menschliche Probleme anzuwenden versucht, öffnet man damit die Pandorabüchse des unbekümmert und unkritisch gehandhabten Begriffs der Wirklichkeitsanpassung als Prüfstein der Normalität. An welche Wirklichkeit ist der angeblich Normale angepaßt? Der Versuch, diese Frage erschöpfend zu behandeln, würde nicht nur unsere Kompetenz überschreiten, sondern weit über den Rahmen dieses Buchs hinaus in philosophische und linguistische Probleme führen. Es bleibt uns also nichts übrig, als der Frage auszuweichen und nur darauf zu verweisen, daß der Begriff der Wirklichkeit in der Psychiatrie sich höchst selten auf die Wirklichkeit eines Dinges an und für sich bezieht, das heißt auf seine konkreten, physischen Eigenschaften (sofern diese überhaupt objektiv existieren), oder auch nur auf die durch unsere Sinne vermittelten Erfahrungstatsachen, wenn auch die Frage ihrer «Richtigkeit» das Grundthema psychiatrischer Diskurse aus-

---

weise eine komische Wendung gibt. (Wie schon erwähnt, hat Koestler [62] dieses Thema eingehend behandelt.) – Ein alter Witz, der diesen Mechanismus besonders klar zeigt, geht auf die Zeit nach 1878 zurück, als Österreich-Ungarn Bosnien besetzte, und die Bosniaken sehr bald ihrem Unwillen darüber durch Attentate auf höhere österreichische Regierungsbeamte Luft zu machen begannen. Die Lage wurde so kritisch, daß man einer unwahren Geschichte zufolge in Wien folgenden drakonischen Gesetzesentwurf ausarbeitete: Wer auf den Innenminister schießt, zwei Jahre Zuchthaus. Wer auf den Außenminister schießt, drei Jahre Zuchthaus. Wer auf den Kriegsminister schießt, vier Jahre Zuchthaus. *Auf den Ministerpräsidenten darf überhaupt nicht geschossen werden.*

[2] Man vergleiche hierzu auch Shakespeare: «An sich ist kein Ding weder gut noch schlecht; das Denken macht es erst dazu.»

macht. «Wirklichkeit» bezieht sich vielmehr auf «Meinungen» in Epiktets Sinn oder, in der von uns vorgezogenen Formulierung, auf den Sinn[3] und den Wert, der den jeweiligen Phänomenen zugeschrieben wird. Dies ist ein langer Schritt von der simplistischen, aber weitverbreiteten Ansicht, daß es, sozusagen «da draußen», eine objektive Wirklichkeit gibt und daß normale Menschen besser über sie Bescheid wissen als verrückte. Einer umfassenderen Sicht kann es nicht verborgen bleiben, daß irgend etwas nur in dem Sinne wirklich genannt oder empfunden werden kann, als es einer *Definition* der Wirklichkeit entspricht – und diese Definitionen sind Legion[4]. Wirklich *ist,* was eine genügend große Zahl von Menschen wirklich zu *nennen* übereingekommen ist[5] – nur ist die Tatsache des Nennens (also des Zuschreibens von Sinn und Wert im obenerwähnten Zusammenhang) längst vergessen, die übereingekommene Definition wird reifiziert (das heißt verdinglicht) und wird so schließlich als jene objektive Wirklichkeit «dort draußen» erlebt, die nur ein Verrückter nicht oder anders sehen kann[6]. Freilich können Reifikationen verschiedenen Grades sein; so kann man sich etwa viele

---

[3] «Sinn» bedeutet in diesem Zusammenhang nicht nur die objektive, intellektuelle Verständlichkeit, sondern die gesamte persönliche Einschätzung der Situation.

[4] Dies beschränkt sich keineswegs nur auf das menschliche Wirklichkeitserleben. «Ein Territorium zum Beispiel», schreibt Robert Ardrey, «existiert nicht in der Natur – es existiert im Bewußtsein des Tieres.» [7]

[5] So besteht die Wirklichkeit einer Banknote nicht in der Tatsache, daß sie ein verschiedenfarbig bedruckter, rechteckiger Papierzettel ist, sondern vielmehr in der zwischenpersönlichen Übereinkunft, daß sie einen bestimmten Wert hat. Ein interessantes Beispiel dafür wurde Bateson [24] von den Einwohnern einer Küstenniederung Neu-Guineas berichtet, die für ihre alltäglichen Geschäfte Muschelgeld verwendeten, sich für größere Transaktionen aber schwerer, zylindrischer Steine bedienten. Eines Tages wurde ein solcher Stein über eine Flußmündung hinweg von einem Dorf in ein anderes transportiert, wobei das Boot in der Brandung kenterte und der Stein auf Nimmerwiedersehen verschwand. Da dieses Unglück aber allen Beteiligten bekannt war, wurde der Stein weiterhin als Zahlungsmittel verwendet und anerkannt, obwohl seine Wirklichkeit, streng genommen, nur mehr in den Köpfen einer größeren Anzahl von Menschen existierte.

[6] Dieser Prozeß, durch den wir eine Wirklichkeit zuerst «erschaffen» und von der wir dann «vergessen», daß sie unsere eigene Schöpfung ist, und sie als völlig unabhängig von uns erleben, war bereits Kant und

Situationen vorstellen, die die meisten Menschen für «wirklich» gefährlich halten und daher vermeiden würden. Doch auch solche allgemeingültige Einschätzungen haben ihre Ausnahmen, denn es gibt bekanntlich Leute, die absichtlich ihren Tod suchen, oder von den Löwen gefressen werden wollen, oder Masochisten sind – und offenbar beruhen diese Ausnahmen auf sehr idiosynkratischen Wirklichkeitsdefinitionen, die für die Betreffenden subjektiv durchaus «wahr» sind.

Umdeutungen finden also auf der Stufe der *Meta*wirklichkeit statt, wo, wie wir zu zeigen versuchten, Veränderungen selbst dann möglich sind, wenn die konkreten Gegebenheiten einer Sachlage unveränderlich bleiben. Und wiederum gestattet es uns die Logische Typenlehre, dies zu erfassen: Wie wir gesehen haben, sind die Klassen (Mengen) Gesamtheiten von Elementen, die alle ganz bestimmte, gemeinsame Eigenschaften haben. Nun ist aber die Zugehörigkeit eines Elements zu einer bestimmten Klasse nur in seltenen Fällen exklusiv. Da die Klassen nämlich nicht greifbare Objekte, sondern Begriffe und daher Konstruktionen unseres Denkens sind, ist die Zuteilung eines bestimmten Objekts zu einer bestimmten Klasse weitgehend das Ergebnis von Entscheidungen und Umständen, keineswegs aber eine endgültige, unverrückbare Wahrheit. In diesem Sinne kann ein roter Holzwürfel als Element der Klasse aller roten Gegenstände aufgefaßt werden, oder der Klasse aller Würfel, oder aller hölzernen Dinge, aller Kinderspielzeuge usw.[7] Außerdem sind weitere Klassenzugehörigkeiten eines und desselben Objekts in Epiktets

Schopenhauer bekannt. «Dies ist der Sinn der großen Lehre Kants», so schreibt Schopenhauer in *Über den Willen in der Natur,*

> daß die Zweckmäßigkeit erst vom Verstande in die Natur gebracht wird, der demnach ein Wunder anstaunt, das er erst selbst geschaffen hat. Es geht ihm (wenn ich eine so hohe Sache durch ein triviales Gleichnis erläutern darf) so, wie wenn er darüber erstaunt, daß alle Multiplikationsprodukte der 9 durch Addition ihrer einzelnen Ziffern wieder 9 geben, oder eine Zahl, deren Ziffern addiert 9 betragen; obschon er selbst im Dezimalsystem das Wunder sich vorbereitet hat [88].

[7] Premack und Premack haben hochinteressante Experimentalnachweise für die intuitiv naheliegende Annahme erbracht, daß auch höhere Tiere die Welt ihrer Erfahrung in Elemente und Klassen ordnen, und daher fähig sind, zwischen den beiden zu unterscheiden. Ihre Schimpansin Sarah besaß diese Fähigkeit in erstaunlichem Maße:

Sinn durch die «Meinungen» bestimmt, die wir darüber haben, also vor allem durch die bereits erwähnte Zuschreibung von Sinn und Wert an das Objekt. Welche dieser Klassenzugehörigkeiten in Betracht gezogen oder beiseite gelassen, vorgezogen, übersehen, gefürchtet usw. wird, ist weitgehend das Ergebnis bewußter oder außerbewußter Entscheidungen oder Umstände. Viele Leute zum Beispiel verabscheuen Pferdefleisch, manche lieben es. In beiden Fällen handelt es sich um dasselbe Ding, Pferdefleisch, doch seine Bedeutung und sein Wert, also seine Klassenzugehörigkeit, ist eine grundverschiedene für die beiden Gruppen von Menschen. Unter drastisch veränderten Bedingungen (Krieg, Hungersnot usw.) aber kann sich seine Metawirklichkeit ändern und es kann eine Delikatesse auch für jene werden, die sonst beim bloßen Gedanken daran schauderten.

Der Leser, der die Geduld gehabt hat, diesen Ausführungen zu folgen, dürfte nun ihre grundlegende Wichtigkeit für den Begriff des Umdeutens als einer Technik zur Herbeiführung von Lösungen zweiter Ordnung sehen: In seiner abstraktesten Definition ist Umdeuten also ganz allgemein das Hervorheben einer anderen, ebenso gültigen Klassenzugehörigkeit eines Objekts[8] anstelle der bisher in Betracht gezogenen und im besonderen daher die Einführung einer solchen neuen Klassenzugehörigkeit in die Wirklichkeitswahrnehmung aller Beteiligten. Wenn wir wiederum der Versuchung widerstehen, die traditionelle Frage *warum?* zu stellen, können wir nun zusammenfassen, *was* bei einer Umdeutung mitspielt:

Die Schimpansin hat gelernt, Bilder in Klassen zu ordnen: lebende und unbelebte, alte und junge, männliche und weibliche. Außerdem kann sie je nach den ihr gebotenen Alternativen denselben Gegenstand in verschiedener Weise klassifizieren. Eine Wassermelone wird in einer Klasse von Alternativen als Frucht klassifiziert, in einer anderen als Nahrung und in einer dritten als groß. Auf Grund dieser erwiesenen begrifflichen Fähigkeiten kamen wir zur Annahme, daß die Schimpansin nicht nur die Namen bestimmter Elemente einer Klasse, sondern auch die Namen der Klassen selbst erlernen könnte [83].

Daran anschließende Versuche bewiesen die Richtigkeit dieser Annahme.

[8] *Objekt* ist hier vielleicht nicht die glücklichste Benennung; sie sollte im allgemeinsten Sinne aufgefaßt werden und schließt daher Ereignisse, Situationen, Beziehungen zwischen Menschen, und zwischen Menschen und Dingen, Verhaltensweisen und vieles anderes ein.

1. Unser Welterleben beruht auf der Zuordnung der Objekte unserer Wahrnehmung zu Klassen. Diese Klassen sind Konstruktionen unseres Denkens und besitzen daher einen völlig anderen Grad der Wirklichkeit als die Objekte selbst. Die Formulierung der Klassen beruht nicht nur auf den physischen Eigenschaften ihrer Elemente, sondern besonders auf dem Sinn und dem Wert, den wir ihnen zuschreiben.

2. Wenn einmal ein Objekt einer bestimmten Klasse als Element zugeschrieben ist, kann es überaus schwierig sein, seine gleichzeitige und vollgültige Zugehörigkeit auch zu anderen Klassen zu sehen. Die Klassenzugehörigkeit eines Objekts wird typischerweise als seine «Wirklichkeit» reifiziert; daher gilt im Extremfalle jemand, der dasselbe Objekt in seiner Zugehörigkeit zu einer anderen dieser Klassen sieht, für entweder böswillig oder verrückt. Aus dieser schrecklichen Vereinfachung folgt dann eine weitere, nicht weniger simplistische; nämlich, daß das Festhalten an dieser Sicht der Wirklichkeit nicht nur ein Kennzeichen von Normalität, sondern außerdem als Lebenshaltung «aufrichtig», «ehrlich», «authentisch» und wer weiß was sonst noch ist. «Ich kann kein Theater spielen», ist die häufige Entgegnung derer, die das Spiel, kein Spiel zu spielen, spielen, wenn man ihnen die Alternative einer anderen, gültigen Klassenzugehörigkeit und die sich dadurch eröffnenden Verhaltensalternativen vor Augen zu führen versucht.

3. Was die Umdeutung zu einem so wirksamen Werkzeug von Veränderungen macht, ist die Tatsache, daß wir, sobald wir einmal die Möglichkeit auch anderer Klassenzugehörigkeiten eingesehen haben, nicht mehr so leicht in die Angst und die Ausweglosigkeit einer früheren Wirklichkeitsauffassung zurückfallen können. Wenn uns einmal jemand die Lösung des Neun-Punkte-Problems erklärt hat, so ist es kaum möglich, zur ursprünglichen Hilflosigkeit und Hoffnungslosigkeit dem Problem gegenüber zurückzukehren, selbst wenn wir die Einzelheiten der Lösung wieder vergessen haben sollten.

Wenn wir nicht irren, war es wiederum Wittgenstein, der als erster, wenn auch in einem anderen Zusammenhang, auf diese Tatsache verwies. In seinen *Grundlagen der Mathematik* schreibt er:

Nehmen wir an, (ein) Spiel sei so, daß, wer anfängt, immer durch einen bestimmten einfachen Trick gewinnen kann. Darauf aber sei man nicht gekommen; – es ist also ein Spiel. Nun macht uns jemand darauf aufmerksam; – und es hört auf, ein Spiel zu sein.

Wie kann ich das wenden, daß es mir klar wird? – Ich will nämlich sagen: «und es hört auf, ein Spiel zu sein» – nicht: «und wir sehen nun, daß es kein Spiel war».

Das heißt doch, (...) man kann es auch so auffassen: daß der andere uns nicht auf etwas *aufmerksam gemacht* hat; sondern daß er uns statt unseres ein andres Spiel gelehrt hat. – Aber wie konnte durch das neue das alte obsolet werden? – Wir sehen nun etwas anderes und können nicht mehr naiv weiterspielen.

Das Spiel bestand einerseits in unseren Handlungen (Spielhandlungen) auf dem Brett; und diese Spielhandlungen könnte ich jetzt so gut ausführen wie früher. Aber anderseits war dem Spiel doch wesentlich, daß ich blind versuchte zu gewinnen; und das kann ich jetzt nicht mehr [110].

Es ist nicht überraschend, daß dieselben Schlußfolgerungen sich schließlich auch in der mathematischen Spieltheorie abzuzeichnen begannen, da – wie wir soeben sahen – das Wissen um die Spielregeln eine entscheidende Bedeutung für den Ausgang eines Spiels hat. Von sehr ähnlichen Prämissen ausgehend, hat Howard sein spieltheoretisches Modell des *existentialistischen Axioms* [51] entworfen und nachgewiesen, daß jemand, «der sich einer sein Verhalten betreffenden Theorie bewußt wird, ihr dadurch nicht länger unterworfen ist, sondern es ihm freisteht, sich über sie hinwegzusetzen» [52], und ferner, daß man im Treffen einer bewußten Entscheidung immer die Freiheit hat, einer sein eigenes Verhalten voraussagenden Theorie zuwiderzuhandeln. Man könnte auch sagen, daß man eine solche Theorie immer «transzendieren» kann. Diese Annahme scheint durchaus realistisch. Wir glauben, daß im Rahmen sozialwirtschaftlicher Theorien die marxistische Theorie zum Beispiel wenigstens teilweise scheiterte, weil gewisse Angehörige der herrschenden Klasse, die sich der Theorie bewußt wurden, begriffen, daß es in ihrem Interesse lag, ihr zuwiderzuhandeln [53].

In seiner *Introduction to Cybernetics* schreibt Ashby zum selben Thema:

> Falls der Leser das Gefühl hat, daß diese Studien etwas abstrakt sind und praktischer Anwendbarkeit entbehren, sollte er sich vor Augen halten, daß die Spieltheorie und die Kybernetik einfach die Grundlagen der Theorie des Sich-anderen-gegenüber-Durchsetzens sind. Wenige Themen bieten reichere Anwendungsmöglichkeiten als dieses! [14].

Soviel zu den theoretischen Grundlagen des Umdeutens; nun zu einigen praktischen Beispielen:

124

An einem stürmischen Tag, (...) als ich an einer Straßenecke gegen den Wind ankämpfte, kam ein Mann rasch um die Ecke gebogen und stieß in seiner Eile hart mit mir zusammen. Bevor er sich von seinem Schreck erholt hatte und etwas sagen konnte, sah ich umständlich auf meine Uhr, als hätte er sich nach der Zeit erkundigt, und sagte höflich: «Es ist genau zehn Minuten vor zwei», obwohl es fast vier Uhr war, und ging weiter. Mehrere Häuser weiter drehte ich mich um und sah, daß er mir immer noch nachblickte, offenbar noch immer verwirrt und befremdet über meine Bemerkung [48].

Mit diesen Worten beschreibt Erickson den Zwischenfall, der ihn unversehens zur Entwicklung einer ungewöhnlichen Form hypnotischer Induktion führte, die er später die Konfusionstechnik nannte. Was hatte sich abgespielt? Das Ineinanderstoßen hatte eine Situation herbeigeführt, in der die als selbstverständlich zu erwartende Reaktion in gegenseitigen Entschuldigungen bestanden hätte. Dr. Ericksons Bemerkung definierte diese Situation aber plötzlich und unerwartet als eine ganz andere; nämlich als eine, die nur dann gesellschaftlich zutreffend und angebracht gewesen wäre, wenn der andere ihn um die Uhrzeit gefragt hätte, aber selbst dann noch infolge der offensichtlichen Falschheit der Auskunft verwirrend geblieben wäre – ganz zu schweigen von der zuvorkommenden Höflichkeit, mit der er diese falsche Information gegeben hatte. Das Ergebnis war eine lähmende Konfusion im anderen, dem keine zusätzliche Information zu Hilfe kam und es ihm gestattet hätte, die Sinnfragmente zu einem neuen, verständlichen Ganzen zusammenzusetzen. Wie Erickson betont, erzeugt das Bedürfnis, aus der Konfusion herauszukommen und einen neuen Sinnbezug zu entdecken, im Betroffenen eine besonders starke Bereitschaft, sich an die nächste, konkrete Information zu klammern, die er erhält. Eine solcherart absichtlich erzeugte Konfusion leitet daher in besonders wirkungsvoller Weise eine Umdeutung ein und kann somit ein wichtiger Schritt in der Herbeiführung einer Lösung zweiter Ordnung sein.

Ganz allgemein spielen Umdeutungen eine wichtige Rolle bei jeder erfolgreichen Herbeiführung von hypnotischen Zuständen; man kann sogar sagen, daß die Fähigkeit, buchstäblich alles als Erfolg umzudeuten, was der Hypnotisierte in der Trance tut (oder nicht tut), die wichtigste Eigenschaft eines guten Hypnotherapeuten sein dürfte. Kann zum Beispiel eine Handlevitation induziert werden, so ist das natürlich ein Beweis dafür, daß der

Betreffende bereits in Hypnose ist. Wenn sich die Hand aber nicht bewegt und schwer bleibt, so kann dies dahin umgedeutet werden, daß er bereits so tief entspannt ist, daß er jetzt in noch tiefere Hypnose eintreten kann. Wenn der bereits levitierte Arm wieder abzusinken beginnt, so kann dies als Beweis dafür umgedeutet werden, daß die Entspannung des Hypnotisierten nun noch zunimmt und daß er, sobald seine Hand wiederum die Armlehne des Sessels berührt, doppelt so tief in Trance sein wird als zuvor. Wenn, wie dies nicht selten vorkommt, der Betreffende aus irgendeinem Grunde die Induktion durch Lachen zu unterbrechen droht, so empfiehlt es sich, ihn dazu zu beglückwünschen, daß er auch in der Hypnose nicht seinen Sinn für Humor verloren hat. Wenn jemand nach Beendigung der Sitzung enttäuscht behauptet, nicht in Hypnose gewesen zu sein, so läßt sich dies als beruhigenden Beweis dafür umdeuten, daß in einer Trance nichts gegen den Willen des Betreffenden geschehen kann. Jede dieser und vieler anderer Interventionen steht so im Dienste der Vorbereitung, Herbeiführung und Vertiefung der hypnotischen Trance.

Wie wir aber bereits im ersten Teil dieses Kapitels zeigten, beschränken sich Umdeutungen keineswegs nur auf hypnotische Interventionen. Erickson [34] hatte einmal in einem jener scheinbar hoffnungslosen Ehekonflikte zu intervenieren, in denen beide Partner unnachgiebig vom andern Nachgeben verlangen. Das Problem dieses Ehepaars bestand unter anderem darin, daß sie regelmäßig in heftigen Streit gerieten, wenn sie sich spät abends nach einer Party oder einem Barbesuch zur Heimfahrt anschickten. Beide beanspruchten dann für sich das Recht, den Wagen zu lenken, und beide begründeten dies mit der Behauptung, der andere habe zu viel getrunken. Weder der Mann noch die Frau war bereit, sich vom anderen für betrunken erklären zu lassen. Erickson bot ihnen einen Ausweg, indem er ihnen riet, daß einer von ihnen den Wagen bis zu einer bestimmen Straßenecke in der Nähe ihres Hauses fahren solle, und daß ihn der andere dann von dort bis in ihre Garage lenke. Mit Hilfe dieser nur scheinbar kindischen Umdeutung der Situation konnten beide beanspruchen, den Wagen sicher nach Hause gebracht zu haben, wodurch es ihnen auch möglich wurde, wenigstens diesen Aspekt ihres Beziehungskonflikts zu lösen.

Im 6. Kapitel streiften wir bereits das Problem der Frigidität und der von beiden Partnern meist versuchten Fehllösung einer «Sei spontan!»-Paradoxie. Solange das Problem als physiologisches, oder auch emotionales Symptom aufgefaßt wird, verunmöglicht diese Auffassung selbst die Lösung. Das Problem wird dann entweder zu etwas, über das die Betroffenen keine Macht haben, oder etwas, das man durch einen Willensakt überwinden können sollte, und diese Willensanstrengung führt dann zu mehr desselben Problems. Erfolgreiches Umdeuten erfordert hier, daß das Problem aus dem Bezugsrahmen eines «Symptoms» herausgehoben und in einen neuen Rahmen gesetzt wird, dem nicht die Implikation des Krankhaften oder des mangelnden guten Willens anhaftet. Wie in allen anderen Fällen führt auch hier natürlich nicht irgendeine Umdeutung zum Ziel, sondern nur eine, die sich mit dem Denken und der Wirklichkeitsauffassung der Betroffenen vereinbaren läßt. So ist es zum Beispiel höchst zweifelhaft, daß sich irgendeine therapeutische Wirkung durch die traditionelle Deutung der Frigidität als die Spitze des Eisbergs der weiblichen Feindseligkeit gegen alles Männliche erreichen läßt. Dadurch wird nämlich das Problem lediglich von einer seelischen Störung (einer emotionalen Hemmung) in einen Ausdruck von Böswilligkeit umgedeutet, was höchstens noch zusätzliche Schuldgefühle erzeugt und die Partner noch weiter auseinanderbringt. Besonders dann, wenn Feindseligkeit tatsächlich eine wesentliche Rolle spielt, kann sie dazu benützt werden, das Problem dahingehend umzudeuten, daß ihre sexuelle Kälte in «Wirklichkeit» auf eine Abschirmung des Mannes hinauslaufen könnte: Fürchtet sie nicht vielleicht, daß er der Leidenschaft ihrer ungehemmten Sexualität nicht gewachsen ist? Und wie kann sie wissen, daß sie ihn nicht schockieren würde? Ist es, solange diese Fragen offen sind, nicht tatsächlich viel rücksichtsvoller, wenn sie sein männliches Geltungsbedürfnis weiterhin beschützt und ihn in dem Glauben beläßt, daß das Problem bei ihr liegt? – Da diese Umdeutung in Gegenwart des Mannes vorgenommen wird, kann man sich dann an ihn wenden und spekulieren, daß er andererseits gar nicht der Typ zu sein scheint, der diese Form von Rücksichtsnahme nötig hat. Da die Frau verständlicherweise keine Absicht hat, ihn auf diese Weise und auf ihre Kosten zu schützen, verwendet diese Umdeutung ihren aufgestauten Ärger als Ansporn dafür, ihm und dem Therapeuten zu beweisen, daß ihr nichts ferner liegt, als ihn vor Sexualität zu beschützen und zu diesem Zweck eine Patientenrolle zu übernehmen. Gleichzeitig wird damit seine Männlichkeit herausgefordert, was ihn dazu veranlassen dürfte, ihren Schutz dankend, aber entschieden als völlig unnötig abzulehnen.

Eine ähnliche Form der Umdeutung kann im häufigsten Falle der nörgelnden Ehefrau und des sich passiv-aggressiv zurückziehenden Mannes verwendet werden. Ihr Verhalten läßt sich so hinstellen, daß es einerseits in Anbetracht seiner provokanten Passivität sehr verständlich ist, andererseits aber den Nachteil hat, ihm die Sympathien Außenstehender einzutragen. Der Grund für diese Fehlbeurteilung ist, daß ein Außenstehender ganz einfach dazu neigen dürfte, nur die stille, scheinbar so geduldige Haltung des Mannes zu sehen, seine Willigkeit, zu verzeihen und zu vergessen, die Tatsache, daß er trotz seiner schwierigen Ehesituation beruflich und mit anderen Menschen so gut auszukommen scheint usw. Gerade die Lächerlichkeit dieser Umdeutung ihres Verhaltens wird sie am ehesten veranlassen, es zu ändern, um ihm nicht vielleicht tatsächlich das Mitgefühl anderer zu sichern (der Therapeut könnte ja womöglich recht haben); doch sobald sie *weniger desselben* tut, zieht er sich weniger von ihr zurück – und bekanntlich überzeugt einen nichts so rasch wie Erfolg.

Diese Beispiele sollen vor allem zeigen, daß erfolgreiche Umdeutungen immer die Ansichten, Erwartungen, Gründe, Annahmen – kurz, das Begriffssystem derer berücksichtigen müssen, denen sie gegeben werden. *Verwende, was dir der Patient selbst bringt,* ist eine der grundlegenden Regeln Ericksons für die Lösung menschlicher Probleme. Dieser Grundsatz steht in scharfem Widerspruch zu den Lehren der meisten tiefenpsychologischen Schulen, die entweder dazu neigen, eine und dieselbe Prozedur auf die verschiedenartigsten Fälle anzuwenden, oder aber es für nötig halten, dem Hilfesuchenden zuerst eine neue begriffliche «Sprache» beizubringen, ihn zu lehren, sich mit seinem Problem in dieser Sprache auseinanderzusetzen, und die schließlich eine Lösung innerhalb des Kommunikationsrahmens dieser Sprache versuchen. Im Gegensatz dazu setzen wirkungsvolle Umdeutungen voraus, daß der Therapeut die Sprache des Patienten erlernt (sein In-der-Welt-Sein, wie es die Existentialisten wahrscheinlich nennen würden), und dies läßt sich viel rascher und billiger erreichen als umgekehrt. Bei diesem Vorgehen werden gerade die immer vorhandenen Widerstände gegen eine Lösung zu den brauchbarsten Ansatzpunkten für die Lösung. Diese Art von Problemlösung kommt in mehr als einer Hinsicht der Philosophie und der Technik des Judo nahe, in der ja auch der Stoß des Gegners nicht mit einem Gegenstoß mindestens gleicher Stärke beantwortet wird, sondern wo die Reaktion im Nachgeben und Verstärken des Angriffs liegt. Und eben auf dieses Mitgehen ist der Gegner nicht gefaßt, er spielt das Spiel von Gewalt gegen Gewalt, von *mehr desselben,* und nach den Regeln dieses Spiels erwartet er einen Gegenstoß und nicht ein Spiel mit völlig andern Regeln. Hier aber liegt der entscheidende Unterschied, denn eine Umdeutung – um Wittgensteins Hinweis nochmals zu verwenden – macht uns nicht auf etwas aufmerksam, vermittelt also keine Einsicht, sondern lehrt uns ein anderes Spiel und macht so das alte obsolet: «Wir sehen nun etwas anderes und können nicht mehr naiv weiterspielen.» Der Pessimist zum Beispiel spielt meist ein zwischenmenschliches «Spiel», das darin besteht, zuerst den Optimismus der anderen zu mobilisieren und, sobald ihm das gelungen ist, auf ihren Optimismus sofort mit verstärktem Pessimismus zu reagieren, so daß sie dann entweder mit mehr desselben Optimismus antworten oder ihre Bemühungen aufgeben, in welchem Falle der Pessimist einen weiteren Pyrrhussieg errungen hat. Dieses Spiel ändert sich drastisch in dem Augenblick, in dem der andere sich pessimistischer als der Pessimist selbst gibt. Ihre Interaktion ist dann nicht mehr ein Beispiel des *plus ça change, plus c'est la même chose,* da nun das eine Gruppenelement (Pessimismus) nicht mehr mit seinem Inversen (Optimismus) kombiniert wird und auf diese Weise die Gruppeninvarianz auf Grund des vierten Gruppengesetzes aufrechterhält, sondern es kommt zu einer Lösung zweiter Ordnung durch die Einführung einer völlig neuen «Kombinationsregel». Zur Herbeiführung dieser Lösung ist die Verwendung der «Sprache» des Pessimisten, also sein Pessimismus, von ausschlaggebender Bedeutung.

All dies beschränkt sich selbstredend nicht nur auf die Therapie. «Antworte aber dem Narren nach seiner Narrheit», schreibt schon Salomon im Buch der Sprüche. Einfallsreiche Vermittler und vor allem geschickte Unterhändler haben diese Art des Vorgehens schon immer verwendet. In seinem Essay *Über Unterhandlungen* schrieb Francis Bacon schon 1597:

> Will man jemanden beeinflussen, so muß man entweder seinen Charakter und seine Art kennen und dadurch ihn leiten; oder seine Schwächen und Nachteile, und dadurch ihn einschüchtern; oder diejenigen, gegen welche er Verpflichtungen hat, und dadurch ihn beherrschen. Bei der Unterhandlung mit schlauen Menschen muß man stets ihre Absichten erwägen, um ihre Worte zu deuten; und es ist geratener, ihnen wenig zu sagen, und zwar das, was sie am wenigsten erwarten [15].

Einer der begabtesten Unterhändler der neueren Geschichte war zweifellos Talleyrand. Was er in den Jahren 1814–1815 am Wiener Kongreß für Frankreich erreichte – ein von ganz Europa gehaßter, besiegter Angreifer, der nun bestraft und zu Gebietsabtretungen und Reparationen größten Ausmaßes gezwungen werden sollte – ist legendär. Dank seiner Verhandlungskunst ging Frankreich aus dem Wiener Kongreß als der wahre Sieger hervor, sein Territorium unangetastet, seine Macht und sein Einfluß auf dem Kontinent wiederhergestellt, – und all dies ohne Sanktionen oder die Leistung von Reparationen. Vom Beginn des Kongresses an war dies Talleyrands Ziel gewesen, und es war ihm gelungen, dieses Ziel in eine ganze Reihe von Themen zu übersetzen, von denen er dann jenes verwendete, das ihm den Gedankengängen und Ansichten seines jeweiligen Kontrahenten am besten zu entsprechen schien. Natürlich stellten seine Zeitgenossen – und Historiker stellen immer noch – die typische Frage: Glaubte er selbst, was er sagte, oder war er vielleicht «unaufrichtig»? Wir wissen die Antwort nicht, aber einer seiner Briefe aus Wien an Madame de Staël schließt mit den Worten: «Adieu: ich weiß nicht, was wir hier erreichen werden; aber ich kann Ihnen eine edle Sprache versprechen.»

Statt die unmöglich komplexe Aufgabe auch nur zu versuchen, zeigen zu wollen, wie Talleyrand in Wien die Ansichten und Absichten seiner Gegner meisterhaft beeinflußte, sei hier als typisches Beispiel seiner vollendeten Fähigkeit für Umdeutungen Brintons Beschreibung zitiert, wie Talleyrand die *Pont de Jéna* in Paris rettete:

> Nach Waterloo hatten die alliierten Armeen Paris besetzt. Der Preuße Blücher wollte diese Brücke in die Luft sprengen, da sie der Erinnerung

an eine Schlacht gewidmet war, die die unbesiegbaren Preußen irgendwie verloren hatten. Wellington, den schon die Kricketfelder Etons eines besseren belehrt hatten, konnte die ersten Schritte ergreifen, um Blücher von der Sprengung der Brücke abzuhalten. Talleyrand, der es wahrscheinlich immer schon besser gewußt hatte, konnte ihn durch die simple Maßnahme der Umbenennung der Brücke in *Pont de l'Ecole militaire* ganz davon abbringen. Wie er selbst bemerkt, war das «eine Benennung, die die primitive Eitelkeit der Preußen befriedigte und als Wortspiel eine vielleicht noch gezieltere Anspielung war, als der ursprüngliche Name Jéna». Unbedeutend, wie dieser Zwischenfall an sich war, steht er doch beispielhaft für viel mehr im Leben Talleyrands und in einer Welt, die jenen wohlmeinenden Seelen hartnäckig widerspricht, die da glauben, daß Menschen sich nicht wirklich um Worte streiten. (...) Ein grundsatzgläubigerer Mann als Talleyrand wäre vielleicht zu Blücher gegangen und hätte ihn beschworen, seinen Feinden zu vergeben, hätte darauf verwiesen, daß die Sprengung der Brücke nicht im Einklang mit den Lehren der Bergpredigt stehe, daß die Existenz einer *Pont de Jéna* Preußen nicht im geringsten beeinträchtige, und noch vieles mehr, alles unter Berufung auf Religion und gesunden Menschenverstand. Nur − wäre dieser grundsatzgläubige Mann imstande gewesen, die Brücke wieder aufzubauen, die Blücher bestimmt gesprengt hätte? [29]

Mehr als hundert Jahre später fand sich König Christian X. von Dänemark in einer ähnlichen Situation, als im Jahre 1943 die deutsche Besatzungsmacht die Anwendung der Endlösung auf die dänischen Juden verfügte, die bis dahin in relativer Sicherheit gelebt hatten. In seinen Gesprächen mit dem König wünschte der deutsche Sonderbeauftragte darüber Auskunft, wie der König das jüdische Problem in Dänemark zu lösen beabsichtige. Darauf soll der König die eisige Antwort gegeben haben: «Wir haben kein jüdisches Problem; *wir* fühlen uns nicht minderwertig.» Dies ist zweifellos ein gutes Beispiel einer Umdeutung − wie diplomatisch und wie erfolgreich sie aber war, steht freilich auf einem anderen Blatt. Doch als die Besatzungsmacht etwas später die Verfügung erließ, daß alle Juden die Armbinde mit dem gelben Davidstern zu tragen hätten, deutete der König sie erfolgreich dahin um, daß es zwischen den Dänen keine Unterschiede gäbe, daß die Verfügung daher alle Dänen betreffe, und daß er als erster den Davidstern tragen werde. Die überwältigende Mehrzahl der Bevölkerung folgte dem Beispiel des Königs, und die Verfügung mußte widerrufen werden.

Eine ähnliche Form der Umdeutung, die außerdem der Konfusionstechnik nahekommt, wurde von Präsident Kennedy am

Höhepunkt der Kubakrise angewendet. Am Freitag, dem 26. Oktober 1962, setzte sich Aleksandr Fomin, ein höherer Beamter der sowjetischen Botschaft in Washington, zum Zwecke einer offenbar offiziösen Fühlungnahme mit John Scali, dem Korrespondenten des American Broadcasting System am amerikanischen Außenministerium, in Verbindung. Fomin wollte mit größter Dringlichkeit wissen, ob die Vereinigten Staaten einer Lösung der Krise auf der Grundlage eines überwachten Rückzugs der sowjetischen Raketen und einer öffentlichen amerikanischen Verpflichtung, die Insel nicht anzugreifen, zustimmen würden. Dieser Vorschlag wurde seitens der amerikanischen Regierung als annehmbar betrachtet und die sowjetische Botschaft noch am selben Nachmittag und über dieselben Mittelsmänner dementsprechend unterrichtet. Am folgenden Morgen jedoch traf eine amtliche Nachricht aus Moskau ein, die keinen Zweifel darüber ließ, daß die Sowjets inzwischen ihre Haltung geändert hatten. Sie bestanden nun darauf, der Rückzug ihrer Raketen aus Kuba sei an die Entfernung der amerikanischen Raketen in der Türkei gebunden. Wie Hilsman in seinem Buch, *To Move a Nation,* beschreibt, nahm Washington dann zu einem Schritt Zuflucht, den man eine Anwendung der Konfusionstechnik nennen könnte:

Es war Robert Kennedy, der einen brillanten diplomatischen Schritt erdachte – später die «Trollope-Taktik» genannt, nach einer in Anthony Trollopes Romanen mehrfach wiederkehrenden Szene, in der ein Mädchen einen Händedruck als Heiratsantrag deutet. Sein Vorschlag bestand darin, nur auf die Freitags stattgefundenen Kontakte – Chruschtschows Telegramm und die Fühlungsnahme durch Scali – einzugehen, als ob die widersprüchliche Depesche vom Samstag, die die Lenkwaffen in Kuba mit denen in der Türkei in Verbindung brachte, einfach nicht existierte. Jene Depesche war bereits in einer öffentlichen Stellungnahme abgelehnt worden. Was nun zu tun übrigblieb, war, auf das Paket der Freitagkontakte zu antworten und die Antwort öffentlich zu machen – wodurch sowohl erhöhter politischer Druck ausgeübt, als auch der Ablauf der Ereignisse beschleunigt wurde [50].

Bekanntlich ließen es die Sowjets dabei bewenden und versuchten nicht einmal, diese absichtlich erzeugte Konfusion zu klären [9].

---

[9] Obwohl Chruschtschow die Kubakrise in seinen Memoiren recht ausführlich behandelt, erwähnt er die Forderung nach dem Abzug der

Und um von internationalen nochmals auf zwischenmenschliche Konflikte zu kommen, sei zum Abschluß noch ein Beispiel der Anwendung der Konfusionstechnik im Dienste einer Umdeutung gegeben: Ein Polizeioffizier, der für sein besonderes Talent bekannt war, kritische Situationen auf ungewöhnliche Weise zu lösen, war dabei, ein Strafmandat für eine geringfügige Verkehrsübertretung auszustellen, als sich eine feindselige Menge um ihn zu sammeln begann. Als er seine Amtshandlung beendet hatte, war die Stimmung der Menge gefährlich, und es war keineswegs sicher, ob er zur relativen Sicherheit seines Streifenwagens zurückkehren können würde. In dieser Situation kam ihm die gute Idee, mit lauter Stimme zu verkünden: «Sie haben soeben der Ausstellung eines Strafmandats durch einen Beamten Ihrer Stadtpolizei beigewohnt.» Und während sich die Umstehenden bemühten, den tieferen Sinn dieser allzu offensichtlichen Verlautbarung zu ergründen, stieg er in sein Fahrzeug und fuhr ab. Wie man sieht, wurde in diesem Falle die Wirkung der Umdeutung durch die verwirrende Selbstverständlichkeit der Mitteilung erreicht, die die Situation aus der feindseligen Bedeutung heraushob, in die sie die Menge gesetzt hatte. Damit liegt dieses

---

amerikanischen Lenkwaffen aus der Türkei überhaupt nicht. Was diese Phase der Krise betrifft, sagt er nichts über die Kontakte zwischen Fomin und Scali (was in Anbetracht ihrer inoffiziellen Natur verständlich ist); er erwähnt, daß Robert Kennedy den sowjetischen Botschafter, Anatoly Dobrynin, fast unter Tränen um eine rasche Lösung beschwor, da der amerikanische Präsident eine militärische Machtübernahme in den USA befürchtete, und schließt mit folgenden Worten:

Wir erkannten, daß wir unsere Haltung schnell ausrichten mußten. «Genossen», sagte ich, «wir müssen nach einem würdigen Ausweg aus diesem Konflikt suchen. Gleichzeitig müssen wir selbstverständlich dafür sorgen, daß wir Kuba nicht kompromittieren.» Wir sandten den Amerikanern eine Note, in der es hieß, wir erklärten uns bereit, unsere Raketen und Bomber abzuziehen, unter der Bedingung, daß der Präsident uns seine Zusicherung gebe, daß keine Invasion Kubas erfolgen werde, weder durch die Streitkräfte der Vereinigten Staaten, noch durch jemand anders. Schließlich lenkte Kennedy ein und fand sich bereit, uns in einer offiziellen Erklärung eine solche Zusicherung zu geben [94].

Chruschtschows Definition der Krise als durch die Amerikaner provoziert und durch seine überlegene Diplomatie gelöst, ist selbst das glänzende Beispiel einer Umdeutung.

Beispiel zwischen Dr. Ericksons Bemerkung, «Es ist genau zehn Minuten vor zwei», und der Episode, in der es dem französischen Offizier gelang, die Räumung des Platzes von den Demonstranten durch die Umdeutung seines Befehls als einer höflichen und besorgten Rücksichtsnahme zu erreichen. Er löste das Problem, ohne einen Schuß abzufeuern, indem er der Menge eine unerwartete, neue Definition derselben Gegebenheiten anbot und die Demonstranten so dazu brachte, die Situation auch ihrerseits in dieser neuen Perspektive zu sehen und sich dementsprechend zu verhalten.

9. Kapitel

Die Praxis des Wandels

> Eine falsche Antwort ist leicht festzustellen,
> aber es braucht Originalität, um eine falsche Frage zu entdecken.
> Antony Jay: *Management and Macchiavelli*

In unseren bisherigen Darlegungen haben wir versucht, die Grundsätze der Entstehung und der Lösung von Problemen herauszuarbeiten. Nun ist zu zeigen, wie diese Grundsätze sich am besten auf die praktische Behandlung menschlicher Probleme anwenden lassen. In diesem und dem nächsten Kapitel werden wir hauptsächlich Material aus unseren Arbeiten mit Kurztherapien heranziehen, doch obwohl dies unseren Ausführungen eine starke Betonung der Therapie geben wird, dürfte es doch klar werden, daß das Gesagte auch für nichtklinische, nichttherapeutische Situationen gültig ist; unserer Meinung nach ist klinische Arbeit ja überhaupt nur eine Sparte des viel weiteren Gebiets der Problemlösungen.

Wenn man an ein Problem in der beschriebenen Weise herangeht, so ergibt sich dabei fast zwanglos eine Vierteilung des Vorgehens, und zwar:

1. eine klare und konkrete Definition des Problems;
2. eine Untersuchung der bisher versuchten Lösungen;
3. eine klare Definition des Behandlungsziels (der Lösung);
4. die Festlegung und die Durchführung eines Plans zur Herbeiführung dieser Lösung[1].

Was den *ersten* Punkt betrifft, ist es selbstverständlich, daß ein Problem vor allem tatsächlich ein Problem sein muß, um überhaupt gelöst werden zu können. Damit soll gesagt sein, daß erst die Übersetzung eines vage formulierten Problems in klare, kon-

---

[1] Erst lange nach dieser Systematisierung unseres Vorgehens legten wir uns darüber Rechenschaft ab, daß wir dabei ohne blasphemische Absicht die sogenannten vier heiligen Wahrheiten des Buddhismus plagiert hatten; nämlich (1) vom Leiden, (2) von der Entstehung des Leidens, (3) von der Aufhebung des Leidens, und (4) vom Wege zur Aufhebung des Leidens. Nachträglich erscheint dies nicht allzu überraschend, da die Grundlage der buddhistischen Glaubenslehre eminent praktisch und existentiell ist.

krete Begriffe die entscheidende Trennung zwischen Problemen und Pseudoproblemen ermöglicht. Im Falle der letzteren bringt diese Abklärung nicht eine Lösung, sondern die Auflösung des Pseudoproblems mit sich. Zugegebenerweise schließt dies leider nicht aus, daß dann eine Schwierigkeit übrigbleibt, gegen die kein Kraut gewachsen ist und mit der man zu leben lernen muß. So wäre es zum Beispiel absurd, eine Lösung für die Trauer über den Tod einer geliebten Person zu suchen oder für die durch ein Erdbeben verursachte und bekanntlich nur sehr langsam abklingende Angst. Solche «Lösungen» sind die Kompetenz gewisser pharmazeutischer Firmen, die in den Beschreibungen ihrer Erzeugnisse zur utopischen Implikation neigen, *jede* schmerzhafte Gefühlsregung sei eo ipso krankhaft und könne (und sollte) mit einem Heilmittel bekämpft werden [75]. Wenn aber ein zu verändernder Zustand nicht auf einem Pseudoproblem beruht, so enthüllt der erfolgreiche Abschluß dieser ersten Phase das Problem in seiner konkreten Eigenart, und dies ist eine unerläßliche Vorbedingung für die Suche nach seiner Lösung.

Über den *zweiten* Punkt erübrigen sich weitere Ausführungen. In den vorhergehenden Kapiteln haben wir bereits untersucht, wie sich Probleme aus den Fehllösungen von Schwierigkeiten ergeben und erhalten. Eine genaue Prüfung dieser versuchten Lösungen macht es nicht nur offenkundig, welche Art von Veränderung *nicht* versucht werden darf, sondern auch, wogegen sich die Lösung zu richten hat.

Die *dritte* Phase, die Festlegung eines konkret definierbaren und praktisch erreichbaren Ziels, schützt den Problemlöser davor, sich selbst in Fehllösungen mitzuverhaspeln und das bestehende Problem so zu verschärfen, statt zu lösen. Es wurde bereits darauf verwiesen, wie ein utopisches Ziel unter der Flagge der Therapie zu seiner eigenen Pathologie werden kann. Der Helfer, der ein utopisches oder in anderer Hinsicht vages Ziel entweder selbst einführt, oder von seinem Patienten übernimmt, wird schließlich einen Zustand behandeln, den er unversehens selbst miterschaffen hat und der nunmehr durch «Therapie» am Leben erhalten wird. Es kann kaum überraschen, daß die Behandlung unter diesen Umständen lang und schwierig sein dürfte. Wird das Symptom nur als die Spitze jenes mythischen Eisbergs aufgefaßt, so läuft dies auf eine negative Umdeutung hinaus, die aus einer bestehenden Schwierigkeit ein so komplexes und tief-sitzendes Problem macht, daß «daher» nur komplexe und tief-schürfende Behandlungsmethoden Aussicht auf Erfolg verspre-chen. Der Therapeut, der sich der Eisberghypothese menschlicher Probleme verschreibt und seine Behandlungsziele dementspre-chend setzt, erzeugt damit einen Rosenthaleffekt[2], der den Weg zur Lösung lang und labyrinthisch macht. Im Gegensatz dazu hat uns unsere Arbeit gezeigt, daß die Festsetzung eines konkreten, erreichbaren Ziels einen positiven Rosenthaleffekt bewirkt. Über die Notwendigkeit, eine Behandlung mit einem klar definierten und konkreten Ziel zu beginnen, sind sich heute die an Kurz-methoden Interessierten in steigendem Maße einig; man ver-gleiche hierzu die vielen Hinweise zu diesem Thema in Barten [16]. Freilich ist es keineswegs immer leicht, ein klar umrissenes Behandlungsziel festzulegen. Wie schon erwähnt, beschreiben viele Hilfesuchende den erwünschten Wandel in scheinbar sinn-voller, doch praktisch unbrauchbarer Weise: sie möchten glück-licher sein oder besser mit ihrem Ehepartner kommunizieren, mehr vom Leben und weniger Sorgen haben – um nur einige be-sonders typische Beispiele zu erwähnen. Was solche Ziele uner-reichbar macht, ist ihre Verschwommenheit. Danach befragt, was *spezifisch* eintreten (oder aufhören) müßte, damit sie glücklicher wären, besser kommunizieren könnten usw., wissen sie mit dieser Frage meist nichts anzufangen. Ihre Ratlosigkeit hat nicht pri-mär damit zu tun, daß sie noch nicht die richtige Antwort auf ihr Problem gefunden haben, sondern damit, daß sie von einer falschen Fragestellung ausgehen. «Wenn sich eine Frage über-haupt stellen läßt, so *kann* sie auch beantwortet werden» [108], stellte Wittgenstein schon vor fünfzig Jahren fest. Zusätzlich zu unserer Suche nach der richtigen Frage und der damit eng ver-bundenen, konkreten Definition des Problems versuchen wir, der Suche nach der Lösung auch zeitliche Grenzen zu setzen. Wir stimmen mit jenen Therapeuten überein, die festgestellt haben,

---

[2] Robert Rosenthal [85] hat den experimentellen Nachweis erbracht, daß die Meinungen, Annahmen, Erwartungen und die theoretischen so-wie praktischen Vorurteile einer Versuchsperson, eines Befragers oder, wie wir hinzufügen möchten, eines Therapeuten, selbst (oder gerade) dann eine ganz bestimmte Wirkung auf die Leistung der Versuchsper-sonen oder -tiere haben, wenn sie völlig außerbewußt bleiben.

daß eine von vornherein zeitlich begrenzte Behandlungsdauer die Aussichten auf Erfolg erhöht, während die sogenannten großen, zeitunabhängig geführten Therapien sich meist solange hinschleppen, bis der Patient einsieht, daß die Behandlung auch lebenslänglich sein könnte, und sie aufgibt. Unserer Erfahrung nach entspricht die Fähigkeit eines Patienten, ein konkretes Behandlungsziel entweder selbst anzugeben oder sich mit einem ihm vorgeschlagenen einverstanden zu erklären (gleichgültig, wie groß und monolithisch ihm sein Problem auch vorkommen mag), meist auch seiner Willigkeit, sich auf eine begrenzte Behandlungsdauer festzulegen – in unserem Institut meist zehn wöchentliche Sitzungen [3].

Dies bringt uns zur *vierten* Phase. In den ersten drei wurde die notwendige Vorarbeit geleistet, und dies läßt sich meist verhältnismäßig rasch erledigen. Der eigentliche Prozeß des Wandels spielt sich nun in der vierten Phase ab. Zunächst seien allgemeine Gesichtspunkte erwähnt; und im 10. Kapitel dann soll eine Reihe spezifischer Interventionen veranschaulichen, wie unsere Theorie des Wandels in die Praxis umgesetzt werden kann.

Zwei der grundlegenden Prinzipien sind bereits bekannt: Das Ziel der Veränderung ist die versuchte Lösung, und die hierfür gewählte Taktik muß in die «Sprache» des oder der Betreffenden übersetzt werden, das heißt, muß in einer Form vermittelt werden, die ihrem Bild der «Wirklichkeit» entspricht.

Ein weiterer, grundsätzlicher Gesichtspunkt kam bereits bei mehreren der bisher erwähnten Beispiele zur Sprache. Es ist die Tatasche, daß die Paradoxien eine ebenso wichtige Rolle in der Lösung wie in der Entstehung von Problemen spielen. Da wir diese Rolle an anderem Orte [102] bereits eingehend dargestellt haben, können wir uns hier auf eine kurze Zusammenfassung beschränken:

---

[3] Hierzu erhebt sich natürlich die Frage: Wer entscheidet dabei, welches aus einer großen Zahl denkbarer und wünschenswerter Ziele das richtige ist? Dadurch aber, daß damit die Begriffe «richtig» und «falsch» eingeführt werden, wird die Frage selbst zu einem guten Beispiel einer falschen Frage, und die einzig mögliche Antwort darauf ist, daß wir es weder wissen können, noch zu wissen brauchen. Das von uns beschriebene Vorgehen ist ja eben nicht ein teleologisches, das sich etwa auf der Annahme gründet, es gebe so etwas wie einen endgültigen Zustand der Normalität, über den Therapeuten Spezialwissen besitzen und daher die

Alle Probleme enthalten ein Element der Unausweichbarkeit, denn sonst wären sie ja keine Probleme. Dies trifft besonders für jene Probleme zu, die gewöhnlich als emotionale Symptome bezeichnet werden. Um nochmals das Beispiel des Schlaflosen aufzugreifen: Indem er sich zum Schlafen zu zwingen versucht, versetzt er sich in eine «Sei spontan!»-Paradoxie. Sein Symptom kann daher am besten in einer ähnlich paradoxen Weise angegangen werden, nämlich indem man ihn veranlaßt, sich zum Wachbleiben zu zwingen. Weniger kompliziert ausgedrückt bedeutet dies, daß wir ihm dadurch sein Symptom «verschrieben» haben; das heißt, wir haben ihn dazu gebracht, sein Symptom absichtlich zu manifestieren, statt erfolglos zu bekämpfen. Symptomverschreibungen, oder im weiteren, nichtklinischen Sinne, Lösungen zweiter Ordnung durch den Gebrauch von Paradoxien, sind unseres Wissens die bei weitem wirkungsvollsten und elegantesten Formen von Problemlösungen.

Die praktische Anwendung dieser Grundsätze hat uns zur Entwicklung einer Anzahl von Interventionen geführt, von denen eine Auswahl im nächsten Kapitel beschrieben werden soll. Da aber jede dieser Interventionen sich ausschließlich auf einen bestimmten Problemfall bezieht und sich bekanntlich auch nicht zwei solcher Fälle jemals völlig gleichen, ist es natürlich unmöglich, mit einem umfassenden Katalog solcher Interventionen aufzuwarten. Auch dürfte es klar sein, daß die in den folgenden Beispielen erwähnten Interventionen nicht die einzigen sind und nicht einmal die besten zu sein brauchen, die ein begabter Problemlöser finden könnte. Der Natur der Sache nach können wir in diesem Buch nur die Strategie von Lösungen zu beschreiben versuchen, nicht aber eine erschöpfende Liste ihrer taktischen Anwendungen geben. Wir sind uns ferner dessen voll bewußt, daß ähnliche Interventionen schon lange vor uns von anderen,

letzthin gültige Entscheidung darüber treffen können, was für den Patienten am besten ist. Genau so, wie wir im Symptom nicht die Oberflächenmanifestation eines tiefsitzenden Problems sehen, planen wir das Behandlungsziel nicht im Einklang mit irgendeiner essentiellen, platonischen Idee vom wahren Sinn des Lebens. Auf der zweiten Stufe unseres Vorgehens stellen wir fest, was das Problem jetzt und hier akut oder chronisch erhält; damit wird das Brechen dieses Rückkopplungskreises zum offensichtlichen Behandlungsziel – und nicht die Verwirklichung einer philosophischen Abstraktion des Menschenwesens.

besonders von Erickson [47, 49) und Frankl [40], beschrieben worden sind. Ferner ist es nicht unsere Absicht, Kasuistik im orthodoxen Sinne zu bringen, geschweige denn «Heilungen» zu beschreiben. Unsere Absicht ist und bleibt es vielmehr, zu exemplifizieren, wie unsere Theorie sich in die Praxis umsetzen läßt. *Besonders ist zu bemerken, daß von der Lektüre der letzten beiden Kapitel dieses Buches jenen Problemlösern und Helfern abgeraten wird, die zu aufrichtig sind, «Spiele zu spielen», das heißt, die es vorziehen, das Spiel des Nichtspielens von Spielen zu spielen.*

Ein Wort schließlich über unsere *Fehlschläge.* Es versteht sich wohl von selbst, daß keine Methode Anspruch darauf erheben kann, automatisch und in allen Fällen zum Erfolg zu führen [4]. Zwischen Theorie und Praxis besteht immer ein ernüchternder Unterschied.

Die Achillesferse unserer Interventionen ist natürlich die Notwendigkeit, jemanden erfolgreich zur Ausführung einer Verhaltensverschreibung zu bringen. Leute, die sich zuerst dazu einverstanden erklären, dann aber zurückkommen und berichten, daß sie die Instruktionen nicht ausführten, da sie entweder keine Zeit dazu fanden, darauf vergaßen, oder sie nach näherer Überlegung dumm oder zwecklos fanden, sind natürlich schlechte Erfolgskandidaten. Eine Möglichkeit des Scheiterns liegt also in

---

[4] Als Beispiel seien die ersten 97 Fälle erwähnt, die wir im Rahmen unseres Kurztherapie-Projekts behandelten und deren Ergebnisse auf der Grundlage der drei bis sechs Monate nach der letzten Sitzung abgehaltenen Nachuntersuchung festgestellt wurden. Es handelte sich bei diesen Fällen praktisch um die meisten Störungen, die routinemäßig auch in einer Poliklinik anfallen würden, und die Durchschnittsdauer der Behandlungen belief sich auf sieben Stunden pro Fall. In 40 % der Fälle wurde das Behandlungsziel erreicht; in 33 % wurde das Ziel nicht voll erreicht, jedoch eine wesentliche Besserung des Ausgangszustands herbeigeführt; die verbleibenden 27 % müssen als Fehlschläge gelten.

Wir sind uns darüber im klaren, daß eine sich auf drei bis sechs Monate stützende Katamnese auch nicht annähernd den Anforderungen einer klassischen therapeutischen Erfolgsstatistik gerecht wird. Die sich einem solchen Unterfangen entgegenstellenden, vor allem theoretischen Komplikationen sind jedoch so enorm, daß unseres Wissens keine Methode besteht, die allen Schulmeinungen über das Ziel der Psychotherapie, geschweige denn des Begriffs der Normalität, gerecht würde. Bash hat diesem Problem eine ausgezeichnete Studie gewidmet [18].

unserer Unfähigkeit, jemandem die Lösung in der «Sprache» zu vermitteln, die ihm einleuchtet und ihn daher bereit macht, die betreffende Instruktion anzunehmen und zu befolgen. Im letzten Kapitel kam das bereits im Zusammenhang mit den Umdeutungen zur Sprache. Im Abschnitt «Der Teufelspakt» werden wir im nächsten Kapitel eine weitere Methode für das Überkommen dieser Schwierigkeit erwähnen.

Ein zweiter Grund für Fehlschläge kann in der Intervention selbst liegen. Wenn ein Patient eine Verhaltensverschreibung befolgt, ohne daß sich eine Veränderung ergibt, so liegt die Schuld offensichtlich bei der Instruktion. In diesem Falle ergibt eine genaue Prüfung meist den Fehler und ermöglicht die Formulierung eines revidierten, also zum Beispiel noch realistischeren Plans. Überhaupt sehen wir uns im Laufe der vierten Phase nicht selten gezwungen, das ursprüngliche Behandlungsziel abzuändern, wenn zusätzliche Informationen verfügbar werden oder bereits eingetretene Teilerfolge die Lage verändern.

Wir selbst versuchen, diese Komplexität dadurch auf den einfachsten Nenner zu bringen, daß wir in den Nachuntersuchungen von einem am Projekt nicht beteiligten Interviewer die folgenden vier Fragen stellen lassen:
1. Wurde das Behandlungsziel erreicht oder nicht?
2. Hat der Betreffende (oder ein anderes Familienmitglied) in der Zwischenzeit anderswo Therapie erhalten?
3. Haben sich in der Zwischenzeit neue Probleme ergeben?
4. Haben sich in der Zwischenzeit Probleme gelöst, die nichts mit dem Behandlungsziel zu tun hatten?

Die obenerwähnte, höchst summarische Statistik stützt sich vor allem auf die Ergebnisse der ersten und zweiten Frage. Mittels der dritten explorieren wir, ob es im Patienten (oder einem anderen Familienmitglied) inzwischen zu einer Symptomverschiebung gekommen ist; und die vierte Frage bezieht sich auf das nicht seltene Phänomen eines zusätzlichen, spontanen Wandels.

10. Kapitel

Beispiele

Weniger desselben

Zuerst eine Situation, die an und für sich eher ungewöhnlich ist, aber den Vorteil hat, daß sich an ihr die Vierstufigkeit unseres Vorgehens gut darstellen läßt.

1. *Das Problem:* Ein junges Paar kommt in Ehetherapie, da die Frau sich nicht länger mit der übermäßigen Abhängigkeit des Mannes von seinen Eltern abfinden kann (er ist ihr einziges Kind, 30 Jahre alt, beruflich erfolgreich und daher finanziell unabhängig). Der Mann stimmt dieser Definition des Problems vorbehaltlos bei, fügt aber hinzu, daß er keinen Ausweg aus seinem Dilemma sieht. Zeit seines Lebens haben ihm seine Eltern nicht nur alles Notwendige gegeben, sondern ihn außerdem in jeder nur denkbaren Weise verwöhnt (ein Bankkonto, teure Kleidung und Autos, eine ausgezeichnete Ausbildung, weite Reisen usw.). Wie er angibt, hat er seit langem den Punkt erreicht, an dem jedes weitere Geschenk die bereits drückende Last seiner Dankesschuld noch unerträglicher macht. Gleichzeitig weiß er aber auch, wie bitter die Eltern seine Abweisung ihrer ständigen, unerwünschten Hilfe kränken würde, denn ihrer Auffassung nach ist dauerndes Geben sowohl die rechte Haltung, als auch die größte Befriedigung «guter» Eltern.

Die Eltern waren über die Wahl seines Ehepartners nicht sehr begeistert, doch bot ihnen die Heirat sofort zusätzliche Anlässe zu massiven Interventionen in das Leben der jungen Leute. So wählten sie das Haus und leisteten die Anzahlung, obwohl die beiden ein kleineres, bescheideneres Heim in einem anderen Stadtteil weit vorgezogen hätten. Die Eltern trafen auch alle Entscheidungen über die Innenausstattung des Hauses und sogar die Bepflanzung des Gartens. Sie beschafften das sehr kostspielige Mobiliar und ließen so dem jungen Paar praktisch keine Wahl, ihr eigenes Heim so zu gestalten, wie sie es gern getan hätten. Viermal jährlich kommen die Eltern, die in einer 2500 Kilometer entfernten Stadt leben, auf je drei Wochen zu Besuchen, die das junge Paar zu fürchten gelernt hat. Die Eltern übernehmen den Haushalt in jeder Hinsicht; die junge Frau wird aus der Küche verbannt, während die Schwiegermutter alle Mahlzeiten zubereitet und dazu Berge von Lebensmitteln einkauft; sie wäscht alles Waschbare und stellt die Möbel um, während der Vater die beiden Wagen wäscht und überholt, Laub zusammenrecht, das Gras mäht, Bäume beschneidet, pflanzt und jätet. Wenn alle vier ausgehen, zahlt der Vater unweigerlich für alle Ausgaben.

2. *Die bisherigen Lösungsversuche:* Die beiden sind mit ihrem Latein am Ende. Sie haben sich beide große, doch erfolglose Mühe gegeben, ein Minimum an Unabhängigkeit zu erkämpfen, doch auch der schüchternste Versuch, sich gegen die Vormundschaft seiner Eltern zu wehren, wird von diesen als Zeichen von Undankbarkeit empfunden und versetzt den Sohn in tiefe Schuldgefühle, seine Frau aber in hilflose Wut. Diese Versuche führen auch zu lächerlichen Szenen in der Öffentlichkeit, so etwa, wenn sowohl die Mutter, als auch die Schwiegertochter eine Verkäuferin beschwören, ihr Geld und nicht das der anderen anzunehmen, oder wenn Vater und Sohn buchstäblich um die Restaurantrechnung ringen, sobald der Kellner sie zum Tisch bringt. Um das drückende Gefühl ihrer Dankesschuld wenigstens etwas zu entlasten, hat das junge Paar auch versucht, den Eltern nach ihrem Besuch ein teures Geschenk zu schicken – mit dem einzigen Erfolg, daß sie postwendend von diesen ein noch teureres erhielten. Beide fühlten sich dann verpflichtet, dieses Geschenk an gut sichtbarer Stelle im Haus aufzustellen, und wurden damit um ein weiteres Memento dessen reicher, was sie nur zu gern vergessen möchten. Je mehr sie sich bemühen, ein Mindestmaß an Unabhängigkeit zu erreichen, desto mehr bemühen sich die Eltern, ihnen zu «helfen», und alle vier sind so in einem typischen «Mehr desselben»-Dilemma, einem Spiel ohne Ende gefangen.

3. *Das Ziel:* Die oft schwierige Aufgabe, ein konkretes Ziel festzulegen, war in diesem Falle recht leicht. Die Eltern sollten endlich aufhören, sie als Kinder zu behandeln, sie sollten ihnen das Recht geben, auch während ihrer Besuche ihre eigenen Entscheidungen zu treffen und auf ihre eigene Façon selig zu werden –

und all dies möglichst ohne die Schuld auf sich laden zu müssen, die alten Leute zu kränken und zu enttäuschen.

Für die Planung der bestmöglichen Intervention war aber auch noch diese Zielsetzung zu allgemein. Wir fragten also den Mann, welches ganz bestimmte Ereignis für ihn der handgreifliche Beweis dafür wäre, daß er dieses Ziel erreicht habe. Ohne zu zögern erklärte er, daß dies dann der Fall wäre, wenn ihm sein Vater von sich aus sagen würde: Du bist nun erwachsen, ihr beiden müßt euch nun endlich selbst zu helfen lernen und dürft nicht erwarten, daß Mutter und ich euch auf ewige Zeiten verwöhnen werden. Da auch die Frau damit einverstanden war, wurde die Herbeiführung dieser Veränderung in der Haltung der Eltern zum Behandlungsziel erklärt.

4. *Die Intervention:* Die Sachlage ließ keinen Zweifel darüber, daß eine erfolgreiche Intervention nur in der einzigen, den Eltern verständlichen «Sprache» durchgeführt werden konnte, nämlich im Rahmen der für sie alles andere überwiegenden Notwendigkeit, «gute» Eltern zu sein. Da einer ihrer vierteljährlichen Besuche bevorstand, wurde dem jungen Paar folgende «Weniger desselben»-Taktik empfohlen: Bis zum letzten Besuch hatten sie ihr Äußerstes getan, den Eltern so wenig Anlaß wie möglich zum Putzen, Ändern und Verbessern zu geben. Diesmal sollten sie mit der Reinigung des Hauses einige Tage vor dem Eintreffen der Eltern aufhören, ein Größtmaß an Schmutzwäsche ansammeln lassen, die Autos nicht mehr reinigen und ihre Benzinbehälter fast leer lassen, den Garten vernachlässigen und die Küchenvorräte möglichst völlig aufbrauchen. Irgendwelche Schäden (wie tropfende Wasserhähne, ausgebrannte Glühbirnen und dergleichen) sollten sie nicht beheben; ferner sollten sie nicht nur nicht versuchen, die Eltern am Bezahlen für Lebensmittel, Restaurantrechnungen, Theaterkarten, Benzin usw. zu hindern, sondern sollten in aller Ruhe darauf warten, daß die Eltern ihre Brieftaschen zückten und alle diese Ausgaben beglichen. Der Frau wurde besonders aufgetragen, schmutziges Geschirr in der Küche ansammeln zu lassen und zu warten, bis es die Mutter wasche; der Mann sollte nach dem Heimkommen und an den Wochenenden lesen oder fernsehen, während der Vater in Garten oder Garage fleißig arbeitete. Gelegentlich sollte er den Kopf zur Tür

hinausstecken und sich freundlich nach dem Fortschritt dieser Arbeit erkundigen. Vor allem wurde es ihnen untersagt, irgendeinen Versuch zu unternehmen, die Eltern davon überzeugen zu wollen, daß sie (das junge Paar) ein Recht auf ihre Unabhängigkeit hatten. Sie hatten alles, was die Eltern für sie taten, als Selbstverständlichkeit anzunehmen und ihnen dafür nur sehr flüchtig zu danken.

Vermutlich wäre es kaum möglich gewesen, das junge Paar für diesen Plan zu gewinnen, wenn ihre Rat- und Hoffnungslosigkeit nicht den Ausschlag gegeben hätte. Denn rein von der Vernunft her gesehen, schienen die Verhaltensverschreibungen sie noch tiefer in die Abhängigkeit zu zwingen, aus der sie entkommen wollten. So führten sie denn wenigstens einen Teil der Instruktionen aus, und als sie zwei Wochen später zur nächsten Sitzung kamen, berichteten sie, daß die Eltern ihren Besuch abgebrochen hätten. Vor der Abreise hatte der Vater seinen Sohn zur Seite genommen und es ihm freundlich, aber unmißverständlich klargemacht, daß er und seine Frau viel zu verwöhnt wären, sich anscheinend vollkommen daran gewöhnt hätten, von den Eltern bedient und versorgt zu werden und daß es nun höchste Zeit sei, sich als Erwachsene zu benehmen und weniger von ihnen abzuhängen.

Wie man sieht, wurde nicht einmal der Versuch unternommen, die Eltern in die Sitzungen einzubeziehen, wie dies in konventioneller Familientherapie selbstverständlich gewesen wäre, um in allen Beteiligten ein Verständnis des Problems und seiner Folgen zu erzielen. Die Intervention richtete sich vielmehr gegen die vom jungen Paar versuchte Lösung und gestattete es den Eltern, ihre Rolle als gute Eltern weiterzuspielen – eine Rolle, die sie sowieso nie aufgegeben hätten. Statt den jungen Leuten weiterhin zu «helfen», widmeten sie sich nun der ebenso befriedigenden elterlichen Pflicht, sie zur Selbstständigkeit zu erziehen.

Die Schabe und der Tausendfüßler

Bei der Besprechung der Umdeutungen haben wir bereits gesehen, daß das Wissen um die einem Verhalten zugrundeliegende Theorie es einem ermöglicht, sich nicht mehr so verhalten zu *brauchen* (Howard), oder es einem verunmöglicht, sich weiter so verhalten zu *können* (Wittgenstein). Diese zweite Variante spiegelt sich in der bekannten Fabel wider, in der die Schabe den Tausendfüßler fragt, wie er es fertigbringe, seine vielen Beine mit so vollendeter Eleganz und Harmonie zu bewegen. Der Tausendfüßler denkt nach – und kann von diesem Augenblick an nicht mehr gehen.

Ein Mann mittleren Alters und seine Frau beschlossen, sich mit ihren Kindern einer Familientherapie zu unterziehen, da ihre sich monoton wiederholenden Ehezwiste die Frau unglücklich machten und die möglichen Auswirkungen der Kräche auf die Kinder sie sehr bedrückten. Bei der Besprechung des Problems stellte sich rasch heraus, daß diese Eskalationen auf einer sehr eingespielten Form von «Zusammenarbeit» der beiden beruhten: Der Mann (der übrigens zugab, daß er Streitereien liebte und zum Beispiel in Restaurants regelmäßig Krach mit der Bedienung inszenierte), verwendete irgendeine subtile, aber unweigerlich erfolgreiche Provokation, auf die seine Frau dann in einer Weise reagierte, die es ihm wiederum gestattete, wütend zu werden und sie zu beschimpfen. Selbstverständlich war *sie* überzeugt, daß ihre Reaktion ihre einzige Verteidigung und auch die einzige Möglichkeit war, den Zusammenstoß zu *vermeiden,* den er dann aber doch «irgendwie» vom Zaune brach. Beiden, aber besonders ihr, war es offensichtlich unmöglich, von selbst zu sehen, daß ohne diese spezifische «Vermeidung» des Konflikts der Konflikt nicht eintreten könnte, weil damit ein notwendiges Glied in der Kette des stereotypen Ablaufs gefehlt hätte. Während wir uns noch den Kopf über die beste Intervention zerbrachen, lieferte ein Zwischenfall einen guten Anlaß für eine Verhaltensverschreibung. Das folgende Protokoll ist der Tonbandaufnahme der Sitzung entnommen, die auf diese Verschreibung folgte:

Therapeut: Haben Sie meine Anweisungen am Sonntag ausgeführt?
Vater: Ja.
Therapeut: Gut, bitte erzählen Sie uns davon.
Vater: Ich konnte niemanden finden, der mitgemacht hätte.
Therapeut (zu den Kindern): Damit Sie wissen, wovon wir sprechen: Ich hatte am Sonntag ein Telefongespräch mit Ihren Eltern, die einen Krach gehabt hatten, und ich riet Ihrem Vater, zu dieser Konferenz nach San Franzisko zu fahren und dort in Streit, in einen wirklichen Streit mit jemandem zu kommen. Ihr Vater hat nämlich hier erwähnt – obwohl er sich nicht recht daran erinnern kann –, daß er wahrscheinlich

meistens ohnehin einen Streit im Sinne hat. Ich war also der Meinung, daß es eine ausgezeichnete Erfahrung für ihn sein könnte, dies einmal als Experiment zu tun, sozusagen herauszufinden, was er tut, um den Anlaß für einen Krach zu schaffen. (Zum Vater gewendet:) Und Sie sagen, Sie konnten niemand finden, der mitgemacht hätte?

Vater: Nein – ich meine, also rein logisch ist das – ist das komisch. Manchmal habe ich Kräche, aber die sind spontan. Diesmal, diesmal plante ich einen. Ein Freund von mir und ich gingen einen Martini trinken. Und ich sagte dem Barmann, daß ich meinen trocken wollte, und er sagte: «Er ist trocken». Ich sagte ihm, «Dann trinken Sie ihn – was für einen Gin verwenden Sie ? – Sie verwenden einen süßen Gin», sagte ich, «Das ist kein trockener Martini – los, machen Sie mir einen trockenen.» Er sagte, «Schön, wie wollen Sie ihn?» – und dann mixte er mir einen sehr guten Martini. Der erste war wahrscheinlich genau so gut gewesen. Aber Sie sagten mir, ich solle einen Streit provozieren.

Therapeut: Ja – und er tat Ihnen den Gefallen nicht? ...

Vater: Und er tat mir den Gefallen nicht, er stritt nicht mit mir und er mixte mir meinen Martini und machte ihn genau nach meinem Wunsch, und ich sagte zu ihm, «Dieser ist viel besser», und er sagte, «Ich werd's mir merken». Schön, man kann nicht gut mit Leuten Krach haben, mit denen man geschäftlich zu tun hat, obwohl ich auch mit ihnen Streit gehabt habe. Aber als ich durch die Ausstellungsräume ging, sagten mir alle, sie hätten gehört, daß ich krank gewesen war. Also sagte ich zu einem, «Warum haben Sie mir keine Glückwunschkarte geschickt?», und er sagte, «Ich habe daran gedacht und gleich, wenn ich nach Hause komme, werde ich Ihnen eine schicken». So wartete ich also, bis es Zeit war, meinen Wagen zu holen. Ich vertrödelte absichtlich fünfzehn Minuten, so daß ich die volle Stunde Parkzeit um fünf Minuten überschritt. Dann ging ich hinunter und fragte den Kerl, «Wieviel macht es?». Er sagte, «Dreieinhalb Dollar», und ich sage, «Nein, nur drei». Er rechnet es nochmals nach, und von der zusätzlichen Stunde, für die ich zu zahlen hatte, waren nur fünf Minuten vergangen – aber die Gebühr ist eben pro Stunde oder Teil einer Stunde. Er rechnete mir dafür fünfzig Cents und ich versuchte, darüber zu streiten. Er sagte, «Ich kann nicht mit Ihnen streiten; die Leute machen mir dauernd deswegen Schwierigkeiten – ich kann da gar nichts tun; schreiben Sie an die Direktion». Ich sagte, «Aber Sie sind für mich die Direktion – ich gebe Ihnen genau drei Dollar und fahre einfach weg». Sagt er: «So? Dann schreib' ich mir eben Ihre Nummer auf und gebe sie dem Chef, und er kann dann das Weitere veranlassen». Freilich, der Mann hat wahrscheinlich dauernd mit Leuten zu tun, die wie ich auf eine Streiterei aus sind. Wiederum also machte er nicht mit, aber ich hatte mich bemüht – wie Sie es mir aufgetragen hatten. Es kann sein, daß ich, gerade weil ich Ihren Auftrag ausführte, mich nicht genug anstrengte. Aber ich hatte sorgfältig zwei Situationen herbeigeführt und wenn man nur auf mich reagiert hätte, hätten wir einen wunderschönen Krach haben können.

Therapeut (Mutter direkt anblickend): Wenn jemand nur auf Sie reagiert hätte – ja.

Vater: Ich meine, wenn ich den Parkwächter nur dazu gebracht hätte, seine Geduld zu verlieren, hätte ich ihn erledigt. Genauso den Barmann.

Diese Intervention, eine typische Symptomverschreibung, hatte zwei Wirkungen. Erstens versetzte sie den Mann in eine «Sei spontan!»-Paradoxie in bezug auf seine «spontanen» Streitereien, und zweitens führte sie der Frau ihren eigenen Beitrag zum Eheproblem viel klarer vor Augen, als es jede auf «Einsicht» abzielende Erklärung oder Deutung vermocht hätte.

Betrachten wir als nächstes die häufigen Fälle von Familienproblemen, in denen das «schlechte» Benehmen eines Sohns oder einer Tochter im Jugendlichenalter sich genau in ein Eheproblem der Eltern einfügt. Die Tochter zum Beispiel benimmt sich frech und aufsässig gegen die Mutter, die darauf in einer Weise reagiert, die die gegenseitige Feindseligkeit verschärft. Verständlicherweise erwartet sie von ihrem Mann, daß dieser seine väterliche Autorität geltend mache und ihr helfe, das Betragen der Tochter zu ändern. Leider aber ist er ihrer Meinung nach der Tochter gegenüber viel zu nachsichtig, gleichgültig, wie sehr sie sich über das Mädchen beschwert. Zu Recht oder Unrecht bildet sich in ihr dann der Eindruck heraus, daß ihr Mann und ihre Tochter gegen sie heimlich gemeinsame Front machen, das heißt, daß der Vater das Benehmen des Mädchens insgeheim billigt und unterstützt – ein unbeweisbarer Verdacht, den er entrüstet von sich weist, wenn sie ihn in der Hitze des Gefechts vorbringt. In diesen Fällen ist es sehr wirkungsvoll, dem Vater in Anwesenheit seiner Frau zu sagen, daß er den häuslichen Frieden verhältnismäßig einfach wiederherstellen kann, wenn er zu einer etwas merkwürdigen Taktik bereit ist; nämlich seiner Tochter jedesmal ein 25-Cent-Stück zu geben, wenn sie frech zu ihrer Mutter ist. Er hat dies schweigend zu tun und als ob es die natürlichste Sache der Welt wäre, und falls die Tochter unbedingt wissen wolle, was es damit auf sich habe, so dürfe er nur sagen: «Weil es mir gerade eingefallen ist, dir 25 Cents zu geben.» – Mit dieser Verhaltensverschreibung kann man der zwecklosen Debatte ausweichen, ob der Vater «wirklich» der Mutter gegenüber feindselig ist und ob die Tochter «wirklich» diese Feindseligkeit zur geheimen Befriedigung des Vaters auslebt. Die vage Symbolbedeutung der Instruktion kommt für die Tochter außerdem einer Anwendung der Konfusionstechnik nahe und gibt andererseits der Mutter das Gefühl, daß der Vater endlich «etwas tut», obwohl beiden der Sinn des Ganzen unklar genug bleibt, so daß er nicht in ihre üblichen Debatten hineingezogen werden kann. Wie schon im ersten Beispiel, macht diese Intervention ein spontanes Verhaltensmuster sichtbar, das bisher für die Beteiligten unsichtbar gewesen war, und zwar nicht im orthodoxen Sinne einer Einsicht, sondern durch eine ganz bestimmte Handlung. Wie beim Tausendfüßler wird auch hier die Fortsetzung des spontanen Verhaltens durch die Verschreibung der Spontaneität unmöglich.

Ein Fünfundzwanzigjähriger, der als schizophren diagnostiziert und den Großteil seiner letzten zehn Jahre in Anstalten und intensiver Psychotherapie verbracht hatte, wurde von seiner Mutter in Behandlung gebracht, da er ihrer Meinung nach wieder vor einem psychotischen Schub stand. Er lebte zu diesem Zeitpunkt eine dürftige, einsame Existenz in einem möblierten Zimmer und hatte sich für zwei Kurse an einer höheren Lehranstalt inskribiert, schien aber in beiden nicht vorwärts zu kommen. Sein Verhalten war maniriert und er unterbrach die Sitzungen häufig durch pseudohöfliche Einwände. Seiner Meinung nach war das Problem eine schon lange Zeit dauernde Meinungsverschiedenheit mit seinen Eltern über seine finanzielle Unterstützung. Vor allem nahm er es ihnen übel, daß sie seine Miete und die anderen Ausgaben für ihn bezahlten, «als ob ich ein kleines Kind wäre». Er wünschte von seinen Eltern einen ausreichenden monatlichen Zuschuß zu seinem mageren Einkommen als Tellerwäscher und das Recht, diesen Zuschuß dann selbst und nach eigenem Ermessen zur Deckung seiner Ausgaben verwenden zu können. Auf Grund trüber Erfahrungen in den letzten Jahren und auch seines derzeitigen Verhaltens waren seine Eltern dagegen der Meinung, daß er diesen Verantwortungen nicht gewachsen sei und das Geld in unvernünftiger Weise ausgeben würde. Sie zogen es daher vor, ihm jede Woche kleine Beträge auszuzahlen, deren Höhe anscheinend davon abhing, wie «gut» oder wie «verrückt» er sich jeweils benahm. Dies war ihm aber ebensowenig je klar mitgeteilt worden, wie er seinerseits niemals seinen Zorn über dieses Arrangement offen ausgedrückt hatte. Sein Protest bestand vielmehr in clownartigem Benehmen, das nicht nur als Protest unerkennbar war, sondern besonders der Mutter zusätzliche Beweise für seine Unfähigkeit lieferte, sein eigenes Leben zu leben. Ferner erhöhte es ihre Befürchtung, daß ein neuerlicher, kostspieliger Anstaltsaufenthalt wieder bevorstehe.

In Anwesenheit der Mutter räumten wir ihm ein, daß er sich seinen Eltern gegenüber machtlos fühlen mußte und er es daher nicht wagen konnte, offen gegen sie Stellung zu nehmen. Als einzige Verteidigung blieb ihm daher nur die Drohung übrig, den Eltern weit höhere Kosten durch einen erneuten Schub zu verursachen, als der von ihm gewünschte Monatszuschuß ausmachte. Wir machten dann einige konkrete Vorschläge, wie er sich verhalten könnte, um am wirksamsten den Eindruck einer bevorstehenden Katastrophe zu geben – Vorschläge, die als Symptomverschreibungen alle auf der Linie des etwas verschrobenen Benehmens lagen, das der junge Mann ohnehin an den Tag legte.

Diese Intervention deutete sein «psychotisches» Benehmen als etwas um, über das er Kontrolle besaß und das er daher zu seinem Vorteil verwenden konnte. Dieselbe Umdeutung aber erlaubte es auch der Mutter, dieses Benehmen als unter seiner Kontrolle stehend zu sehen und von ihm daher weniger eingeschüchtert zu werden. Dies wiederum ermöglichte es ihr, bei der nächsten Meinungsverschiedenheit ganz einfach zornig zu werden und ihm zu sagen, daß sie es müde sei, sich ständig seiner anzunehmen, ihn herumchauffieren zu müssen usw. Ferner bestimmte sie einen ausreichenden monatlichen Zuschuß, mit dem er tun und lassen konnte, was er wollte, solange er keine zusätzlichen Zahlungen erwartete. In der Nachuntersuchung mehrere Monate später erwies es sich, daß diese Lösung befriedigend war; es stellte sich außerdem heraus, daß sich der Sohn mit erspartem Geld einen Gebrauchtwagen gekauft hatte und damit noch unabhängiger von seiner Mutter geworden war – ein Beispiel jener zusätzlichen Spontanlösungen, die oft auftreten, wenn die erste Bresche in ein scheinbar monolithisches Problem geschlagen ist.

Propagieren statt verheimlichen

Es gibt eine große Zahl von Problemen, deren gemeinsamer Nenner ein gesellschaftlich peinliches Handicap ist: entweder etwas, das man nicht tun sollte, aber nicht vermeiden kann, oder etwas, das man tun möchte, aber nicht tun kann. In diesen Fällen ist die Definition des Problems meist einfach, und die typische Fehllösung fußt gewöhnlich auf einer sich selbst zunichtemachenden Anwendung von Willenskraft. Im Gegensatz zu den im vorhergehenden Abschnitt erwähnten Fällen ist das Problem hier den Betroffenen peinlich klar.

Ein gutes Beispiel ist die Angst vor öffentlichem Sprechen. Was der Betreffende am meisten fürchtet, ist, daß er seine Nervosität nicht werde meistern können und sie ihn schließlich vor seinen Zuhörern überwältigen wird. Seine Lösungsversuche laufen daher vor allem auf Selbstbeherrschung und auf Verheimlichung (also auf die Einführung des inversen Gruppenelements) hinaus: er versucht, sich «zusammenzunehmen» und das Zittern seiner Hände zu verbergen, mit klarer, fester Stimme zu sprechen, entspannt zu erscheinen usw. Je nervöser er wird, desto mehr nimmt er sich zusammen, und je mehr er sich zusammennimmt, desto nervöser wird er. Obwohl «es» noch nie passiert ist, «weiß» er, daß es das nächste Mal passieren wird, und er kann sich die bevorstehende Blamage in allen Einzelheiten vorstellen. Sein bedauernswertes Dilemma setzt sich aus zwei Hauptbestandteilen zusammen: 1. einem Problem, das sich aus einer Annahme (der mit Sicherheit erwarteten Blamage) ergibt, die für ihn wirklicher als die Wirklichkeit (das heißt, seine bisherigen Erfahrungen) ist, und 2. einer versuchten Lösung erster Ordnung, die das Problem aufrechterhält und so die Annahme bestätigt, die für die Entstehung des Problems verantwortlich ist. Das technisch richtige, tiefenpsychologische Vorgehen würde in der Analyse der das Problem verursachenden Annahme bestehen und man würde versuchen, Einsicht in ihr Wesen und ihren Ursprung herbeizuführen, während das Problem (das Symptom) selbst nur als die Spitze des Eisbergs gelten würde. Im Gegensatz dazu bekämpft die Lösung zweiter Ordnung die versuchte Pseudolösung erster Ordnung: Es wird dem Betroffenen zur Auflage gemacht, seine Ansprache mit der Bemerkung einzuleiten, daß er äußerst nervös sei und sein Lampenfieber ihn wahrscheinlich überwältigen werde. Diese Verhaltensverschreibung kommt einer völligen Veränderung seiner bisherigen Lösungsversuche gleich. Statt sein Symptom zu verheimlichen, macht er es publik. Da aber die versuchte Lösung sein Problem *ist,* verschwindet sein Problem zusammen mit dem Aufgeben des Lösungsversuchs, und damit verschwindet auch die dem Problem zugrundeliegende Annahme, ohne irgendeine Einsicht in ihr Wesen und ihren Ursprung.

Selbstverständlich ist es nicht leicht, jemanden zur Befolgung einer solchen Instruktion zu bewegen. Von sich aus sieht er keinen erdenklichen Grund, etwas seiner Auffassung so zuwiderlaufendes zu tun, wie das zu propagieren, was er am meisten verheimlichen möchte. Und hier ist die Fähigkeit, in der «Sprache» des Patienten zu sprechen, von ausschlaggebender Bedeutung. Dem Ingenieur oder dem Computerfachmann kann diese Verhaltensverschreibung als ein Wechsel von negativen zu positiven Rückkopplungskreisen gedeutet werden. Dem Klienten, der sein Problem als Ausdruck niedriger Selbstachtung sieht, wird eingeräumt, daß er offenbar ein Bedürfnis nach Selbsterniedrigung hat und ihm gleichzeitig auszuweichen versucht und daß die Instruktion sowohl ein Weg zur Befriedigung dieses Bedürfnisses, als auch zur Auseinandersetzung damit ist. Mit jemandem, der an östlicher Weisheit interessiert ist, spricht man von der scheinbaren Absurdität eines Zen *koans.* Dem Patienten gegenüber, der von Anfang an und in verschiedener Weise signalisiert: «Hier bin ich – nun haben *Sie* alle Verantwortung», wird man am besten eine autoritäre Haltung einnehmen und ihm überhaupt keine Erklärung geben. Wenn der Betreffende ein schlechter Kandidat für die Befolgung von Instruktionen zu sein scheint, wird der Verhaltensverschreibung die Bemerkung vorausgeschickt, daß es eine einfache, wenn auch etwas merkwürdige Lösung für sein Problem gibt, daß er aber nicht die Art von Person zu sein scheint, die sich dieser Lösung bedienen kann. Und zu Typen wie uns selbst sprechen wir in Begriffen der Gruppentheorie, der Logischen Typenlehre, Veränderungen erster und zweiter Ordnung usw. ...

Propagieren, publik machen, ist also die Technik der Wahl, wo die versuchte Lösung in Verheimlichung besteht. Ihre Anwendungsgebiete sind daher Erröten, nervöses Zittern (wie Frankl [38, 39] es schon vor vielen Jahren empfahl), die Angst, langweilig zu erscheinen, und besonders einer Person des anderen Geschlechts nichts zu sagen zu haben (wobei Propagieren den zusätzlichen Vorteil hat, den Partner besonders freundlich und rücksichtsvoll zu stimmen und damit die selbsterfüllende Prophezeiung ad absurdum zu führen), Frigidität und Impotenz und eine lange Reihe ähnlicher Probleme. Besonders interessant daran ist, daß selbst dann, wenn der Betreffende es nicht über sich bringt, die Instruktion auszuführen, sich trotzdem ein Erfolg einstellen kann. Die bloße Tatsache, daß einem die Instruktion im Kopf herumgeht, kann das eigene Verhalten genügend beeinflussen, so daß es nicht mehr zu einer neuen Runde desselben alten «Spiels» kommt, und nichts überzeugt so sehr wie Erfolg[1].

Kleine Ursachen, große Wirkungen

Viele Menschen leben in dauernder Angst, besonders schwerwiegende Fehler oder Irrtümer zu begehen. Meist ist die Zahl und Schwere ihrer Fehler nicht größer als die anderer Leute, doch vermindert diese Tatsache ihre Angst in keiner Weise. Sekundär allerdings mag ihre Nervosität sie tatsächlich unsicher und zu Fehlleistungen anfälliger machen; und auf jeden Fall schaffen ihre Versuche, diese Fehler zu vermeiden, erst die Voraussetzung für ihr Eintreten.

Der Fall einer Zahntechnikerin kann hier als typisches Beispiel dienen. Sie hatte jeden Grund, anzunehmen, daß ihr Chef sie für durchaus fähig hielt und mit ihrer Arbeit zufrieden war. Auch gab sie zu, daß ihr bisher kein Fehler unterlaufen war, der zu ihrer Entlassung hätte führen können. Doch dies war für sie nur eine Frage der Zeit, und die Zeit arbeitete gegen sie, da ihre Angst vor dem entscheidenden großen Fehler immer größer wurde und ihre Arbeit (die sie gerne hatte und für ihren Lebensunterhalt brauchte) zu einem Alptraum machte.

Sie war zuerst entsetzt, als wir ihr auftrugen, jeden Tag *absichtlich* einen kleinen, billigen, aber dummen Fehler zu begehen. Wie der Leser unschwer erkennen dürfte, richtete sich diese Instruktion gegen ihre problemerzeugende, übervorsichtige Vermeidung von Fehlern – für sie aber war es eine höchst absurde Idee, die völlig dem zuwiderlief, was sie als einzig mögliche Lösung sah, nämlich mehr derselben Vermeidung. Es wurde daher

---

[1] Mehr über diese Wirkung der Intervention findet sich im Abschnitt «Die Bellac-Technik».

notwendig, ihr die «wirklichen» Gründe für die Instruktion in allen Einzelheiten zu erklären. Diese Erklärung läßt sich ebenso auf andere, ähnliche Problemsituationen anwenden wie psychogenen Schmerz, Zwänge, Tics, Bettnässen und andere, scheinbar unbeeinflußbare Zustände. Sie besteht in einer Umdeutung, die sich den verständlichen Wunsch des Betreffenden zunutze macht, das Symptom zu beherrschen. Wir wiesen also darauf hin, daß sie durch eine noch größere Anwendung von Willenskraft die schwerwiegendsten Fehler vermutlich vermeiden werde können, sich aber trotzdem nie sicher genug fühlen würde. Es wäre also ein Kampf ohne Unterlaß. Diesem Hinweis stimmte sie bedrückt zu. Wir erklären ihr ferner, daß die wahre Kontrolle über Probleme wie ihres erst dann erzielt ist, wenn man es nicht nur vermeiden, sondern auch absichtlich herbeiführen kann. Daher die Notwendigkeit, unsere Instruktion zu befolgen, denn nur durch die Verübung absichtlicher Fehler könne sie lernen, volle Kontrolle über sie zu gewinnen.

In der nächsten Sitzung berichtete sie, daß sie sich viel besser fühlte, obwohl die Lage in einem gewissen Sinne nun schlechter war: Das Versprechen, den täglichen, kleinen Fehler zu begehen, und die Planung, die er erforderte, beschäftigten sie so sehr, daß sie sozusagen keine Zeit hatte, sich Sorgen über den anderen, großen Fehler zu machen. Verhältnismäßig bald aber begann sie, das ganze Ritual lächerlich zu finden, was schließlich zu einer Lösung zweiter Ordnung führte – wiederum ohne Exploration der «tieferen» Ursachen des Symptoms und ohne jegliche Einsicht im klassischen Sinne dieses Begriffs.

Ein etwas ähnliches Problem war das einer attraktiven Dreißigjährigen, deren Lebenswandel direkt Buñuels Film, *Belle de Jour,* entnommen hätte sein können, außer, daß sie unverheiratet war. Sie war beruflich erfolgreich und von ihren Kollegen geschätzt, die aus allen Wolken gefallen wären, hätten sie entdeckt, daß diese überaus respektable Person nachts ein sehr verschiedenes Leben führte. Sie pflegte Bars oder billige Tanzlokale zu besuchen, sich dort von irgendeinem nicht gerade empfehlenswerten Mann aufgabeln und nach reichlichem Trinken nach Hause begleiten zu lassen, wo sie dann unweigerlich empört und entsetzt war, wenn er dort die logische Fortsetzung der Abendunterhaltung erwartete, sie dagegen seinen Abschied. Eine rasche

Intervention war allein schon deswegen notwendig, weil einige dieser Männer bereits recht brutal mit ihr umgegangen waren. Sie selbst war von einer naiven Ahnungslosigkeit darüber, wie sie es fertigbrachte, sich wiederholt in diese Lage zu manövrieren, außer daß sie eine zwangshafte Neigung fühlte, sich diesen Angriffen von Männern auszusetzen, für die sie sonst nur Verachtung hatte, da sie ihr gesellschaftlich und intellektuell weit unterlegen waren. Mit dieser sehr skizzenhaften Beschreibung ihres Problems lieferte sie uns die beiden Hauptthemen für die Planung der bestmöglich erscheinenden Intervention, nämlich ihre dumpfe Naivität und ihr Spiel mit Entwürdigung.

Wir erklärten ihr, daß sie aus Gründen, die wahrscheinlich weder sie noch wir je verstehen würden, ein Bedürfnis nach Selbsterniedrigung hatte. Da ihre rechte offenbar nicht wußte, was ihre linke Hand tat, mußte sie vor allem begreifen, welcher seelische Mechanismus hier mitspielte, und dies ließ sich nur durch sorgfältiges und stufenweises Experimentieren erreichen. Dieses Thema wurde viel langsamer und sorgfältiger entwickelt, als es sich hier wiedergeben läßt, und sie ging schließlich die Verpflichtung ein, sich einer kleinen gesellschaftlichen Erniedrigung auszusetzen, wann immer sie ein neuerliches Bedürfnis nach großer Erniedrigung fühlte. Im einzelnen wurde vereinbart, daß sie in diesem Falle aus einer Anzahl von Demütigungen zu wählen haben würde; zum Beispiel, zwei verschiedenfarbige Schuhe zur Arbeit zu tragen oder mit einem Schmutzfleck im Gesicht herumzugehen, ihre Wohnung mit einem Kleidungsstück in peinlicher Unordnung zu verlassen (sie kleidete sich immer tadellos), auf einer menschenüberfüllten Straße absichtlich zu stolpern und zu fallen und dergleichen mehr.

Wie im Falle der Zahntechnikerin gab auch hier die unbedeutende, aber absichtliche Natur der vorgeschriebenen Handlungen den Ausschlag. Der Gedanke, sich absichtlich öffentlicher Lächerlichkeit und Schande auszusetzen, war für sie so unannehmbar, daß er ihr Gesamtverhalten beeinflußte. Und wiederum wurde dabei nichts erzielt, was auch nur im Entferntesten an Einsicht herankam; ihr Verhalten änderte sich in der erhofften Weise, da sie nicht mehr willens war, sich großen Demütigungen auszusetzen, nachdem sie erfahren hatte, wie unerträglich es war, sich kleine Peinlichkeiten aufzuerlegen.

Eine andere, ebenfalls unverheiratete, junge Dame führte ein sexuell «freies» Leben, das sie sehr erniedrigend fand, ihr aber andererseits als die einzige Alternative zur deprimierenden Annahme erschien, daß sich sonst kein Mann mit ihr abgeben würde. Dazu kam noch, daß jedes Intimerlebnis sie völlig unbefriedigt ließ und ihr das Gefühl gab, sogar als bloßes Sexualobjekt wertlos zu sein. In ihrer Scham vermied sie es dann typischerweise, den betreffenden Partner wiederzusehen und knüpfte alsbald eine neue Beziehung mit irgendeinem anderen Mann an. Dieser Mechanismus war ihr klar; was sie aber nicht begriff, war, daß unter diesen Umständen ihr Lösungsversuch (das heißt, eine neue Beziehung mit jemand anderem zu beginnen, der wiederum nur ein sexuelles Interesse an ihr hatte) ihr eigentliches Problem war. Um ihr beim Brechen dieses Teufelskreises behilflich zu sein und im Einklang mit der Regel, daß die therapeutische Intervention sich gegen die «Lösung» richten muß, erhielt sie folgende Instruktion: Sie hatte ihrem nächsten Freund zu sagen, daß sie aus bestimmten, rein symbolischen Gründen, die sie ihm unmöglich mitteilen konnte, nur dann imstande wäre, mit einem Mann zu schlafen, wenn er ihr vorher einen halben Silberdollar des Jahrgangs 1958 gebe. Auch in diesem Falle wurde die Verhaltensverschreibung darüber hinaus nicht näher begründet. Sie fand die darin enthaltene Implikation sehr schockierend, war aber andererseits an der Fortsetzung der Therapie genügend interessiert, so daß ihr dies keine andere Wahl ließ, als ihr recht wahlloses Herumschlafen mit Männern einzustellen. Dies aber führte zu der für sie überraschenden Entdeckung, daß Männer sie nicht einfach sitzen ließen, weil sie sich weigerte, mit ihnen sexuell zu verkehren. Es ergab sich also eine Lösung, obwohl sie die Instruktion nie auszuführen hatte, und dies bringt uns zu einer weiteren Form therapeutischer Intervention:

Die Bellac-Technik

Eine erfahrene, intelligente Abteilungsleiterin, die es gewohnt war, ihre eigenen Entscheidungen zu treffen, hatte zunehmende Schwierigkeiten mit einem ihrer Vorgesetzten. So, wie sie selbst den Konflikt beschrieb, machte ihr unabhängiger und energischer modus operandi diesen Mann sowohl ärgerlich als auch unsicher, so daß er kaum eine Gelegenheit vorbeigehen ließ, sie,

besonders in Anwesenheit Dritter, herunterzumachen. Dies em-
pörte sie so, daß sie ihm gegenüber eine noch distanziertere und
herablassendere Haltung einnahm, auf die er wiederum mit mehr
derselben Geringschätzung reagierte und damit den Teufelskreis
ihres Spiels ohne Ende schloß. Der Konflikt hatte sich anscheinend zu dem Punkt gesteigert, wo er entschlossen war, ihre Ver-
setzung oder Entlassung zu beantragen, und sie zu kündigen
plante, um ihm auch darin zuvorzukommen.

Ohne ihr die Gründe dafür zu erklären, wurde ihr nahegelegt,
den nächsten Zwischenfall abzuwarten, dann die erste Gelegenheit zu benützen, dem Vorgesetzten unter vier Augen und mit
sichtlicher Verlegenheit ungefähr folgendes mitzuteilen: «Ich
wollte Ihnen das schon längst sagen, aber ich weiß einfach nicht,
wie ich es sagen soll – es ist etwas Verrücktes, aber wenn Sie
mich behandeln, wie Sie es eben wieder taten, *dann erregt mich
das* – ich weiß nicht wieso, vielleicht hat das etwas mit meinem
Vater zu tun», und sein Büro dann fluchtartig zu verlassen.

Zuerst war sie in ihrer Prüderie (die ohnehin ihre Beziehungen zu Männern wesentlich behinderte) über diesen Plan entsetzt, dann aber begann sie, sich dafür zu erwärmen, und schließlich fand sie die Idee so erheiternd, daß sie es kaum erwarten
konnte, sie auszuprobieren. Als sie aber zu ihrer nächsten Sitzung kam, konnte sie nur berichten, daß sich keine Gelegenheit
dazu ergeben hatte, da das Verhalten ihres Chefs sich buchstäblich über Nacht geändert hatte und er seitdem höflich und sehr
verträglich war.

Wenn ein Beweis dafür nötig wäre, daß die Wirklichkeit das
ist, was wir wirklich *nennen,* so könnte diese Form einer Lösung
dazu beitragen. Streng genommen hatte sich in dem Sinne nichts
«wirklich» verändert, als keine konkrete Kommunikation oder
Handlung zwischen den beiden Personen stattgefunden hatte.
Was aber diese Art von Lösungen so wirkungsvoll macht, ist das
Bewußtsein, daß man nun auf eine andere Weise mit einer bisher
bedrohlichen Situation fertig werden kann. Dieses Wissen bringt
eine neue Art des Auftretens mit sich, die sich durch die mannigfaltigen und subtilen Kanäle menschlicher Kommunikation ausdrückt und die zwischenpersönliche Wirklichkeit in der gewünschten Weise verändert, *auch wenn die Verhaltensverschreibung niemals ausgeführt wird.* Diese merkwürdige Wirkung

wurde bereits im Abschnitt über Propagieren erwähnt. Während also in typischen zwischenmenschlichen Konfliktsituationen die Dinge um so mehr gleich bleiben, je mehr sie sich ändern, tritt hier praktisch das Gegenteil ein: je mehr die Lage gleich bleibt, desto mehr ändert sie sich.

Nach Giraudoux' Bühnenstück, *Der Apollo von Bellac,* könnte man diese Intervention die Bellac-Technik nennen. Agnès, ein scheues, junges Mädchen, hat sich um eine Stelle beworben und wartet nun nervös im Vorzimmer auf ihr Interview. Dort sitzt auch ein junger Mann, der, als er von ihrer Angst vor dem Interview erfährt, ihr erklärt, daß die einfachste Art, mit Menschen umzugehen, darin besteht, ihnen zu sagen, daß sie schön sind. Zuerst ist sie über die scheinbare Unehrlichkeit seines Rats schockiert. Es gelingt ihm aber, sie zu überzeugen, daß deswegen keine Unehrlichkeit vorliegt, da jemandem zu *sagen,* daß er schön ist, ihn auch tatsächlich schön *macht.* Sie folgt seinem Rat und hat sofort Erfolg mit dem mürrischen Bürovorsteher, dann mit dem hochnäsigen Vizepräsidenten und mit den Direktoren. Schließlich kommt der Präsident aus seinem Büro gestürmt:

> Wie haben Sie das nur angestellt, Mademoiselle Agnès? Bis heute verkam dieses Haus, das unter meiner Leitung steht, in Trübsal, in Trägheit und Dreck. Sie haben es kaum betreten, und schon erkenne ich es nicht wieder. Mein Türsteher ist dermaßen höflich geworden, daß er sogar seinen eigenen Schatten an der Wand grüßt. Mein Generalsekretär ist entschlossen, der Vorstandssitzung in Hemdsärmeln beizuwohnen [43].

Auch der Präsident wird zu einem anderen Menschen, sobald Agnès ihm sagt, daß er schön ist. Etwas später, in Anwesenheit seiner streitsüchtigen Frau Thérèse, kommt er zu der wichtigsten Schlußfolgerung: wenn man anderen Menschen sagt, daß sie schön sind, macht einen das *selbst* schön:

> Hör zu, Thérèse, zum letzten Mal. Die Frauen sind auf dieser elenden Welt, um uns zu sagen, was Agnès uns sagt. (...) Sie sind auf Erden, um den Männern zu sagen, daß sie schön sind. Und gerade die schönsten Frauen müssen's den Männern am meisten sagen. Sie sind es auch, die es am ehesten tun. Diese junge Frau sagt mir, daß ich schön bin. Weil sie nämlich selbst schön ist. Du sagst mir fortwährend, ich sei häßlich. Warum? [44]

Was Giraudoux hier entwirft, ist das Gegenteil jener zwischenpersönlichen Teufelskreise, in denen das eigene Häßliche

Häßliches im andern hervorruft und so auf sich selbst zurück-wirkt. Giraudoux zeigt auch, wenngleich mit der dichterischen Freiheit der Vereinfachung, daß es unter Umständen nur einer ganz kleinen anfänglichen Veränderung bedarf, um den Wandel der Gesamtsituation herbeizuführen. Und was hat es mit dem Apollo von Bellac auf sich, jenem Inbegriff der Schönheit, mit dem alle Spieler verglichen werden? Die Statue gibt es nicht, teilt der junge Mann Agnès vertraulich mit; er hat sie erfunden, aber alle anderen sind bereit, zu glauben, daß der Apollo wirklich existiert.

Die Verwendung von Widerstand

Wie schon kurz im 8. Kapitel erwähnt, kann der Widerstand gegen eine Veränderung zu einem wichtigen Bestandteil dieser Veränderung gemacht werden. Dies geschieht am besten, indem man den Widerstand als Vorbedingung, oder sogar Teil der Veränderung umdeutet. Einige Beispiele sollen dies veranschaulichen:

Obgleich es dem Laien schwer verständlich erscheinen mag, begeben sich manche Menschen anscheinend nicht zum Zwecke der Lösung eines Problems in Psychotherapie. Vielmehr verhalten sie sich ganz allgemein so, als wäre ihr einziger Zweck, den Fachmann scheitern zu lassen und sich damit vielleicht zu beweisen, daß ihr Problem unlösbar ist, während sie gleichzeitig auf sofortige Hilfe hoffen. Eric Berne hat ein sehr ähnliches Verhaltensmuster das «Warum nicht? – Ja, aber ...»-Spiel genannt [26]. Im Rahmen der Vernunft und des gesunden Menschenverstandes erzeugt diese Haltung ein typisches Spiel ohne Ende, in dem die Forderung nach Hilfe zu vernünftigen Ratschlägen seitens der anderen führt, auf die der Betreffende dann mit mehr desselben reagiert (das heißt, mit mehr Gründen, weshalb diese Ratschläge nicht brauchbar sind und mit weiteren Forderungen nach «besserer» Hilfe), worauf die anderen ihm noch mehr guten Rat geben usw. In Begriffen der menschlichen Kommunikationslehre reagieren sie auf ihn hauptsächlich auf der *Inhaltsebene* und lassen die *Beziehungsebene* unbeachtet [98] – bis früher oder später, meistens später, die Beziehung so unerträglich wird, daß sie der eine oder der andere Partner entmutigt oder empört abbricht.

Die eben beschriebene Haltung läßt sich verhältnismäßig leicht beeinflussen, vorausgesetzt, daß der Helfer es über sich bringt, den Rahmen der Vernunft und des gesunden Menschenverstandes zu verlassen und die nur scheinbar absurde Frage zu stellen: «Warum sollten Sie sich ändern?». Auf diesen Sprung zur nächsthöheren logischen Stufe ist der Hilfesuchende meist schlecht vorbereitet. Nach seinen Regeln ist es klar und fraglos, daß er sich ändern sollte – ja, sein ganzes zwischenpersönliches Spiel beruht auf dieser Prämisse. «Warum sollten Sie sich ändern?» ist daher ein Gambit, das in *seinem* Spiel nicht vorgesehen ist; es eröffnet ein völlig neues Spiel und er kann daher nicht blind das alte weiterspielen. Wollte man zum Beispiel einem intelligenten, dreißigjährigen Schizophrenen, der lange Jahre seines Lebens in Anstalten verbracht hat, gut zureden, daß er sich ändern, sich vom Einfluß seiner Familie unabhängig machen, Arbeit finden und sein eigenes Leben leben sollte, so dürfte er all dem kaum zustimmen, auf jeden Fall aber in der einen oder anderen Form darauf verweisen, daß ihn seine Stimmen verwirren und er noch nicht imstande ist, die Anstalt zu verlassen. Er hat diese guten Ratschläge oft genug gehört und weiß sie ad absurdum zu führen. Eine grundlegend andere Situation ergibt sich auf der Basis der Frage, «Warum sollten Sie sich ändern?». Statt dem Unsinn Vernunft gegenüberzustellen (ein Gegensatzpaar, das zusammen Invarianz statt Wandel ergibt), bietet sich die Judomethode der Verwendung des Widerstands an: «Ich weiß, daß ich Ihnen das nicht sagen sollte, denn was werden Sie von einem Doktor denken, der solche Dinge sagt. Streng im Vertrauen möchte ich Ihnen aber doch klarmachen, was ich von Ihrer Lage halte. Sie haben einen Lebensstil gefunden, um den die meisten von uns Sie beneiden können. Meiner Ansicht nach sollte ich mich behandeln lassen, nicht Sie. Wenn ich morgens aufwache, stehen mir zehn Stunden voll Problemen und Verantwortung bevor, in denen 99 Dinge schief gehen können. Sie brauchen nicht einmal aufzustehen, wenn Sie nicht wollen; Ihr Tageslauf ist sicher und vorhersehbar, man wird Ihnen drei Mahlzeiten servieren, nachmittags werden Sie vermutlich Golf spielen und sich abends einen Film ansehen. Sie können sicher sein, daß Ihnen Ihre Eltern den Anstaltsaufenthalt auch weiter bezahlen werden, und wenn diese dereinst sterben, wird der Staat für

Sie sorgen. Was hätten Sie bloß für einen Grund, Ihren Lebensstil für eine Hetzjagd wie mein Leben einzutauschen?» Wenn
dieses Thema breit genug entwickelt und konsequent beibehalten
wird, reagiert der Patient darauf früher oder später in der gewünschten Weise, also etwa: «Wie können Sie als Doktor nur so
etwas sagen? Ich sollte aus dieser Anstalt heraus, sollte eine Arbeit finden und mein eigenes Leben führen – ich habe es satt, als
Patient zu gelten.» (Es erübrigt sich wohl, ernsthaft darauf zu
verweisen, daß das eben Gesagte nicht als «Heilung» einer «Gei-
steskrankheit» aufzufassen ist, sondern als Beispiel einer rein taktischen Veränderung zweiter Ordnung.)

Wenn sich eine Veränderung nur zögernd ergibt, legt uns der
gesunde Menschenverstand eine ermutigende Haltung und vielleicht auch etwas sanftes Nachhelfen nahe. Wenn der gewünschte
Wandel sich dann einstellt, scheint in ähnlicher Weise Lob und
Optimismus angebracht, um weiteren Fortschritt zu fördern.
Nichts trifft meist weniger zu. Es würde zum Beispiel den beim
eben erwähnten Patienten erzielten Fortschritt wieder aufheben,
wollte man ihn für seine Bereitschaft loben, die Anstalt zu verlassen und ein unabhängiges Leben zu beginnen. Vielmehr empfehlen sich als nächster Schritt alle nur erdenklichen pessimisti-
schen Einwände und Warnungen; zum Beispiel, daß er seine
Situation mit unrealistischem Optimismus beurteilt, daß seine
plötzliche Eile ihn nur in neuerliche Enttäuschung führen kann,
daß, was er sagt, nicht so klingt, als komme es von ihm, sondern
als ob er es in einem Buch gelesen habe und daß er vorläufig
seine Pläne keinesfalls über das bloße Denkstadium hinaus entwickeln solle. Man kann ihm sogar nahelegen, diese Pläne in seinem Kopf dadurch besser ausreifen zu lassen, indem er eine
Woche lang nicht einmal an sie denkt.

Der Rat, sich viel Zeit zu lassen, läßt sich erfolgreich mit der
Verschreibung eines Rückfalls kombinieren, und zwar besonders
dann, wenn jemand zum erstenmal ein scheinbar unüberwind-
liches Hindernis bewältigt hat und nun einerseits über seinen Erfolg euphorisch ist, andererseits aber fürchtet, es handle sich nur
um einen glücklichen, unwiederholbaren Zufall. In diesem Falle
hilft die Versicherung, daß es ganz bestimmt zu einem Rückfall
kommen wird, daß er aber deswegen wünschenswert ist, weil er
es dem Betreffenden ermöglichen wird, das Wesen seines Pro-

blems viel besser zu verstehen. Aus diesem Grunde müsse er so gut wie möglich zum Zustandekommen des Rückfalls beitragen; am besten noch vor der nächsten Sitzung. Innerhalb der so hergestellten «Sei spontan!»-Paradoxie bleiben ihm nur zwei Möglichkeiten: Entweder er hat einen Rückfall, was als Beweis dafür umgedeutet wird, daß er nun sein Problem so im Griff hat, daß er einen Rückfall absichtlich erzeugen kann; oder er hat keinen Rückfall, was beweist, daß er nun hinreichende Kontrolle über sein Problem hat, um es zu vermeiden. Im einen wie im anderen Falle wird ihm wiederum aufgetragen, nur langsame Fortschritte zu machen. Da all dies aber im Rahmen der vereinbarten, maximalen Behandlungsdauer von zehn Sitzungen stattfindet, ist damit eine weitere therapeutische Paradoxie geschaffen.

Auch andere Formen von Paradoxien lassen sich bei Widerstand gegen Veränderungen anwenden. Den Rat des Bewährungshelfers, wonach ihm sein Proband nie ganz vertrauen und alles sagen solle, haben wir bereits erwähnt. Vor vielen Jahren schon empfahl Aichhorn [3], mit jugendlichen Kriminellen darüber zu sprechen, warum sie sich erwischen ließen, und nicht, warum sie die Straftat überhaupt begingen. Eine andere Abart dieser Intervention wurde in der Hypnotherapie eines Mannes mittleren Alters verwendet, der seit fast zwanzig Jahren an Schlaflosigkeit litt. Allen objektiven Anzeichen nach war er in Trance zu versetzen, doch waren motorische Manifestationen (zum Beispiel Fingersignale und Handlevitation) bei ihm nicht zu erreichen. Auch behauptete er nach jeder Trance, nicht in Hypnose gewesen zu sein, obwohl seine Augäpfel die typische Rötung aufwiesen. In ähnlicher Weise beklagte er sich in jeder Sitzung, daß sich seine Schlaflosigkeit noch in keiner Weise gebessert habe, obwohl seine Frau uns wissen ließ, daß er nun ohne Schlafmittel gut zu schlafen schien. Wir teilten ihm daher mit, daß er aus Gründen, die zu technisch waren, um sie ihm in der kurzen, zur Verfügung stehenden Zeit zu erklären, und die er wahrscheinlich ohnehin nicht stichhaltig finden würde, uns unter keinen Umständen von einer eventuellen Besserung seines Schlafproblems in Kenntnis setzen dürfe, sondern dann die Behandlung ganz einfach «so bald als möglich» abschließen solle. Dies verwunderte ihn etwas, aber er war damit einverstanden. Nach zwei weiteren Sitzungen teilte er uns mit, daß er nun jede Nacht eine normale Anzahl von Stunden schlief (und zwar ohne das Seconal, das er jahrelang eingenommen hatte) und nun ohne weitere Behandlung auskommen könne. Wir kritisierten den Bruch seines Versprechens, uns das *nicht* mitzuteilen, und drückten vorsichtigen Pessimismus über die Schnelligkeit seiner Besserung aus. Er rief drei Monate später wieder an und sagte, daß er in der Zwischenzeit ohne Schlafmittel normal geschlafen habe, daß nun aber eine berufliche Schwierigkeit sich wieder auf seinen Schlaf auswirke. Er wünschte und erhielt eine hypnotische Verstärkung und ließ uns später telephonisch wissen, daß er den Rückfall überwunden hatte.

Ein Vierzehnjähriger war von der Schule suspendiert worden, nachdem man ihn beim Verkauf von Barbiturtabletten im Schulhof ertappt hatte. Er war darüber sehr ärgerlich; nicht, weil er dem Unterricht nachtrauerte, sondern weil die Ausschließung seinen schwungvollen Handel verunmöglichte. Sein Ärger nahm noch zu, als ihm der Direktor sagte, daß die Suspendierung «in seinem eigenen Interesse und um ihm zu helfen» beschlossen worden sei. Für die Dauer seiner Ausschließung vom Unterricht werde ihm aber alle daheim geleistete Arbeit (Hausaufgaben, Prüfungsvorbereitungen und dergleichen) voll angerechnet werden, und seine Mutter könne die betreffenden Pensa für ihn in der Schule abholen. Da der Junge nie ein Musterschüler gewesen und jetzt noch außerdem auf den Direktor wütend war, sagte er seiner Mutter, daß ihn der Teufel holen möge, wenn er unter diesen Umständen auch nur eine Minute daheim lernte. Auf diese Eröffnung kam die Mutter um Hilfe.

Ihre begreifliche Hoffnung war es, daß ein Therapeut ihren Sohn irgendwie dazu bewegen könne, die Verfügung des Schuldirektors anzunehmen, über seinen Zorn hinwegzukommen und seine Schulpflichten wieder zu erfüllen. Der Therapeut aber zog es vor, das dem Zorn des Jungen innewohnende Potential auszunützen, statt den Zorn irgendwie zu «behandeln», und gab der Mutter folgende Instruktionen: Sie sollte ihrem Sohn sagen, daß sie die Lage mit einigen anderen Müttern besprochen habe und daß ihr dabei ein Verdacht aufgestiegen sei, von dem sie nicht wisse, ob sie ihm davon erzählen solle. Nach einigem Zögern und erst auf sein Drängen solle sie ihm diesen Verdacht enthüllen: Nach Ansicht der anderen Mütter war der Direktor dafür bekannt, felsenfest an die Notwendigkeit eines regelmäßigen Schulbesuchs zu glauben, ohne den seiner Ansicht nach ein Schüler das Lehrziel unmöglich erreichen könne. Demnach ziele die Suspendierung vermutlich darauf ab, den Jungen das ganze Schuljahr verlieren zu lassen, obwohl der Direktor das nie offen zugeben würde. Daran anknüpfend sollte sie insinuieren, daß es für den Direktor überaus blamabel wäre, wenn ihr Sohn während der Suspendierung ebenso viel, oder vielleicht sogar mehr lernen würde als im Unterricht. Zum Abschluß sollte sie ihm ernsthaft nahelegen, aus Rücksicht auf den allseits beliebten und geachteten Schulmann sich möglichst wenig mit Lernen zu befassen. Wie die Mutter dem Therapeuten später berichtete, verklärte sich beim Anhören dieser Eröffnung das Gesicht ihres Sohns zu einem teuflischen Grinsen und Rache schien aus seinen Augen. Hier war der Weg der Vergeltung, und es machte ihm herzlich wenig aus, daß dazu konzentrierte Arbeit notwendig war. Wie sich in der Nachuntersuchung herausstellte, wandte sich der Junge mit Hingabe dem Studium zu und erzielte etwas bessere Noten als je zuvor.

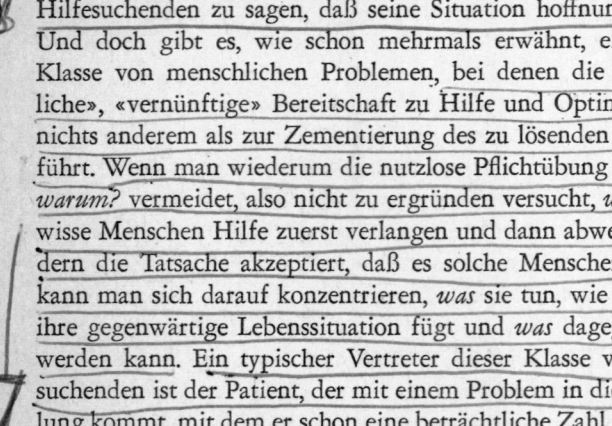

Was könnte antitherapeutischer und herzloser sein, als einem Hilfesuchenden zu sagen, daß seine Situation hoffnungslos ist? Und doch gibt es, wie schon mehrmals erwähnt, eine ganze Klasse von menschlichen Problemen, bei denen die «menschliche», «vernünftige» Bereitschaft zu Hilfe und Optimismus zu nichts anderem als zur Zementierung des zu lösenden Problems führt. Wenn man wiederum die nutzlose Pflichtübung der Frage *warum?* vermeidet, also nicht zu ergründen versucht, *warum* gewisse Menschen Hilfe zuerst verlangen und dann abweisen, sondern die Tatsache akzeptiert, daß es solche Menschen gibt, so kann man sich darauf konzentrieren, *was* sie tun, wie es sich in ihre gegenwärtige Lebenssituation fügt und *was* dagegen getan werden kann. Ein typischer Vertreter dieser Klasse von Hilfesuchenden ist der Patient, der mit einem Problem in die Behandlung kommt, mit dem er schon eine beträchtliche Zahl von Fachleuten schachmatt gesetzt hat. Unter diesen Umständen besteht wenig Zweifel, daß der Therapeut in dieselbe Falle wie seine Vorläufer geraten dürfte, falls er irgendwelche Zeichen beruflicher Zuversicht von sich gibt, gleichgültig, welches auch immer die «wirklichen» oder «tieferen» Beweggründe des Patienten

sein mögen. Die therapeutische Haltung ist daher nicht: «Wie kann ich Ihnen helfen?», sondern: «Ihre Situation ist hoffnungslos». Der Therapeut bereitet diese Intervention durch eine geduldige und genaue Untersuchung der Einzelheiten aller bisherigen Fehlschläge vor – wieviel Ärzte oder Therapeuten der Patient bereits konsultiert hat, was diese erfolglos zu erreichen trachteten, wie viele und welche Tests durchgeführt und welche Medizinen verschrieben wurden usw. Hat er auf diese Weise dann eine beträchtliche Zahl von Hinweisen auf Fehlschläge zusammengetragen, so konfrontiert er seinen Patienten mit diesem Beweismaterial in möglichst autoritativer, herablassender und pessimistischer Weise und zieht dann die Schlußfolgerung, daß der Patient eine völlig unrealistische Hoffnung in die Therapie setze, die nicht mehr für sein Problem tun könne, als ihn zu lehren, damit zu leben. Auf diese Weise bringt der Therapeut eine Änderung der bisherigen Spielregeln zustande; *er* ist es nun, der behauptet, die Therapie sei zwecklos, und er kann seine Behauptung dadurch noch eindrucksvoller machen, indem er seinen guten Ruf dafür verbürgt, daß sich der Patient nicht ändern wird. Dies läßt letzterem nur zwei Alternativen: entweder, sein zwischenpersönliches Spiel aufzugeben, oder es weiterzuspielen – was aber nur möglich ist, wenn er das Urteil des Fachmanns durch den praktischen Beweis widerlegt, daß eine Besserung möglich ist. In beiden Fällen führt die Intervention also zu einer Lösung zweiter Ordnung.

Eine grundsätzlich ähnliche Intervention läßt sich bei dem typischen verdrossenen, widerspenstigen Jugendkriminellen verwenden. Der Stil des Therapeuten ist hier ähnlich herablassend und geringschätzig; sein Thema ist hauptsächlich die Gewißheit, daß der Junge ein geborener Verlierer ist und daher dazu verdammt, sich Zeit seines Lebens selbst in Schwierigkeiten zu bringen: «Aus langer Erfahrung mit Leuten wie dir kann ich mit Sicherheit voraussagen, daß du in drei, spätestens sechs Monaten wieder einen Unsinn begehen und in Schwierigkeiten sein wirst. Deine Eltern haben die lächerlich altmodische Idee, daß ich oder vielleicht jemand anderer dir helfen könnte, ein weniger dummes Leben zu führen. Ich werde sie anrufen und ihnen sagen, daß sie sich ihr Geld sparen können – ich jedenfalls habe keine Lust, meine Zeit mit Verlierern zu verschwenden.» In einer Sitzung, an der die Eltern allein teilnehmen, wird das Problem dann in jener «Sprache» besprochen, die die Eltern am besten verstehen. In den nun folgenden Abschnitten wollen wir einige dieser Strategien beschreiben.

Unwiderlegbare Beschuldigungen und unbeweisbare Rechtfertigungen

Es gibt Konfliktsituationen, in denen die eine Partei die andere bestimmter Handlungen bezichtigt, für die keine unmittelbaren Beweise vorliegen, für die der Beschuldigte aber einen gewissen Ruf erworben hat. Diese Art von Problem besteht häufig in Familien mit straffälligen Jugendlichen oder in Ehen, in denen ein Partner den anderen des übermäßigen Trinkens beschuldigt.

Das Interaktionsmuster sieht etwa so aus: In Anbetracht früherer Missetaten (die der Beschuldigte zugegeben hat) verdächtigt der Kläger, daß der Beschuldigte diese Taten heimlich weiterbegeht. Die wahre Eskalation beginnt dann, wenn der Ankläger «Beweise» dafür vorbringt, zum Beispiel: «Gestern abend jedenfalls klang deine Stimme, als ob du getrunken hättest, und du warst sehr unsicher auf den Beinen», oder im Falle eines Backfisches: «Du wurdest ganz rot, als ich dich fragte, ob du wieder mit deinem Freund herumgeknutscht hast», oder: «Als du heimkamst, liefst du sofort auf dein Zimmer», oder: «Du warst in der letzten Zeit wieder sehr launenhaft» usw. Diese nebelhaften «Beweise» machen den Beschuldigten zornig und er verteidigt sich dann meist mit großer Heftigkeit, was seinen Beschuldiger überzeugt, daß dies ein Beweis seines schlechten Gewissens ist. Wenn die Auseinandersetzung dann den Siedepunkt erreicht, kann der Beschuldigte schon aus reinem Trotz wieder von daheim weglaufen oder zu trinken beginnen, was für seinen Ankläger dann klipp und klar die Richtigkeit des ursprünglichen Verdachts beweist. Wenn solche Probleme schließlich ins Behandlungszimmer des Therapeuten gebracht werden, besteht für den Ankläger kein Zweifel an den «Tatsachen» und der Beschuldigte ist voll hilfloser Wut.

Unserer Erfahrung nach ist es von geringer Bedeutung, den «wahren» Sachverhalt zu klären. Vor allem ist es fast unmöglich. Noch wesentlicher aber ist der Umstand, daß das Vorgehen des Anklägers das problematische Verhalten des anderen aufrechterhält und sogar verstärkt, gleichgültig, wie problematisch dieses Verhalten tatsächlich ist. Was aber besonders dann, wenn der Beschuldigte sich wirklich einwandfrei verhält? Wie kann er seinen Ankläger, der es ja «besser weiß», davon überzeugen?

Um diesen Teufelskreis von unwiderlegbaren Beschuldigungen und unbeweisbaren Rechtfertigungen zu brechen, müssen alle darin Gefangenen anwesend sein. Der Therapeut vermeidet es, sich in Diskussionen über die Gültigkeit der Anklagen oder der Verteidigung verwickeln zu lassen. Er tut dies, indem er bemerkt, daß er nicht anwesend war und die «Tatsachen» daher nicht beurteilen kann. Da sich der beschuldigte Partner zumindest aber früher einmal in der ihm angelasteten Weise verhalten hat, beruht die Anklage immerhin auf diesem Präzedenzfall. Nachdem der Therapeut dem Kläger dies zugebilligt hat, geht er sofort darüber hinaus und weist darauf hin, daß der Kläger zwar gewisse Anhaltspunkte hat, aber offenbar nicht scharf genug aufgepaßt, um in den Besitz weiterer und besserer Beweise zu kommen. Dies ließe sich nur dadurch erreichen, daß er seine Aufmerksamkeit erhöhe – und das sei nur mit Hilfe des Beschuldigten möglich. Wenn zum Beispiel Trinken das Problem ist, so wird es dem Beschuldigten zur Auflage gemacht, einen Tag nicht zu trinken, aber sein Bestes zu tun, betrunken zu erscheinen; an einem anderen Tag dagegen zu trinken und sich so nüchtern wie möglich zu geben. Außerdem hat er dies mehr als einmal und in wahlloser Abwechslung zu tun. Der Kläger (beziehungsweise die Klägerin) kann dann die Verläßlichkeit der eigenen Beobachtungen mittels des Versuchs prüfen, die richtige Tagesdiagnose zu stellen. Im Falle der Eltern, die den Verdacht haben, daß sich ihr Sohn oder ihre Tochter wieder heimlich schlecht benimmt, wird dem Jugendlichen in Anwesenheit der Eltern ein kurzer Vortrag darüber gehalten, daß man in seinem Alter lernen muß, gewisse Dinge für sich zu behalten und nicht wie ein kleines Kind den Eltern alles zu sagen. Um diese Form der Reife zu entwickeln, erhält er den Auftrag, bis zur nächsten Sitzung mehrere Dinge zu tun, von denen er weiß, daß seine Eltern darüber erfreut und stolz wären, ihnen aber nichts davon zu sagen. Die Eltern werden ihrerseits instruiert, ihrem Kind bei diesem Reifeprozeß dadurch zu «helfen», daß sie es ihm durch Fragen und Nachforschen schwierig machen, diese Handlungen vor ihnen geheimzuhalten. Falls sie dabei zu erfolgreich wären, solle der Jugendliche vorgeben, irgend etwas Schlechtes getan zu haben.

Wie man sieht, zielt diese Symptomverschreibung gegen das Dilemma, das die Beteiligten durch ihre Pseudolösung erzeugt haben. Sie können nun nicht mehr ihr altes Spiel weiterspielen, denn es ist jetzt die Aufgabe des Anklägers, das *gute* Verhalten des Beschuldigten zu entdecken, während dieser keinen Grund mehr hat, unbeweisbare Rechtfertigungen ins Feld zu führen.

Wohlwollende Sabotage

Bei diesem Begriff handelt es sich um eine wirksame Form der Beeinflussung einer weiteren Abart jener typischen und monotonen Krisen zwischen Eltern und ihren rebellischen Kindern; doch läßt sich diese Technik im weiteren Rahmen auch auf andere Situationen anwenden, in denen ein Partner sich erfolglos bemüht, das Benehmen des andern zu beeinflussen. In den meisten Fällen ist die Definition des Problems leicht: Der Jugendliche gehorcht nicht, lernt nicht, hält sein Zimmer nicht in Ordnung; er (beziehungsweise sie) ist frech, undankbar, kommt erst spät nachts heim, steht in der Schule vor dem Durchfallen, hält sich in schlechter Gesellschaft auf, verwendet wahrscheinlich Suchtmittel usw.

Der Übergang vom Kind zum jungen Erwachsenen in der Adoleszenz ist eine jener Perioden, die von den Familien eine entsprechende Veränderung ihrer Interaktionsregeln, also einen Wandel zweiter Ordnung, erfordern. Während man zum Beispiel einen Achtjährigen noch dadurch beeinflussen kann, daß man ihm droht: «Du wirst schon sehen, was dir passiert, wenn du mir nicht gehorchst», verpufft diese Drohung beim Vierzehnjährigen, und den Eltern bleibt dann nur ihr altes Repertoire von Maßnahmen, die ihre Wirksamkeit schon vor Jahren verloren haben. Der gesunde Menschenverstand und das «Mehr desselben»-Rezept von Veränderungen erster Ordnung führen jetzt nur in eine Sackgasse, in der plus ça change, plus c'est la même chose. Meist bildet sich das Problem Zug um Zug durch sehr stereotype Fehllösungen heraus. Zunächst versuchen die Eltern, an die Vernunft des Jugendlichen zu appellieren. Dies scheitert, da seine Vernunftsgründe sich auf ganz anderen Prämissen aufbauen. Die Eltern verhängen dann irgendeine kleinere Strafe, gegen die der Jugendliche erfolgreich rebelliert. Es folgen schärfere elterliche Maßnahmen, die auf der Basis des vierten Gruppengesetzes von mehr Rebellion gefolgt sind, bis schließlich die Polizei und die Jugendbehörden zu Hilfe gerufen werden, um mit diesem nun ganz offensichtlich widerspenstigen, unverbesserlichen Betragen fertig zu werden[2]. Wiederum führen so die versuchten Lösungen zum Entstehen und zur Verhärtung des Problems, doch bleibt diese Tatsache der zwischenpersönlichen Blindheit verborgen, die so typisch für menschliche Konflikte ist. Die Eltern wagen es nicht, ihren Druck zu vermindern, da sie «wissen», daß das Benehmen des Jugendlichen sonst völlig außer Rand und Band geraten würde; für ihn dagegen ist die Rebellion die «einzige» Möglichkeit, sein psychologisches Überleben gegenüber der Drohung ihrer ständig wachsenden Forderungen zu gewährleisten. Das Ergebnis ist ein typisches Interpunktionsproblem, wie es im zweiten Kapitel im Zusammenhang mit dem zweiten Gruppengesetz kurz erwähnt wurde. Der unbeteiligte Beobachter dagegen hat keinen Zweifel darüber, daß, wenn die eine Partei nur weniger desselben täte, die andere sehr bald folgen würde.

Zu diesem Zwecke werden die Eltern zu wohlwollenden Saboteuren ausgebildet. Vor allem lernen sie, die Macht der Hilflosigkeit voll anzuwenden, die darin besteht, dem Jungen ihre Unfähigkeit offen zuzugeben, sein Verhalten gegen seinen Willen zu beeinflussen. Statt leere Drohungen auszustoßen, erklären sie ihm zum Beispiel: «Wir wünschen, daß du spätestens um elf Uhr daheim bist – aber wenn du nicht kommst, können wir nichts dagegen tun.» In diesem veränderten Bezugssystem findet der Junge sehr bald, daß Selbstbehauptung und Trotz keinen rechten Sinn mehr haben. Es ist schon rein praktisch recht schwierig, einem Hilflosen zu trotzen. Der nächste Schritt der Eltern besteht darin, um elf Uhr alle Türen und Fenster des Hauses zu verschließen und zu Bett zu gehen, so daß er beim Heimkommen nicht herein kann und läuten muß. Die Eltern stellen sich schla-

---

[2] Jeder, der mit Jugendkriminellen arbeitet, weiß, daß die diesen Behörden offenstehenden Möglichkeiten genauso beschränkt sind, wie die der Eltern, und daß der Jugendliche sie sehr bald ebenfalls als Papiertiger einschätzt.

fend und lassen ihn lange warten, bis sie endlich aufmachen – doch nicht, ohne sich zuerst schlaftrunken zu erkundigen, wer draußen sei. Dann lassen sie ihn ein, entschuldigen sich, ihn so lange in der Kälte warten gelassen zu haben und stolpern ins Bett zurück, ohne das übliche und von ihm erwartete Verhör darüber, wo und bei wem er war, warum er so spät erst kommt usw. Am nächsten Morgen bringen sie die Sache mit keinem Wort auf, es sei denn, daß er es tut, in welchem Falle sie wieder nur einige verlegene Entschuldigungen vorbringen. Auf jedes freche oder ungehorsame Verhalten des Jungen antworten sie so bald wie möglich mit einem weiteren Sabotageakt: Wenn er sein Bett nicht macht, so macht es die Mutter für ihn, wirft aber eine Handvoll Brotbrösel zwischen die Leintücher. Wenn er sich darüber beschwert, kann sie es zuerst nicht glauben, gibt dann aber verlegen zu, daß sie beim Bettenmachen Zwieback aß und daß es ihr leid tue. Wenn er trotz Bitten und Ermahnungen seine Kleider herumliegen läßt, begeht die Mutter den Irrtum («Ich weiß nicht, was in mich gefahren ist – ich begehe eine Dummheit nach der anderen»), seine Unterwäsche beim Waschen zu stärken oder wirft Salz statt Zucker in seinen Lieblingspudding oder schüttet ihm unversehens ein Glas Milch über die Hosen, während er sein Abendessen hinunterschlingt, um zum Rendezvous mit seiner Freundin zurechtzukommen. Auf keinen Fall aber nehmen die Eltern dazu eine sarkastische oder schadenfrohe Haltung ein, sondern sind über ihre Irrtümer und Fehlleistungen verlegen und zerknirscht.

Die therapeutische Aufgabe, diese Vielfalt von Verhaltensverschreibungen schmackhaft zu machen, ist am einfachsten bei jenen Eltern, die über das Benehmen des Jungen hilflos erbost und daher durchaus bereit sind, die Instruktionen als indirekte Vergeltungsmaßnahmen zu befolgen. Wie man sich aber leicht vorstellen kann, zögern andere Eltern (besonders Mütter) sehr, sie auszuführen oder sie auch nur in Erwägung zu ziehen. Die Unwilligkeit, «etwas vorzutäuschen» oder «Theater zu spielen» ist der häufigste Weigerungsgrund, gefolgt von der Beteuerung, nicht so herzlos sein zu können.

Bevor wir also das Terrain für diese Intervention vorbereiten, müssen wir eine hinlänglich klare Idee davon haben, in welcher Sprache wir sie den Eltern annehmbar machen können. Wenn sie sich zum Beispiel der negativen Utopie verschrieben zu haben scheinen, daß das Elternsein eine einzige Kette von Schwierigkeiten ist, die von ihnen ständige Opfer erfordern, stellt man das erforderliche Verhalten am besten als besonders schwieriges Opfer hin, das zu bringen aber ihre elterliche Pflicht ist. Die mehr militärisch gesinnten Eltern erinnert man zweckmäßigerweise daran, daß die Rekruten einen weichherzigen Ausbilder sicherlich lieben werden; doch nicht lange, da sie als Ergebnis seiner Gutherzigkeit sehr schlecht auf den Fronteinsatz vorbereitet und daher bald dezimiert sein werden, während die Rekruten des unerbittlichen Ausbilders ihn zwar hassen, aber ausgezeichnete Überlebenschancen an die Front mitnehmen dürften. Ein ähnliches Argument läßt sich mit jenen idealistischen Eltern verwenden, für die die Utopie sehr wichtig ist, ihren Kindern ein «Kamerad» zu sein, und die sich daher scheuen, ihnen «weh» zu tun. Andere wiederum entscheiden sich zur Ausführung der Instruktionen, wenn man ihnen erklärt, daß eine der wichtigsten Lebensregeln, die der Jugendliche zu lernen hat, die ist, daß eine Hand die andere wäscht und daß ihr Kind offenbar noch nicht begriffen hat, wieviel es von ihnen erhält, ohne ihnen nennenswerte Gegenleistungen zu bieten.

In allen Fällen aber muß der Therapeut sorgfältig abschätzen, wieweit die Eltern überhaupt zu einem gemeinsamen Vorgehen fähig sind. Sollten sie sich als schlechte Kandidaten für eine Zusammenarbeit erweisen, so kann eine Symptomverschreibung innerhalb der Symptomverschreibung notwendig sein. Man kann ihnen dann vorhersagen, daß der Schwächere von beiden unweigerlich, aber ganz außerbewußt, ihre Erfolgschancen sabotieren wird, daß es sich vorläufig aber nicht absehen läßt, wer von beiden sich als der Schwächere entpuppen wird.

Die Hauptwirkung wohlwollender Sabotage liegt in einer doppelten Umdeutung begründet: Erstens macht sie die Rebellion des Jugendlichen zweck- und reizlos, da sie nicht viel übrig läßt, wogegen er sich auflehnen könnte. Zweitens stellt sie die Dynamik der Familie praktisch auf den Kopf. In der typischen Familie eines jugendlichen Delinquenten ist das Verhalten der Eltern oberflächlich gesehen pseudoautoritär, während es indirekt nachgiebig ist und die Rebellion geradezu belohnt. Wohlwollende Sabotage erzeugt eine Situation, in der sich die Eltern ganz offen hilflos und nachgiebig benehmen, indirekt die Initiative aber in einer Weise ergreifen und beibehalten, gegen die der Jugendliche sich nicht auflehnen kann. Statt leerer Drohungen, Appelle an die Vernunft und Ermahnungen lernen die Eltern die Verwendung einer stillen, aber viel wirkungsvolleren Methode, das Verhalten ihres Kindes zu beeinflussen. Diese Veränderung ihrer Haltung setzt der Pseudolösung ein Ende, die bisher das Problem am Leben erhielt.

Die Vorteile der Unaufmerksamkeit

Der Grad der Aufmerksamkeit, den sich Menschen gegenseitig zu schenken bereit sind, ist ein wichtiges Element ihrer Beziehung und kann leicht zur Quelle von Problemen werden. Doch Aufmerksamkeit und ihr Gegenteil, Unaufmerksamkeit, formen selbstverständlich ein Gegensatzpaar und erzeugen, wenn sie gegeneinander eingesetzt werden, das Einheitselement und daher Invarianz. Wie schon an Hand analoger Beispiele zu zeigen versucht wurde, kann die Lösung nur auf der Grundlage einer Prämisse gesucht werden, die aller Vernunft Hohn zu sprechen scheint.

Eine junge, pflichteifrige Lehrerin hat Schwierigkeiten mit einem ihrer Schüler. Während alle anderen aus ihrem Unterricht Nutzen zu ziehen scheinen, trifft das für dieses Kind (einen Achtjährigen) nicht zu. Die Lehrerin bittet die Eltern um eine Unterredung und erfährt, daß die Eltern geschieden sind, daß die Mutter arbeitet und wenig Zeit für ihren Sohn hat und daß er daheim ein eher einsames Leben führt. In Anbetracht dieser Umstände beschließt die Lehrerin, ihr Bestes zu tun, das Kind aus seiner Abgeschlossenheit herauszubringen, indem sie ihm ein Höchstmaß an Aufmerksamkeit schenkt. Doch je mehr sie sich um ihn bemüht, desto weniger Erfolg hat sie, was sie zu noch größeren Bemühungen veranlaßt. Schließlich ist die Lage so verfahren, daß die Leistungen des Schülers unter das Minimum fallen und sie ihren Wert als Lehrerin zu bezweifeln beginnt. Sie hat den Verdacht, daß ihre wachsende Unsicherheit etwas mit dem Problem zu tun haben könnte und beschließt in typisch «vernünftiger» Weise, sich zusammenzunehmen.

Ihrer Beschreibung des Problems läßt sich unschwer entnehmen, daß ihre versuchte Lösung, das heißt das Übermaß an Aufmerksamkeit und Hilfe, die sie für dieses Kind aufwendet, ein Problem aus einer bloßen Schwierigkeit gemacht hat und es nun weiter nährt. Dies aber kann sie nicht ohne weiteres einsehen; sowohl ihr gesunder Menschenverstand als auch ihre Psychologiekurse legen ihr nahe, daß das Problem in der Scheidung der Eltern und der affektiven Verarmung des Kindes zu suchen ist und daß ihre versuchte Lösung daher die einzig richtige ist.

Es bedarf nachhaltiger Umdeutungen, um sie davon abzubringen, «mehr desselben» zu versuchen, das heißt, den Jungen nicht mehr zum hauptsächlichen Ziel ihrer Aufmerksamkeit zu machen, sondern ihn mehr oder weniger wie die anderen Schüler zu behandeln. Fast sofort beginnt er, *ihre* Aufmerksamkeit zu suchen; zuerst durch kleinere Ungezogenheiten (die sie vereinbarungsgemäß ignoriert), bald aber durch bessere Lernleistungen (die sie durch sofortiges Lob zu belohnen hat).

Auf die Gefahr hin, uns monoton zu wiederholen, sei darauf verwiesen, daß wir uns auch hier wiederum fragten, *was* jetzt und hier vorging, und nicht *warum* sich das Kind in dieser Weise verhielt, *warum* die Lehrerin affektiv so reagierte und dann zu tun versuchte, was sie versuchte usw.

Dasselbe Prinzip läßt sich erfolgreich mit durchgebrannten Jugendlichen anwenden. In den meisten dieser Fälle sind die Eltern begreiflicherweise über das Verschwinden ihres Kindes äußerst beunruhigt, zögern aber gleichzeitig auch, die Sache der Polizei zu melden – vor allem dann, wenn dies nicht das erste Mal ist und die früheren Eskapaden verhältnismäßig harmloser Natur waren. Wenn es gelingt, sie zu überreden, absolut nichts zu unternehmen, nicht einmal seine Freunde auszuhorchen oder den Ausreißer über irgendwelche Mittelmänner zu erreichen, so sind die Chancen ausgezeichnet, daß er von sich aus sehr bald mit ihnen in Verbindung tritt oder einfach zurückkommt. Natürlich kann man hier die schwer zu beantwortende Frage stellen, ob dies nicht genau so früh oder früher der Fall gewesen wäre, wenn die Eltern eine Suchaktion eingeleitet hätten. Wir können dazu nur sagen, daß wir auf Grund unserer Gespräche mit diesen Jugendlichen den Eindruck gewonnen haben, daß sie der Frage große Aufmerksamkeit schenken, wie viel Aufmerksamkeit ihrem Verschwinden geschenkt wird. Daher entwertet für sie ein Mangel an feststellbarer Aufmerksamkeit den Zweck des Ausreißens und veranlaßt sie am ehesten, sich wieder zu melden, während das Hochgefühl, Gegenstand einer angstvollen Suche zu sein, eine Versuchung ist, die Situation hinauszuziehen.

Absichtliche Unaufmerksamkeit um Aufmerksamkeit zu gewinnen, ist der Schlüsselpunkt einer Kurzgeschichte des Wiener Humoristen Roda Roda. Die jungen Offiziere eines österreichischen Kavallerieregiments, das in einer gottverlassenen galizischen Stadt in Garnison liegt, haben nur einen Lichtstrahl in ihrem monotonen Leben: die Kassiererin des einzigen Cafés, eine überaus charmante, höchst begehrenswerte junge Dame. Und da sitzt sie hinter ihrem Pult, umringt von eifrigen, schneidigen Offizieren, hält Hof und widersteht kokett all ihren Avancen. Der Held der Geschichte ist bis über beide Ohren in sie verliebt, weiß aber, daß er im Wettbewerb mit seinen Kameraden keine Chance hat, solange er dasselbe oder mehr desselben versucht wie sie. Er wählt daher eine Strategie betonter Unaufmerksamkeit: er sitzt allein an seinem Tisch, mit dem Rücken gegen sie, und wenn er weggeht, zahlt er ihr seine Rechnung mit gespielter Gleichgültigkeit. Dies macht ihn zum einzigen Offizier, der nicht hinter ihr her ist, und wie menschliche Natur nun einmal ist, erweckt dies solches Interesse in ihr, daß *sie ihm* schließlich nachstellt. Zum fassungslosen Staunen seiner Kameraden, die jede ihnen bekannte Verführung versuchten und ihn absolut «nichts» tun sahen, gewinnt er so ihre Gunst.

Lernprobleme

Die von Studenten zur Bewältigung ihrer akademischen Erfordernisse gemachten Anstrengungen sind oft von einer ganz typisch selbstverunmöglichenden Art, und ein kürzlich behandelter Fall kann mutatis mutandis für eine ganze Klasse solcher Probleme stehen:

Ein intelligenter junger Mann, der auf sein Bakkalaureat hin arbeitete, hatte besondere Schwierigkeit, schriftliche Arbeiten abzufassen und sie fristgerecht einzureichen. Da er diese Aufgaben mehr als alle anderen fürchtete, pflegte er sie bis zum letzten Wochenende aufzuschieben, am Samstag frühmorgens aufzustehen und dann an seinem Schreibtisch sitzend stundenlang auf einen reichlichen Vorrat an Schreibpapier und sechs wohlgespitzte Bleistifte zu starren, ohne auch nur den ersten Satz niederschreiben zu können. Mit Ausnahme einiger weniger Stunden unruhigen Schlafs steigerte sich diese Tortur in den Sonntag hinein, bis er dann spät abends in reiner Verzweiflung eine Art Essay hauptsächlich durch Abschreiben aus verschiedenen Büchern zusammenbraute und am Montagmorgen gerade noch vor Ablauf des Termins einreichte. Jedes Mal war er überzeugt, daß er eine ungenügende Note erhalten würde, doch meistens, und immer zu seiner Überraschung, wurde die Arbeit angenommen. In typischer Weise schrieb er dies dann irgendeinem merkwürdigen Irrtum des Professors oder einer Verwechslung zu, oder der Tatsache, daß der Professor wahrscheinlich Mitleid mit ihm hatte und beide Augen über seinem beklagenswerten Machwerk zudrückte. Schließlich fehlten ihm zu seiner Promotion nur noch zwei Arbeiten. Als typisches Beispiel eines Reisenden, für den in Stevensons Sinn das Glück im Aufbruch und nicht am Ziel liegt, warf ihn das in eine wahre Orgie von Verzögerungen. Als er dieses neueste Problem in seinen Sitzungen endlich aufbrachte, hatte er bereits zwei Terminverlängerungen erhalten und konnte mit keiner weiteren rechnen. Von unserer bisherigen Arbeit mit ihm wußten wir, daß er utopische Anforderungen an die Qualität seiner Leistungen stellte und dann sich selbst gegenüber gezwungen war, allerlei Verzögerungstaktiken anzuwenden. Wie schon erwähnt, lag eine Hauptschwierigkeit im Niederschreiben des ersten Satzes, denn wie immer er ihn auch abzufassen versuchte, schien ihm diese Formulierung nicht gut genug, was ihn daran hinderte, an den zweiten auch nur zu denken. Den naheliegendsten Ratschlag, nämlich die beiden Essays ganz einfach so zu schreiben, daß sie gerade noch gut genug waren, um angenommen zu werden, wies er entrüstet ab. Der Gedanke, absichtlich mittelmäßige Arbeit zu leisten, war ihm unannehmbar, obwohl er zugeben mußte, daß auch die Früchte seiner intensiven Anstrengungen meist höchst mittelmäßig waren. Doch – und das war für ihn der entscheidende Unterschied – minderwertig wie das Ergebnis dieser Bemühungen auch sein mochte, war es doch das Resultat harter, ehrlicher Arbeit. Andererseits ließ es sich nicht leugnen, daß es bereits Freitagnachmittag war und daß, falls er seiner üblichen Arbeitsweise folgte, die beiden Arbeiten am Montagmorgen auf keinen Fall fertig sein würden. Schließlich stimmte er einer

Kompromißlösung zu, die darin bestand, eine der Arbeiten auf seine gewohnte Weise zu schreiben, die andere aber so schlecht abzufassen, daß er dafür höchstens die für seine Promotion völlig ausreichende C-minus-Note bekommen würde[3]. Im besonderen verpflichtete er sich, die erste Fassung des ersten Satzes unter keinen Umständen zu ändern und absichtlich einige Verschlechterungen dann einzuführen, falls er beim endgültigen Durchlesen der Aufgabe den Eindruck hatte, daß sie für ein C-minus noch zu gut war.

Der Rest der Geschichte läßt sich unschwer erraten. In der nächsten Sitzung berichtete er, daß er zuerst «unseren» Aufsatz in weniger als zwei Stunden hingeschrieben und sich dann dem anderen gewidmet hatte, was praktisch das ganze Wochenende in Anspruch nahm. Als die Noten bekanntgegeben wurden, hatte er ein C-minus auf «seiner» und ein B-plus auf «unserer» Arbeit. Er war von diesem Ergebnis sichtlich mitgenommen und fragte sich, wo es in dieser Welt noch eine Gerechtigkeit gäbe, wenn solche Dinge möglich waren. – In diesem Falle war die Umdeutung sozusagen das Resultat der äußeren Umstände; das unerbittliche Verrinnen der Zeit zwang ihn zur Aufgabe seiner Prämisse und wir benützten diese Zwangslage, nicht ohne gleichzeitig sein Bedürfnis zu respektieren, sich das Leben zu erschweren. Freilich wäre es weniger schmerzhaft für ihn gewesen, wenn es uns gelungen wäre, die Umdeutung in einer ihm weltanschaulich näherliegenden (und daher sein Wertsystem weniger bedrohenden) Weise vorzunehmen. Dieses Erlebnis lehrte ihn jedoch trotzdem (mit Wittgensteins Worten) ein neues Spiel, und von da an konnte er das alte nicht mehr ganz blind weiterspielen. Es ergab sich in dieser einen Sitzung also eine dauerhafte Veränderung, obwohl nur die «Spitze des Eisbergs» behandelt, aber keinerlei Einsicht in die Gründe und den Ursprung seines Perfektionismus erzielt wurde.

Eine andere Möglichkeit, das Problem des Aufschiebens und der damit oft verbundenen, fruchtlosen Konzentrationsversuche zu lösen, besteht im Festsetzen einer Zeitgrenze. So kann man etwa den Betreffenden selbst einen Zeitpunkt festlegen lassen,

---

[3] Dieses Bewertungssystem geht von Note A bis F, wobei E und F ungenügende Noten sind.

bis zu dem er normalerweise mit einer bestimmten Aufgabe fertig sein könnte; sagen wir zum Beispiel neun Uhr abends. Man trifft dann mit ihm die bindende Vereinbarung, daß er, falls die Arbeit bis 21 Uhr nicht beendet ist, von da an tun und lassen kann, was er will, *außer* weiterzuarbeiten. Diese Symptomverschreibung deutet Freizeit als Strafe um, und meist ist bei jenen Studenten, die ohnehin in Begriffen von Belohnung und Strafe denken, eine weitere Erklärung unnötig.

Eine weitere nützliche Technik besteht im Verschränken zweier Probleme, wobei das eine als «Strafe» für das andere verschrieben wird. Hat zum Beispiel ein Student Schwierigkeiten sowohl beim Studium als auch mit dem anderen Geschlecht, so kann eine Veränderung in beiden Bereichen durch die Abnahme seines Versprechens erzielt werden, daß er, falls er ein bestimmtes Arbeitspensum nicht erledigt, am nächsten Tag ein von ihm heimlich verehrtes Mädchen um ein Rendezvous bitten muß. Verschränkungen von Problemen bieten sich natürlich zur Lösung vieler ähnlicher Konfliktsituationen an.

Vom Umgang mit Utopien

Wenn Probleme ihre Ursachen in utopischen Zielsetzungen haben, so legt einem die Vernunft nahe, dem Utopisten die praktische Unausführbarkeit und die Absurdität seines Plans vor Augen zu führen und ihn so davon abzubringen. Doch auch hier erweist sich die Vernunftlösung oft als die erfolgloseste und manchmal sogar destruktivste. Will man Utopien von der Vernunft her angehen, so ist dies der Versuch einer Lösung erster Ordnung durch Einführung des inversen Elements und bewirkt lediglich eine Verschärfung dieses Gegensatzpaares. Das Ergebnis ist wiederum Gruppeninvarianz, denn wenn, frei nach Laotse, alle die Vernunft als vernünftig erkennen, ist damit auch das Unvernünftige gesetzt.

Diese gegenseitige Abhängigkeit von gesundem Menschenverstand und Utopien wird besonders im Umgang mit Ideen psychotischen Ausmaßes offenbar. Das Mißtrauen des Paranoiden ist alles andere als beschwichtigt, wenn ihm seine Umwelt zu beweisen versucht, daß er nichts zu befürchten hat. «Wenn sie nichts gegen mich im Schilde führten, würden sie sich nicht so bemühen, mich zu beschwichtigen», ist seine typische Reaktion, und wieder einmal führt so mehr des einen zu mehr des anderen.

In ähnlicher Weise wird ein Mensch mit hochfliegenden Vorsätzen nicht gerade vom gutgemeinten Rat begeistert sein, seine Pläne weniger ehrgeizig und mehr realistisch zu fassen. Für ihn ist das nichts anderes als eine Aufforderung, sich in ein miserables, deprimierendes Leben zu fügen. Auch im Umgang mit ihm ist daher die Sprache der Vernunft die zweck- und erfolgloseste. Was er dagegen nur zu gut versteht, ist die Sprache der Utopie. Begreiflicherweise aber sperrt sich unsere Vernunft gegen die Idee, einem Problem Vorschub zu leisten, statt es zu bekämpfen. Wir haben aber bereits gesehen, daß der erfolgreichste Umgang mit einem Pessimisten darin liegt, ihn an Pessimismus zu übertreffen, und in ganz ähnlicher Weise wird der Utopist seine überspannten Ideen am ehesten zurückstecken, wenn sie über seine eigenen Grenzen hinausgetragen werden. Die folgenden Auszüge aus einem Interview mit einem neunundzwanzigjährigen Studenten sollen diese Intervention veranschaulichen. (Es braucht wohl wiederum nicht eigens betont zu werden, daß diese Auszüge den Fall als solchen auch nicht annähernd beschreiben und nicht Anspruch darauf erheben, die Behandlung einer Schizophrenie darzustellen.)

Der Patient berichtete, daß er eben aus einer Anstalt kam, in die er vor drei Wochen in einem akuten Schub eingeliefert worden war:

Ich hatte so viele Halluzinationen, es wurde einfach zuviel. Mein Wagen wurde zu einem Raumschiff und die Landschaft sah aus, als wären plötzlich hundert Jahre vergangen, und alles schien mir wie nach einem – wie eine künstliche Rekonstruktion der Welt.

Auf die Frage, was er jetzt zu tun beabsichtige, entwarf er einen recht grandiosen Plan. Er wollte nicht nur nach Los Angeles gehen und dort bei Ravi Shankar Sitar spielen lernen, sondern er war auch überzeugt, mit dieser Musik die westliche Welt von Grund auf beeinflussen zu können. Gleichzeitig wollte er auch Agronomie studieren, um mit Hilfe der in China entwickelten landwirtschaftlichen Methoden die hungernden Massen der Welt zu ernähren. Als der Therapeut sich mit diesen Zielen im Prinzip einverstanden erklärte, sie aber nicht genügend weitreichend fand, begann der Patient sofort über einen weit weniger ehrgeizigen Plan zu sprechen, nämlich sich in einem Übergangsheim für entlassene Patienten nützlich zu machen. In den letzten zwei Jahren, sagte er, habe er zu introvertiert gelebt und brauche nun menschliche Kontakte, um aus dem tiefen Schacht seiner Innenwelt herauszukommen. Der Therapeut fand diese Idee enttäuschend engstirnig:

Das Wenigste, das wir hier in zehn Sitzungen erreichen können, ist, uns darüber ins klare zu kommen, was Sie sowohl zum Wohle der Menschheit tun können, als auch, um sich selbst die Gewißheit zu geben, etwas wirklich Wertvolles geleistet zu haben.

In seiner Antwort hielt der Patient weiter an seinen grandiosen Perspektiven fest, begann aber etwas realistischer darüber zu sprechen, was er vorläufig tun könnte:

Ich kann nur daran denken – da sind diese enormen Massen von Menschheit, ich kann mir die östliche, die zwei östlichen Traditionen nicht selbst klarmachen, die Maos und die, die ich als höchsten menschlichen Ausdruck sehe und als das höchste Hindu-Ideal, nämlich Ravi Shankars Musik, weil sie die ätherischste Manifestation außerhalb wahrer Meditation ist. Und dann, wenn Mao Tse-tung sich der Landwirtschaft annimmt, Sie wissen ja, die Agrarreform, und die zwei – in meinem Kopf sind das zwei riesige Blöcke, und der Plan mit dem Übergangsheim ist dann der einzige, woran ich denken kann. Ich kann vorläufig nicht weiter denken – entweder als Musikstudent in Los Angeles drunten oder das Übergangsheim irgendwo hier.

Einige Minuten später konnte der Therapeut dasselbe Interaktionsmuster wieder herbeiführen, und der Patient begann diesmal sehr offen über seine praktischen Schwierigkeiten zu sprechen:

Therapeut: Soweit also konnten Sie die Sache bisher durchdenken, doch Ihre Ideen über das Heim oder die Musikschule sind immer noch sehr konkret und praktisch. Dagegen ist an und für sich nichts einzuwenden, nur – wenn Sie Ihr Denken so sehr aufs Praktische festlegen, werden Sie Ihre Imagination daran hindern, zu höheren Stufen aufzusteigen und in größeren und allumfassenderen Begriffen zu denken.

Patient: Jedesmal, wenn ich auf eine höhere Stufe gehe, wird alles noch abstrakter. Man braucht dazu Zeit und mir fehlt – wissen Sie, mir fehlt – da sind diese großen, praktischen Probleme, die ich habe, zum Beispiel, daß ich – mir ist das Geld ausgegangen und ich muß sofort irgend etwas unternehmen – das ist das Problem!

Indem der Therapeut konsequent diese Technik anwendete, gelang es ihm, den Dialog mehr und mehr auf praktische Themen zu bringen[4].

Nicht selten besteht ein Problem darin, daß eine notwendige Handlung deswegen länger und länger aufgeschoben wird, weil sie Unannehmlichkeiten und ein gewisses Risiko bedingt. Beispiele dafür sind der arbeitslose Ingenieur, der eine Reihe von Abweisungen auf seiner Arbeitssuche erlebt hat und sich nun nicht zum nächsten Stelleninterview aufraffen kann, oder der junge Mann, den seine Scheu daran hindert, ein Mädchen anzusprechen.

Das Problem spitzt sich oft derart zu, daß der Betreffende schließlich überhaupt kein Risiko mehr auf sich nehmen will und in lähmende Übervorsichtigkeit verfällt. Freunde und Verwandte tragen dann womöglich noch das Ihre dazu bei, indem sie ihm raten, den notwendigen Schritt doch zu wagen. Meist tun sie dies in Form von beruhigenden Hinweisen darauf, daß wirklich kein Grund zu Besorgnis besteht, daß er es schon schaffen wird usw. Diese wohlgemeinten Ermutigungen sind für ihn aber nur ein Beweis dafür, wie sehr sie die Schwierigkeit seines Problems und die damit verbundene Gefahr von neuerlichem Scheitern oder Abweisung unterschätzen. Wenn ihr Optimismus überhaupt eine praktische Wirkung hat, so die, seine Angst vor weiteren Fehlschlägen zu erhöhen.

Aber auch ohne diese gut gemeinten Komplikationen steckt der Betreffende in einer eigenartigen Zwickmühle: Was er zu tun hat, wird um so dringlicher, als Zeit und Geld immer knapper werden, und diese Dringlichkeit wiederum macht es für ihn um so wichtiger, daß der Schritt, zu dem er sich schließlich entscheidet, keinerlei Risiko enthalte. Wenn der Therapeut sich auch im Netz dieser These verfängt, so wird er seinem Patienten gute Vorschläge dafür machen, wie dieser seine Hemmung überwinden und die notwendige Entscheidung treffen könnte. Der

---

[4] Aus technischen Gründen konnte dieser Patient nur zu drei Sitzungen kommen. – In der Nachuntersuchung vier Monate später stellte es sich heraus, daß er, statt seine Musikkarriere zu beginnen, sich an einer Universität inskribiert hatte und Philosophie studierte. Er bemerkte dazu, daß ihm das eine rationalere und konkretere Beschäftigung gab, als es die Musik vermocht hätte. Er hatte immer noch Halluzinationen, doch «ignorierte» er sie nun einfach; sie waren «bedeutungslos und banal».

Patient wird diesen Ratschlägen wahrscheinlich aufmerksam und bereitwillig zuhören, sie aber schließlich für undurchführbar erklären, oder vorhersagen, daß sich keine Gelegenheit zu ihrer Ausführung ergeben wird, oder bemerken, daß er diese Lösung bereits erfolglos versucht habe – warum also etwas wiederholen, was bestimmt nicht zum Erfolg führt? Mit jeder solchen Ablehnung verknüpft er aber sofort direkt oder indirekt die Hoffnung, daß der Therapeut neue und bessere Lösungsvorschläge machen wird, womit eine neue Runde desselben Spiels ihren Anfang nimmt. Diese Therapien verlaufen meist deshalb im Sande, weil der Therapeut bald mit seinem Latein am Ende ist und der Patient nicht zu Unrecht den Eindruck hat, daß die Behandlung erfolglos ist und ein anderer Therapeut oder eine andere Therapie wohl besser wären. In der Tat haben diese Patienten nicht selten schon mehrere kurze, erfolglose Behandlungen hinter sich.

Der Teufelspakt ist eine Intervention, die es dem Therapeuten erlaubt, das Dilemma einerseits zu verwenden und andererseits vollkommen zu umgehen. Da der Betreffende weder seine Übervorsichtigkeit verneinen kann, noch den Umstand, daß ihm die bisherigen Behandlungen nicht geholfen haben, verwendet man diese beiden Tatsachen, um einerseits darauf zu verweisen, daß es eine Lösung gibt, die das Erreichen des Ziels höchstwahrscheinlich macht, andererseits aber zu insinuieren, daß er diese Lösung genau wie alle anderen, bisherigen Ratschläge sofort verwerfen wird, ohne sie praktisch zu erproben. Es sei daher unumgänglich notwendig, daß er sich *vor* der Erläuterung des Plans verpflichtet, ihn auszuführen, wie unangenehm, schwierig und unvernünftig ihm seine Ausführung auch scheinen möge. Ohne ihm auch nur die geringsten konkreten Anhaltspunkte zu geben, wird ihm nur gesagt, daß die Durchführung des Plans durchaus in seiner Macht liegt und weder gefährlich noch kostspielig ist. Am zweckmäßigsten schließt man mit dem Hinweis: «Wenn Sie glauben, die Lösung ihres Problems ohnehin zu kennen, dann brauchen Sie mich nicht; wenn Sie die Lösung aber nicht haben, brauchen Sie Rat und Hilfe, und ich kann Sie Ihnen nur in dieser Weise geben.» Der Betreffende wird natürlich versuchen, vor Annahme oder Ablehnung Näheres über den Plan zu erfahren, vor allem, welche Risiken damit verbunden sind. Der Therapeut aber beharrt auf der Bedingung, «keinerlei Erklärung vor Ihrer Einwilligung». Da der Patient unter Zeitdruck steht, läßt sich das zusätzlich ausnützen, indem man ihm zubilligt: «Es ist mir klar, daß ich eine große Zumutung an Sie stelle, indem ich sozusagen eine Blankovollmacht von Ihnen verlange. Ich glaube, es wird wohl am besten sein, Sie nehmen sich die Zeit, es sich gut zu überlegen und lassen mich vielleicht dann nächste Woche Ihre endgültige Entscheidung wissen.» Vor diesem Ratschlag hat es der Therapeut bereits direkt oder indirekt klargemacht, daß eine Ablehnung notgedrungenerweise das Ende der Behandlung bedeuten würde.

Dieser «Pakt mit dem Teufel» versetzt den Patienten in eine unhaltbare Lage. Er kann ihn nur annehmen oder ablehnen. Wenn er «nein» sagt, ohne zu wissen, was er damit ablehnt (außer, daß es vielleicht sein Problem lösen könnte), ist das eo ipso ja selbst eine Entscheidung. Durch das Treffen dieser negativen Entscheidung gibt er sich selbst aber indirekt zu, daß sein Problem nicht wirklich dringend oder wichtig ist, wodurch auch weitere Therapie oder weiteres Hausieren um gute Ratschläge bei Freunden und Verwandten an Bedeutung verlieren. Nimmt er den Pakt aber an, so verpflichtet er sich damit, der Entscheidung einer anderen Person zu folgen, ohne die Entscheidung zuerst der Zensur durch seine eigene «Vernunft» und «Logik» unterwerfen zu können. Und ob er den Teufelspakt nun akzeptiert oder verwirft, nimmt er ein mindestens ebenso großes Risiko auf sich wie in einer direkten, aktiven Auseinandersetzung mit seinem Problem. Erklärt er sich einverstanden, den Pakt blind anzunehmen, so ist es verhältnismäßig unwichtig, ob der Plan *selbst* dann in einer schrittweisen, sicheren Annäherung an die Problemsituation besteht oder in einer ganz anderen, viel drastischeren Maßnahme. Entscheidend ist, daß die Lösung in der blinden Annahme des Pakts selbst besteht, denn die damit bewiesene Bereitwilligkeit, zu tun, was immer nun von ihm verlangt wird, ist bereits die wesentliche Veränderung seiner bisherigen, problemerzeugenden Haltung von «Sicherheit um jeden Preis».

Der Teufelspakt ist ein besonders geeignetes Beispiel, anhand dessen wir unsere Theorie des Wandels nochmals zusammenfassen können: Solange Klient und Therapeut in dem vom ersteren gesetzten Rahmen bleiben, kann sich das Problem nicht ändern. Innerhalb dieses Rahmens können viele verschiedene Lösungen versucht werden, führen aber unweigerlich zum selben negativen Resultat, nämlich zu keinem Wandel zweiter Ordnung. Innerhalb des Rahmens führt die Frage «Was könnte der Betreffende tun?» nur zu mehr desselben Problems, das diese Frage lösen möchte, und setzt ein Spiel ohne Ende zwischen Ratgeber und Beratenem in Gang. Der Teufelspakt dagegen richtet sich gegen den *Rahmen,* das heißt gegen die Klasse und nicht gegen ihre Elemente. Er ersetzt das alte Spiel ohne Ende durch ein neues, in dem der andere Spieler auf jeden Fall eine Entscheidung treffen und *ein* Risiko auf sich nehmen muß – und sei es nur das, den Pakt abzulehnen.

11. Kapitel

Ausblick

Tust du Gutes, tu es langsam;
tust du Böses, tu es auf einmal.
Macchiavelli

Eines unserer Hauptanliegen war es, im Verlauf dieses Buchs zu zeigen, daß unsere Ausführungen über die Entstehung und die Lösung von Problemen sich nicht auf klinische Fälle beschränken, sondern auf menschliche Interaktionen im allgemeinen anwendbar sind. Wie wir zu zeigen versuchten, sind unsere Grundsätze einfacher und allgemeiner Art; es besteht daher kein Grund, sie nicht auf größere Gesellschaftssysteme anwenden zu können. Natürlich macht es die Komplexität größerer Systeme schwieriger, sie zu erfassen und zu beeinflussen, besonders, da sie sich oft aus sehr verschiedenen Subsystemen zusammensetzen. Andererseits sollte nicht von vornherein angenommen werden, daß unser Vorgehen deswegen unmöglich ist, weil diese Systeme bereits auf andere Lösungsversuche kaum oder nicht angesprochen haben – vor allem dann nicht, wenn diese Versuche auf denselben problemerzeugenden Prämissen beruhten, die wir in diesem Buch untersucht haben. Der einzig gültige Maßstab für den Wert einer Methode liegt in den praktischen Ergebnissen, die sie erzielt.

In größeren Gesellschaftssystemen finden wir Probleme, die ihrer Struktur nach mit den von uns untersuchten Vereinfachungen, Utopien und Paradoxien identisch sind. Insbesondere fällt dabei auf:

1. Nur zu oft führen Unterschiede in Status, Macht und Interesse der Mitglieder eines sozialen Systems nicht zu konstruktiver Komplementarität und erfolgreicher Zusammenarbeit, sondern zu chronischen und hartnäckigen Konflikten, die alle Beteiligten bedauern, aber nicht zu lösen imstande sind.

2. Wenn die zueinander in Konflikt stehenden Parteien sich als separate Einheiten und ihre Wechselbeziehung als Symmetrie sehen, so ist das Ergebnis oft eine sich mehr oder weniger rasch steigernde Eskalation. Die Natur dieser Eskalation ist im we-

sentlichen dieselbe, ob der Konflikt sich zwischen zwei Individuen, Nationen oder Ideologien abspielt.

(3.) Wie bereits im Zusammenhang mit den Utopien erwähnt, ergeben sich sehr typische Probleme als Folge von Programmen, die ein höchst wünschenswertes Ziel verfolgen, aber «irgendwie» nicht die erhofften, sondern fast entgegengesetzte Resultate zeitigen.

Diese dritte Art von Fehlschlägen nimmt in unseren Tagen an Bedeutung zu. Während sie im Leben eines Individuums nur geringe oder keine gesellschaftlichen Folgen nach sich ziehen, können sie im Rahmen umfassender staatlicher Maßnahmen zu enormer Verschwendung und Frustration führen. Macchiavellis eingangs erwähntes Zitat läßt sich in diesem Zusammenhang vielleicht auch im umgekehrten Sinne verstehen: daß langsames und schrittweises Vorgehen auf kleine und konkrete Ziele hin viel mehr Aussicht auf Erfolg hat als weitreichende, vage Zielsetzungen, deren Wünschbarkeit zwar niemand in Frage stellt, deren Erreichbarkeit aber auf einem anderen Blatte steht.

Sozialprobleme wie Armut, Alter, Kriminalität und dergleichen werden fast immer als völlig getrennte Phänomene und damit sozusagen als separate Diagnosen aufgefaßt, die grundsätzlich verschiedene Lösungen erfordern. Der nächste, logische Schritt ist dann die Schaffung enormer Verwaltungsstrukturen und ganzer Hierarchien von Fachleuten, die «merkwürdigerweise» irgendwie zur wachsenden Inkompetenz immer zahlreicherer Individuen, sogar in den einfachsten Lebensbereichen, beitragen [96]. Dies führt schließlich zum absurden Resultat, daß diese monolithischen Organisationen und Behörden zur Erhaltung ihrer raison d'être immer größerer Mengen sozial unangepaßter Bevölkerungsgruppen bedürfen.

Recht ähnlich verhält es sich mit den von Drogen, Alkohol und Tabak erzeugten Gesellschaftsproblemen, die derzeit hauptsächlich in physiologischer Perspektive gesehen werden, was folgerichtig zu pharmakologischen Lösungsversuchen führt. Wie aber die Methadonkontroverse zeigt, kann die Wirkung solcher Heilmittel denen der Suchtmittel sehr nahe kommen, die sie bekämpfen sollen. Auf Grund einiger praktischer Erfahrung auf diesem Gebiet scheint es uns sehr wahrscheinlich, daß solche heroischen Maßnahmen die völlig unbeabsichtigte Wirkung haben, den Glauben sowohl an die magischen Eigenschaften dieser Substanzen, als auch daran noch zu vertiefen, daß es fast unmöglich sei, dem Problem der Süchtigkeiten mit weniger drastischen Mitteln beizukommen. Zweifellos sind diese Probleme überaus ernst, aber ebenso zweifellos dürften sie sich viel eher lösen lassen, wenn man sie primär als Verhaltensprobleme auffaßt und, wie im Falle vieler anderer menschlicher Probleme, das Hauptaugenmerk auf die versuchten Lösungen richtet, die ihre Lösung verunmöglichen.

Um nochmals kurz zusammenzufassen: Wir halten unsere Ansichten über Problementstehung und Problemlösung, Beharren und Wandel als allgemein auf menschliche Probleme anwendbar. Es ist selbstverständlich klar, daß es viele Umstände und Ereignisse gibt, die sich direkt auf das Beharren oder den Wandel einer Situation auswirken, selbst aber unbeeinflußbar sein können: Physikalische und chemische Naturvorgänge, von der Evolution bis zu Erdbeben, biologisch bedingte Krankheiten, oder gewisse Formen von Unfällen, wie sie sich zum Beispiel aus der unvorhersehbaren Überschneidung zweier Kausalketten ergeben können – um nur einige wenige dieser mannigfachen Möglichkeiten zu erwähnen. Unsere Ausführungen beziehen sich nicht unmittelbar auf diese Phänomene, die wir Menschen als unabänderliche Gegebenheiten betrachten müssen – sie beziehen sich aber auf die Art und Weise, in der Menschen mit diesen Naturgegebenheiten fertig zu werden versuchen, und sie beziehen sich vor allem auf die versuchten Lösungen sozialer Gegebenheiten.

Im Grunde haben wir dem Leser Uraltes in einer etwas moderneren Definition geboten. Besäßen wir die Fachkenntnisse, so hätten wir dieses Buch auch auf geschichtlicher, statt vorwiegend klinischer Basis und unter besonderer Berücksichtigung internationaler Beziehungen abfassen können. Die Herbeiführung überraschender, scheinbar vernunftswidriger Lösungen in Politik, Diplomatie und Krieg hat sich seit Jahrtausenden bewährt – daher auch unsere Erwähnung der Belagerung von Hochosterwitz als einführendes Beispiel. In einem – oberflächlich gesehen – ganz anderen Kontext hätte sich dieses Buch auch über das weite und faszinierende Gebiet dessen schreiben lassen, was unter die Rubrik mystischer Erlebnisse fällt; das heißt, des plötzlichen, blitzartigen Hinaustretens aus dem alltäglichen Erlebnisrahmen in eine neue Sicht der Wirklichkeit, die – wie kurz das Erlebnis selbst auch sein mag – uns niemals mehr vergessen läßt, daß die Wirklichkeit «irgendwie» auch anders sein kann.

Bibliographie

1. Adler, Alfred: *Praxis und Theorie der Individualpsychologie.* Verlag J. F. Bergmann, München und Wiesbaden, 1920, S. 164.
2. *ibid.* S. 179.
3. Aichhorn, August: *Verwahrloste Jugend.* Internationaler Psychoanalytischer Verlag, Wien, 1925.
4. Ardrey, Robert: *Der Gesellschaftsvertrag. Das Naturgesetz von der Ungleichheit des Menschen.* Verlag Fritz Molden, Wien, München. Zürich, 1971, S. 11.
5. *ibid.* S. 114.
6. *ibid.* S. 181.
7. *ibid.* S. 224.
8. *ibid.* S. 321.
9. Aristoteles: «Physikalische Vorlesung», in *Die Lehrschriften,* herausgegeben, übertragen und in ihrer Entstehung erläutert von Dr. Paul Gohlke. Verlag Ferdinand Schöningh, Paderborn, 1956, Abschnitt 225 b, S. 168.
10. Ashby, W. Ross: *Design for a Brain.* John Wiley & Sons, New York, 1954.
11. Ashby, W. Ross: *An Introduction to Cybernetics.* Chapman & Hall, Ltd., London, 1956.
12. *ibid.* S. 11.
13. *ibid.* S. 43.
14. *ibid.* S. 243.
15. Bacon, Francis: *Kleinere Schriften des Lord Bacon,* übersetzt und erläutert von J. Fürstenhagen. C. F. Wintersche Verlagshandlung, Leipzig, 1884, S. 139.
16. Barten, Harvey (Herausgeber): *Brief Therapies.* Behavioral Publications, New York, 1971.
17. Bash, K. W.: «Die Psychiatrie und das Glück. Antlitz und Anspruch der Psychiatrie in der sozialen Medizin». *Schweizerische Medizinische Wochenschrift 94,* 970 (1964).
18. Bash, K. W.: «Psychotherapeutische Erfolgsstatistik. Eine literaturkritische Studie». *Deutsche Medizinische Wochenschrift 91,* 1 (1966).
19. Bateson, Gregory, Don D. Jackson, Jay Haley und John Weakland: "Toward a Theory of Schizophrenia". *Behavioral Science 1,* 251 (1956).
20. Bateson, Gregory und Don D. Jackson: "Some Varieties of Pathogenic Organization", in David McK. Rioch (Herausgeber), *Disorders of Communication.* Band 42, Research Publications. Association for Research in Nervous and Mental Disease, 1964, S. 270–283.
21. Bateson, Gregory: *Steps to an Ecology of Mind.* Ballantine Books, New York, 1972, S. 279.

22. *ibid.* S. 282 *.
23. *ibid.* S. 283.
24. Bateson, Gregory, persönliche Mitteilung.
25. Bell, Eric T.: *Men of Mathematics.* Simon & Schuster, New York, 1937, S. 375.
26. Berne, Eric: *Spiele der Erwachsenen.* Rowohlt Verlag, Hamburg, 1967, S. 155–165.
27. Böhler, Eugen: «Voraussetzungen einer Überwindung der Währungskrise». *Neue Zürcher Zeitung 519,* 7. 11. 1971, S. 18.
28. Boltwood, Charles E., Michael R. Cooper, Victoria E. Fein und Paul V. Washburn: "Skyjacking, Airline Security, and Passenger Reaction: Toward a Complex Model for Prediction". *American Psychologist 27,* 539 (1972), S. 544.
29. Brinton, Crane: *The Lives of Talleyrand.* W. W. Norton & Co., New York, 1936, S. 190.
30. Bronowski, J.: *"The Logic of the Mind". American Scientist 54,* 1 (1966), S. 6.
31. Carroll, Lewis: *Alice im Wunderland.* Artemis Verlag, Zürich, 1947, S. 120.
32. Dostojewskij, Fedor M.: *Die Besessenen.* Verlag Martin Maschler, Berlin, ohne Jahresangabe, S. 292.
33. Dürckheim, Karlfried Graf: «Das Überpersönliche in der Übertragung». *Acta psychotherapeutica* (Basel und New York), Separatum vol. II, fasc. 3/4 (1954), S. II/374.
34. Erickson, Milton H., persönliche Mitteilung.
35. Esterson, Aaron: *The Leaves of Spring.* Penguin Books in association with Tavistock Publications, Harmondsworth, 1972.
36. Eulau, Heinz: "Reason and Relevance – Reflections on a Madness of Our Time". *Student Lawyer 1,* 16 (1972).
37. Ferreira, Antonio J.: "Family Myth and Homeostasis". *Archives of General Psychiatry 9,* 457 (1963), S. 458.
38. Frankl, Victor E.: *Ärztliche Seelsorge. Grundlagen der Logotherapie und Existenzanalyse.* Deuticke, Wien, 1966.
39. Frankl, Victor E.: "Paradoxical Intention". *American Journal of Psychotherapy 14,* 520 (1960).
40. Frankl, Victor E.: *Man's Search for Meaning: An Introduction to Logotherapy.* Pocket Books, New York, 1963.
41. Frege, Gottlob: *Grundgesetze der Arithmetik.* Band I. Verlag Hermann Pohle, Jena, 1893, S. 4.
42. Fry, William F.: *Sweet Madness: A Study of Humor.* Pacific Books, Palo Alto, 1963.
43. Giraudoux, Jean: *Der Apollo von Bellac,* in *Dramen,* S. Fischer Verlag, Frankfurt, 1961, S. 425.
44. *ibid.* S. 430.
45. Gödel, Kurt: «Über formal unentscheidbare Sätze der Principia Mathematica und verwandter Systeme I». *Monatshefte für Mathematik und Physik 38,* 173 (1931).

46. Goffmann, Erving: *Asylums: Essays on the Social Situations of Mental Patients and Other Inmates.* Anchor Books, Garden City, New York, 1961.

47. Haley, Jay (Herausgeber): *Advanced Techniques of Hypnosis and Therapy. Selected Papers of Milton H. Erickson.* Grune & Stratton, New York und London, 1967.

48. *ibid.* S. 131.

49. Haley, Jay: *Uncommon Therapy. The Psychiatric Techniques of Milton H. Erickson, M. D.,* W. W. Norton, New York, 1973.

50. Hilsman, Robert: *To Move a Nation.* Doubleday & Co., Garden City, New York, 1967, S. 223.

51. Howard, Nigel: "The Theory of Metagames". *General Systems II,* 167 (1966). (Jahrbuch der Society for General Systems Research.)

52. Howard, Nigel: *Paradoxes of Rationality: Theory of Metagames and Political Behavior.* M. I. T. Press, Cambridge (Mass.) und London, 1971, S. XX.

53. *ibid.* S. 64.

54. Jackson, Don D.: "The Question of Family Homeostasis". *Psychiatric Quarterly Supplement 31,* 79, Teil 1 (1957).

55. Jackson, Don D.: "Family Interaction, Family Homeostasis, and Some Implications for Conjoint Family Psychotherapy", in Jules Masserman (Herausgeber), *Individual and Familial Dynamics.* Grune & Stratton, New York, 1959, S. 122–141.

56. Jackson, Don D.: "Family Rules: The Marital *Quid pro quo*". *Archives of General Psychiatry 12,* 589 (1965).

57. Jackson, Don D., und Jay Haley: "Transference Revisited". *Journal of Nervous and Mental Disease 137,* 363 (1963).

58. Jung, Carl G.: *Symbole der Wandlung.* Rascher, Zürich, 1952, S. 654.

59. Keyser, Cassius J.: *Mathematical Philosophy. A Study of Fate and Freedom.* E. P. Dutton, New York, 1922, S. 203.

60. Koestler, Arthur: *Sonnenfinsternis.* Atlantis-Verlag, Zürich, 1946.

61. Koestler, Arthur: *Die Geheimschrift. Bericht eines Lebens, 1933 bis 1940.* Ins Deutsche übertragen von Franziska Becker. Verlag Kurt Desch, München, Wien, Basel, 1954, S. 379.

62. Koestler, Arthur: *Der göttliche Funke. Der schöpferische Akt in Kunst und Wissenschaft.* Übertragung aus dem Englischen von Agnes von Cranach und Willy Thaler. Scherz Verlag, Bern und München, 1966.

63. *ibid.* S. 36.

64. Kuhn, Thomas S.: *The Structure of Scientific Revolutions.* 2. erweiterte Auflage. University of Chicago Press, Chicago, 1970, S. 122.

65. Kursh, Charlotte Olmsted: "The Benefits of Poor Communication". *Psychoanalytic Review 58,* 198 (1971).

66. Laing, Ronald D.: *Self and Others.* Tavistock Publications, London, 1961, und Pantheon Books, New York, 1969, S. 108–124.

67. Laing, Ronald D.: "Mystification, Confusion and Conflict", in I.

Boszormenyi-Nagy und J. L. Framo (Herausgeber), *Intensive Family Therapy: Theoretical and Practical Aspects, with Special Reference to Schizophrenia.* Harper & Row, New York, 1965, S. 343–363.

68. Laing, Ronald D., H. Phillipson und A. Russell Lee: *Interpersonelle Wahrnehmung.* Übersetzt von Hans-Dieter Teichmann. Edition Suhrkamp, Frankfurt, 1971.

69. Laing, Ronald D.: *Knoten.* Deutsch von Herbert Elbrecht. Rowohlt Verlag, Frankfurt, 1972.

70. *ibid.* S. 7.

71. *ibid.* S. 61.

72. Laotse: *Tao Te King. Das Buch des Alten vom Sinn und Leben.* Aus dem Chinesischen verdeutscht und erläutert von Richard Wilhelm. Verlag Eugen Diederichs, Jena, 1921, 2. Kapitel.

73. *ibid.* 11. Kapitel.

74. Lasègue, Ch., und J. Falret: «La folie à deux, ou folie communiquée». *Annales Médico-Psychologiques,* Band 18, November 1877.

75. Lennard, Henry L., et al.: *Mystification and Drug Abuse.* Jossey-Bass, San Franzisko, 1971.

76. Leonhard, Wolfgang: *Die Revolution entläßt ihre Kinder.* Kiepenheuer & Witsch, Köln, Berlin, 1955, S. 220–235.

77. Lidz, Theodore, Alice Cornelison, Dorothy Terry und Stephen Fleck: "Intrafamilial Environment of the Schizophrenic Patient: VI. The Transmission of Irrationality", *Archives of Neurology and Psychiatry 79,* 305 (1958).

78. Mandel Anita, Karl Herbert Mandel, Ernst Stadter und Dirk Zimmer: *Einübung in Partnerschaft durch Kommunikationstherapie und Verhaltenstherapie.* Verlag J. Pfeiffer, München, 1971.

79. Masterman, J. C.: *The Double-Cross System in the War of 1939 to 1945.* Yale University Press, New Haven und London, 1972, S. 43.

80. Orwell, George: *Neunzehnhundertvierundachtzig.* Diana Verlag, Zürich, 1950.

81. Osgood, Charles E.: "Reciprocal Initiative", in James Roosevelt (Herausgeber), *The Liberal Papers.* Anchor Books, New York, 1962, S. 172.

82. Popper, Karl R.: «Utopie und Gewalt», in Arnhelm Neusüß (Herausgeber), *Utopie, Begriff und Phänomen des Utopischen.* Hermann Luchterhand Verlag, Neuwied und Berlin, 1968, S. 322.

83. Premack, Ann James, und David Premack: "Teaching Language to an Ape". *Scientific American 227,* 92 (Oktober 1972).

84. Prior, Arthur N.: *Changes in Events and Changes in Things.* The Lindley Lecture, Dept. of Psychology, University of Kansas, 1962, S. 3.

85. Rosenthal, Robert: *Experimenter Effects in Behavioral Research.* Appleton-Century-Crofts, New York, 1966.

86. Salzman, L.: "Reply to Critics". *International Journal of Psychiatry 6,* 473 (1968).

87. Scheflen, Albert E.: "Regressive One-to-One Relationships". *Psychiatric Quarterly 23,* 692 (1960).

88. Schopenhauer, Arthur: «Über den Willen in der Natur», in *Arthur Schopenhauers sämtliche Werke.* R. Piper & Co., München, 1912, Band III, S. 346.

89. Sielaff, Klaus: *Einführung in die Theorie der Gruppen.* Otto Salle Verlag, Frankfurt, 1956, Vorwort.

90. Sluzki, Carlos E., und Eliseo Verón: "The Double Bind as a Universal Pathogenic Situation". *Family Process 10,* 397 (1971).

91. "Symposium on Training". *Journal of Analytical Psychology 6,* 95 (1961).

92. Szasz, Thomas S.: "Psycho-analytic Training". *International Journal of Psycho-Analysis 39,* 589 (1958).

93. Talbott, Strobe (Herausgeber): *Chruschtschow erinnert sich.* Eingeleitet und kommentiert von Edward Crankshaw. Rowohlt Verlag, Hamburg, 1971, S. 300.

94. *ibid.* S. 498.

95. Tarski, Alfred: *Logic, Semantics, Metamathematics; Papers from 1923 to 1938,* ins Englische übersetzt von J. H. Woodger. Clarendon Press, Oxford, 1956.

96. Thayer, Lee: "The Functions of Incompetence", in E. Laszlo und Emily B. Sellow (Herausgeber), *Festschrift for Henry Margenau.* Gordon & Breach, New York, im Druck.

97. Twain, Mark: *Tom Sawyers Abenteuer und Streiche.* Hesse & Becker Verlag, Leipzig, 1930, S. 20.

98. Watzlawick, Paul, Janet H. Beavin und Don D. Jackson: *Menschliche Kommunikation. Formen, Störungen, Paradoxien.* Verlag Hans Huber, Bern, Stuttgart, Wien, 1969, S. 53–56 und 79–91.

99. *ibid.* S. 57–61 und 92–96.

100. *ibid.* S. 171–212.

101. *ibid.* S. 213–214.

102. *ibid.* S. 213–238.

103. *ibid.* S. 216–220.

104. *ibid.* S. 218–219.

105. Weakland, John H. und Don D. Jackson: "Patient and Therapist Observations on the Circumstances of a Schizophrenic Episode". *Archives of Neurology and Psychiatry 79,* 554 (1958).

106. Weißberg-Cybulski, Alexander: *Hexensabbath. Rußland im Schmelztiegel der Säuberungen.* Verlag der Frankfurter Hefte, Frankfurt, 1951.

107. Whitehead, Alfred North, und Bertrand Russell: *Principia Mathematica.* 2. Auflage, University Press, Cambridge, 1910–1913, Band 1, S. 37.

108. Wittgenstein, Ludwig: *Logisch-Philosophische Abhandlungen.* Humanities Press, New York, 1951 (zweisprachige Ausgabe), S. 187.

109. *ibid.* S. 189.

110. Wittgenstein, Ludwig: *Bemerkungen über die Grundlagen der Ma-*

thematik. Basil Blackwell, Oxford, 1956 (zweisprachige Ausgabe), S. 100.

111. *ibid.* S. 178–181.

112. Wittgenstein, Ludwig: *Philosophische Untersuchungen.* Macmillan, New York, 1958 (zweisprachige Ausgabe), S. 3.

113. *ibid.* S. 19.

114. *ibid.* S. 103.

115. *ibid.* S. 134.

116. Wynne, Lyman C., Irving M. Ryckoff, Juliana Day und Stanley I. Hirsch: "Pseudo-Mutuality in the Family Relations of Schizophrenics". *Psychiatry* 21, 205 (1958).

117. Yalom, Irvin, und Marilyn Yalom: "Ernest Hemingway – the Psychiatric View". *Archives of General Psychiatry 24,* 485 (1971).

Personen- und Sachregister

(Fettgedruckte Seitenzahlen verweisen auf die Definition des betreffenden Stichworts, Sternchen auf Fußnoten)